广东省科技计划项目"华南技术转移中心建设（第一期、二期、三期）"
"广东创新驱动战略决策新型智库建设"（2017B070703005）成果

企业创新管理工具丛书

政府资助项目申报
实操指南

黄何 张宏丽 李妃养 廖晓东 编著

机械工业出版社
China Machine Press

图书在版编目（CIP）数据

政府资助项目申报实操指南 / 黄何等编著 . -- 北京：机械工业出版社，2022.1
（企业创新管理工具丛书）
ISBN 978-7-111-70093-7

I. ①政…　II. ①黄…　III. ①政府补贴 – 申请 – 中国 – 指南　IV. ① F812.2-62

中国版本图书馆 CIP 数据核字（2022）第 014288 号

　　本书重点从企业需求出发，以"案例 + 实操"的形式，拆解政府发布政策资源的思路，从政府资助的基本特征、主要形式、具体分类、作用目的等多重角度详细解析能为企业所用的政策资源是什么；从政策文件的基本类型、政府资助资讯的获取渠道、政府资助资讯的发布方式及类别等角度分析具体的政策资源有哪些，可以在哪里获取；从政府资助的动机、政府资助资讯的关键因素分析企业该如何获取并读懂政策资源；从资助项目组织管理者——政府的视角出发，分析政府资助项目管理流程、项目评审流程，引导企业了解成功获取政府政策资源后，如何选择可以申报的项目；从项目申报材料构成、项目申报表撰写技巧、可行性报告撰写技巧以及专家评审规则与要点、申报常见问题和注意事项等角度出发，引导企业填写项目申报书及可行性报告，提高项目申报成功率。

　　本书适用于高新技术企业的企业家、创业者、管理者和研发部门负责人，以及各类研究机构的管理者和从事创新管理研究与教学的高校师生。

出版发行：机械工业出版社（北京市西城区百万庄大街 22 号　邮政编码：100037）
责任编辑：吴亚军　　　　　　　　　　　　责任校对：殷　虹
印　　刷：北京诚信伟业印刷有限公司　　版　　次：2022 年 1 月第 1 版第 1 次印刷
开　　本：170mm×230mm　1/16　　　　　印　　张：15.5
书　　号：ISBN 978-7-111-70093-7　　　定　　价：59.00 元

客服电话：（010）88361066　88379833　68326294　　投稿热线：（010）88379007
华章网站：www.hzbook.com　　　　　　　　　　　　读者信箱：hzjg@hzbook.com

企业创新管理工具丛书编委会

重塑企业获取政府资助的新认知

在当前信息爆炸的时代大背景下，信息已然成为最具价值的资源，其蕴含的价值不可估量。政府部门是国家最为庞大的信息生产者、持有者和传播者，社会各行各业的大量信息都掌握在政府手里。[1]一直以来，政府部门都是企业外部环境中的主要利益相关者，它可以通过制定法律政策、改变市场规模、设置市场规则、征收税费或提供补贴等影响企业的未来绩效，并且企业对于政府信息资源的利用情况还会影响企业的竞争地位。[2]因此，如何精准获取政府信息资源对企业来说变得越来越重要。而对于政府信息资源的充分开发和利用，也有利于满足社会各界尤其是企业的实际需求，充分发挥出信息资源的效益性。

从本质上说，政府的政策信息就是一种资源，和其他资源一样，企业通过正确地获取和运用，能将这种资源转化为企业所需要的生产力。直白地说，这种资源能被企业转化为具体的荣誉、资本和战略方向。然而，这些前提需要企业充分了解自身情况，知道企业可以获得什么样的荣誉，适合参评什么类型的奖项；明白自身处于成长发展的哪个阶段，可以通过什么渠道获得可供发展的资本；清楚自身未来的发展方向，应该选择哪种发展战略。企业对自身情况足够了解之后，带着目的和需求，能直接有效地选择适合的项目并进行项目申报。

由此，本书重点从企业需求出发，以"案例＋实操"的形式，分为 6 章，拆解政府发布政策资源的思路，详细解析能为企业所用的政策资源到底是什么，具体的政策资源有哪些，可以在哪里获取，企业该如何获取并读懂政策资源，以及成功获取政府政策资源后，企业该如何选择可以申报的项目，如何成功申报项目。

希望本书能为企业提供参考、借鉴和帮助，书中所提及的案例都是真实的，但在内容论证中做了较大的压缩和删改，目的是保护相关企业的隐私。同时，希望相关企业掌握政府信息资源获取和撰写项目申报书及可行性报告的方法，在可行性报告的内容表述上，让外行看得懂，让内行看了觉得有水平、有深度、有高度。

本书的审校、统筹工作由黄何、张宏丽、廖晓东负责。各章作者如下：第 1 章，张宏丽；第 2 章，王静雯；第 3 章，王增栩；第 4 章，余碧仪；第 5 章，李妃养；第 6 章，张宏丽。

本书所涉及的政策内容每年或有些许变化，企业须以当年度的申报指南和申报通知为准，特请留意！

编者

2021 年 11 月 30 日

► 目 录 ◄

企业创新管理工具丛书编委会

编委会

前言

第 1 章 政府资助对企业意味着什么 / 1

开篇导语 新冠肺炎疫情下政府部门真金白银助力企业渡过难关 / 1

1.1 什么是政府资助 / 2

1.1.1 政府资助的基本概念 / 2

1.1.2 政府资助与政府资本性投入的主要区别 / 2

1.2 政府资助的推进动力 / 5

1.2.1 政府资助的主要原因 / 5

1.2.2 政府资助的动力来源 / 6

1.3 政府资助方式的相机抉择 / 9

1.3.1 政府资助的主要形式 / 9

1.3.2 政府资助的具体分类 / 11

1.4 政府资助的基本特征 / 14

1.4.1 政府资助的无偿性、直接性和条件性 / 14

1.4.2 政府资助是企业可直接获得的资产 / 15

1.4.3 政府资助不包括政府的资本性投入 / 16

1.5 企业获得政府资助的作用 / 16

1.5.1 降低企业研发创新成本 / 16

1.5.2 引导企业创新发展方向 / 17

1.5.3 推动企业规范化管理 / 17

1.5.4 塑造和提升企业形象 / 18

1.6 企业难以获取政府资助的原因 / 18

1.6.1 不知道有政府资助政策 / 19

1.6.2 对于政府资助政策一知半解 / 19

1.6.3 未按政府资助要求准备申报材料 / 19

1.6.4 企业做了无用功 / 20

本章小结 / 20

第 2 章 如何获取政府资助资讯 / 21

开篇导语 传媒企业如何获取政府资助资讯 / 21

2.1 政府资助资讯的关注范畴 / 22

2.1.1 政策文种分类 / 22

2.1.2 政策作用效力 / 28

2.2 政府资助资讯的获取渠道 / 31

2.2.1 政府部门网站 / 31

2.2.2 政策宣讲培训会、政府部门新闻发布会和政策学习论坛 / 36

2.2.3 主流媒体新闻报道 / 38

2.2.4 兄弟企业 / 39

2.2.5 获取政府资助资讯的后续工作 / 40

2.3 政府资助资讯的发布路径 / 44

2.3.1 政策资助资讯发布的特点 / 44

2.3.2 政策通知、公告发布路径 / 47

2.3.3 实施细则、指引发布路径 / 48

2.3.4 申报指南发布路径 / 49

本章小结 / 53

实操案例 科技型中小企业入库 / 54

第 3 章　如何读懂政府资助资讯 / 62

开篇导语　吴仁宝，一个读懂政府宏观政策并带领村民发家致富的
好干部 / 62

3.1　政府资助的类型 / 63

3.1.1　税收优惠类政府资助 / 63

3.1.2　经费资助类政府资助 / 68

3.1.3　平台建设类政府资助 / 73

3.1.4　服务类政府补助 / 74

3.2　政府资助程序 / 77

3.2.1　税收优惠类政府资助 / 77

3.2.2　经费资助类政府资助 / 78

3.3　政府资助的主要对象和条件 / 79

3.3.1　政府资助的主要对象 / 79

3.3.2　获得政府资助的条件 / 82

本章小结 / 83

实操案例　省级科技创新券 / 83

第 4 章　政府资助项目的组织管理 / 94

开篇导语　广东省科学技术厅启动实施科技孵化育成体系高质量发展项目 / 94

4.1　政府资助项目管理流程 / 95

4.1.1　指南编制与发布 / 95

4.1.2　项目申报与受理 / 98

4.1.3　项目评审、立项与任务书签订 / 103

4.1.4　项目启动与项目变更 / 106

4.1.5　项目结题与终止 / 108

4.2　政府资助项目评审流程与专家评审 / 112

4.2.1　形式审查 / 113

4.2.2　专家评审 / 114

本章小结 / 118

实操案例　高新技术企业认定 / 118

第 5 章　如何撰写项目申报材料 / 134

开篇导语　烽火海洋网络设备有限公司申报的项目成功立项 / 134

5.1　项目申报材料的构成 / 135

5.1.1　项目申报表 / 135

5.1.2　项目可行性报告 / 135

5.1.3　附件材料 / 136

5.2　项目申报表撰写技巧 / 137

5.2.1　项目基本信息表 / 137

5.2.2　项目内容 / 141

5.2.3　经费信息表 / 145

5.2.4　项目组人员情况 / 148

5.2.5　申报项目的附件清单 / 149

5.3　可行性报告撰写 / 150

5.3.1　可行性报告撰写要求 / 150

5.3.2　可行性报告撰写技巧 / 151

5.4　专家评审规则与要点 / 158

5.4.1　评分结构 / 159

5.4.2　专家构成 / 159

5.4.3　技术专家评审要点 / 159

5.4.4　财务专家评审要点 / 160

5.4.5　知识产权评价 / 160

5.4.6　技术就绪度水平 / 161

5.5　常见问题、注意事项及几点建议 / 162

5.5.1　常见问题 / 162

5.5.2　注意事项 / 162

5.5.3　几点建议 / 162

本章小结 / 163

实操案例　广东省重点领域研发计划的重点专项项目申报 / 164

第6章　如何提高项目申报成功率　/ 182

　　开篇导语　多家上市公司成功获得政府财政补助　/ 182

　　6.1　了解企业的实际情况　/ 182

　　　　6.1.1　定位企业所处生命周期阶段　/ 183

　　　　6.1.2　合理选择企业可申报的政府资助项目　/ 185

　　6.2　做好申报的前期准备　/ 187

　　　　6.2.1　做好申报政府资助项目的条件评估　/ 188

　　　　6.2.2　筛选可申报的政府资助项目范围　/ 188

　　6.3　确定合理的项目选题　/ 190

　　　　6.3.1　对可申报政府资助项目情况进行整体策划　/ 190

　　　　6.3.2　合理选择政府资助项目的申报路径　/ 191

　　6.4　认真编写申报材料　/ 192

　　　　6.4.1　认真编制项目申报书和可行性报告　/ 192

　　　　6.4.2　突出企业研究基础和研究成效　/ 194

　　本章小结　/ 195

附录 A　《广东省省级财政专项资金管理办法（试行）》/ 196

附录 B　《广东省财政厅　广东省审计厅关于省级财政科研项目资金的
　　　　管理监督办法》/ 211

附录 C　《广东省综合评标评审专家和评标评审专家库管理办法》/ 225

参考文献　/ 234

第 1 章

政府资助对企业意味着什么

新冠肺炎疫情下政府部门真金白银助力企业渡过难关

2020 年年初暴发的新型冠状病毒感染的肺炎疫情，给企业发展带来了严重冲击。在全球新冠肺炎疫情发展态势不明，众多国家经济活动处于系统性停摆的背景下，短期之内政府如何纾解广大企业尤其是中小企业的生存压力是当务之急、重中之重。广东中小企业量大面广，分布在各行各业，也涵盖民营、国有、外资等不同所有制企业。受疫情影响，这些企业普遍面临营业收入下滑、订单减少、资金紧张等困难。为帮助企业纾解资金难题，广东近年来出台了《广东省促进中小企业发展条例》"民营经济十条""科创 12 条"等政策，疫情期间更是多部门单独或者联合发文，出台"复工复产 20 条""中小企业金融 18 条""中小企业 26 条""科技惠企 17 条"[⊖]等惠企措施，充分利用政府资助政策帮助企业尤其是中小企业渡过难关，拿出真金白银支持中小企业发展，在吸纳就业、减免租金、减税降费、金融支持、科技攻关方面加大支持力度。"中小企业 26 条"在具体落实中仅是减税降费就超过 1 400 亿元，

⊖ "民营经济十条"是指《促进民营经济高量发展的若干政策措施》；"科创 12 条"是指《关于进一步促进科技创新的若干政策措施》；"复工复产 20 条"是指《关于应对新型冠状病毒感染的肺炎疫情支持企业复工复产的若干政策措施》；"中小企业金融 18 条"是指《关于加强中小企业金融服务支持疫情防控促进经济平稳发展的意见》；"中小企业 26 条"是指《关于应对疫情影响加大对中小企业支持力度的若干政策措施》。

企业共获得优惠利率贷款 278 亿元，加权平均利率 2.3%；[3] "科技惠企 17 条" 在具体落实中则投入超过 19 亿元支持相应的科技攻关，受益企业已超过 4 000 家，累计为相应的企业新增贷款或办理展期续贷超过 370 亿元。[4] 本章将重点从政府部门的视角出发，探讨什么是政府资助、政府为什么要开展资助、政府资助对企业意味着什么。

1.1　什么是政府资助

1.1.1　政府资助的基本概念

为了体现一个国家的经济政策，鼓励或扶持特定行业、地区或领域的发展，各级政府部门通常会制定一些政策法规对有关企业予以经济支持，如无偿拨款、贷款、担保、注入资本、提供货物或服务、购买货物或服务、放弃或不收缴应收收入等，这是国际上的通行做法。总体来说，政府资助从资金直接扶持、税费减免或优惠、外部融资支持到展会补贴、品牌建设、资质认证，直至企业内部人才的吃住行，通通都有扶持政策。

根据政府资助会计准则的规定，政府资助是指对于那些盈利性不高或只有在未来才能盈利、风险大的公共产品的提供，有选择地对生产企业给予经济资助，以确保其提供对全体公民有效的公共服务，具体来说就是企业直接从政府无偿取得资产（货币性资产或非货币性资产），但不包括政府作为企业所有者投入的资本。政府资助主要包括两个方面：一是政府部门无偿拨款（或非货币资产）、税收返还（直接减免增值税或即征即退、先征后退、先征后返各种税收）、财政贴息（融资贷款贴息）等；二是政府以专项用途（项目名义）拨付给企业的财政资金（通常会对资金的使用时间、范围和方向等进行限制）。

1.1.2　政府资助与政府资本性投入的主要区别

政府资本性投入是指政府以投资者身份向企业投入的注册资本和专项或具有特定用途的资本，享有企业相应的所有权，企业有义务向投资者分配利润，政府与企业之间是投资者与被投资者的关系，属于互惠交易。[5] 政府资助与政府资本性投入均是政府履行经济职能、社会职能的体现，[6] 并且资金均来源于国家财政收入。我国各级政府部门之所以进行政府资助和政府资本性投入，主要是为了促进地区社会经济的健康稳健发展，更好地满足企业融资需求，但两者从本质上看还是有所不同的。因此，企业在获得政府财政资金时，首要任务就是要区分到底是政府资助还是政府资本性投入。

1. 政府资助与政府资本性投入的定义不同

政府资助是指我国企业无偿获得的政府部门的资产投入，这里的资产既包括货币性资产，也包括非货币性资产。政府资本性投入属于政府以投资者的身份向企业投入的资本。根据前面两者之间定义的不同可以清楚地看出，对于企业来说，政府资本性投入是指政府以企业出资人身份向企业投入的注册资本和专项或具有特定用途的资本。比较以上两个概念可以看出，政府资本性投入中，"属于国家直接投资、资本注入的，按照国家有关规定增加国家资本或者国有资本公积"和"属于投资补助的，增加资本公积或者实收资本，国家拨款时对权属有规定的，按规定执行"，因权属规定明确，都属于政府享有企业相应所有权，企业有义务向投资者分红，政府与企业之间是投资者与被投资者的关系。[6] 而政府资助属于纯获益项目，企业按照营业外收入进行核算。在会计实务具体操作的过程中，经常会出现这样的误区：一方面，把资本性投入按政府资助核算；另一方面，把政府资助按照资本性投入核算。这两个方面都使得我国企业在核算的过程中出现了一定程度上的混乱，进而导致政府资助的特征无法凸显，在一定程度上影响了国家经济职能的有效性和企业会计核算的准确性。

2. 政府资助与政府资本性投入的目的不同

政府向企业提供补助具有无偿性的特征，政府并不因此而享有企业的所有权，企业未来也不需要以提供服务、转让资产等方式偿还。从本质上来说，政府资助是政府履行经济职能和社会职能的体现。政府给予特定企业的经济补助，是一种政策倾斜或损失补偿的表现，是一种非互惠的交易，能够形成企业的收益。政府资本性投入则是互惠交易和非互惠交易并存，对于国家直接投资、资本注入的和属于投资补助的，国家拨款时对权属有规定的，属于互惠交易；属于投资补助的，国家拨款时对权属没有规定的，属于非互惠交易，其中后者具有无偿性的特征。政府资本性投入是政府履行出资人职能的体现，政府以企业所有者身份仅对国有或国有控股企业投入资本金，企业取得或形成长期资产时将形成企业所有者权益。

3. 政府资助与政府资本性投入的会计处理方式不同 [5]

一是两者的会计确认原则不同。确认政府资助时，必须要同时满足两个条件：一是企业满足政府补助的条件；二是企业能够收到来自政府部门的政府补助。政府资本性投入确认只需要满足以上条件中的任何一个就可以了。

二是两者的会计确认时点不同。我国企业使用权责发生制的会计计量原则。政府资本性投入自投入时确认，其发生时间与实质的投入时点相吻合。政府资助投入的时点与实际确定投入的时间一般情况下存在一定的时间差，这使得我国政府资助投入的时点很难确定。

三是两者的财务报告披露不同。政府资本性投入属于企业的投资收入，在企业财务报告披露的过程中，通过实收资本进行披露。政府资助主要是在营业外收入中表现出来的，但政府部门对政府资助报表披露的要求比较低，政府资助报表披露相对简化。政府资助与政府资本性投入的主要区别如表1-1所示。

表1-1 政府资助与政府资本性投入的主要区别

序号	主要区别		政府资助	政府资本性投入
1	定义		对盈利性不高或只有在未来才能盈利、风险大的公共产品的提供，有选择地对生产企业给予经济资助，以确保其提供对全体公民有效的公共服务，具体来说就是企业直接从政府无偿取得资产（货币性资产或非货币性资产），但不包括政府作为企业所有者投入的资本	政府以投资者身份向企业投入的注册资本和专项或具有特定用途的资本，享有企业相应的所有权，企业有义务向投资者分配利润，政府与企业之间是投资者与被投资者的关系，属于互惠交易
2	目的		是政府履行经济职能和社会职能的体现。政府给予特定企业的经济补助，是一种政策倾斜或损失补偿的表现，是一种非互惠的交易，能够形成企业的收益	是政府履行出资人职能的体现。政府以企业所有者身份仅对国有或国有控股企业投入资本金，企业取得或形成长期资产时将形成企业所有者权益
3	会计处理方式	会计确认原则	必须同时满足两个条件：一是企业满足政府补助的条件；二是企业能够收到来自政府部门的政府补助	只需要满足前者条件中的任何一个就可以
		会计确认时点	投入时点与实际确定投入时间存在一定的时间差，致使投入时点难以确定	自投入时确认，其发生时间与实质的投入时点相吻合
		财务报告披露	政府部门对报表披露的要求比较低，致使报表披露相对简化	通过实收资本在企业的财务报告中进行披露

1.2　政府资助的推进动力

1.2.1　政府资助的主要原因

我国政府每年都会给企业大量的财政资助，很多企业和产业的发展也在一定程度上依赖政府资助。在市场配置资源的条件下，从政府视角出发，政府为什么要对企业进行资助？

总体上来说，政府资助是政府干预市场经济的一种手段，通过经济宏观调控的方式，加大对企业研发支持力度，主要目的是弥补市场失灵，包括垄断或不完全竞争、外部性、公共产品的供给、信息不对称等，从而更好地促进经济的增长以及社会效益的提升。

1. 政府资助是政府宏观调控的重要手段

政府承担着提供国防安全、基础设施、医疗健康等公共产品的使命。这些公共产品的研发往往是市场所不能有效提供的，且通常需要更长的时间周期，需要政府的大量补助。同时，政府财政资助的主要目的是促进公共产品供给与社会福利的提升，对创新主体创新资源及要素的利用效率起到很重要的激励作用，而就业和税收增长等社会效益的提升也是政府对企业给予科技创新资助的重要原因。[7]

企业不仅是经济主体，还承担着社会管理和社保缴费的社会性支出，这无形中给正在发展中的企业增加了一定的负担。同时，企业研发活动从本质上来说是一种知识活动，具有较强的知识溢出效应与外部性。进行研发投入的企业很难完全享受创新所带来的经济回报，面临着社会收益和私人收益的不平衡。政府对研发企业的技术创新给予资助，在一定程度上弥补了企业研发过程中的知识溢出，从而激发企业的创新活力，提高知识产权的供给和技术的溢出。从本质上来说，政府补贴企业既是政府宏观调控的重要手段，更是一种反哺行为，通过输血行为增强企业的造血功能，促使企业更好地发展。

企业是研发投入的主体，然而研发活动特有的信息不对称和正外部性制约了企业研发投入的积极性。为此，我国政府近年来出台了一系列政策，对企业的研发投入进行引导，最为常见的方式便是通过政府财政补贴降低企业研发成本，进而引导企业长期稳定地加大研发投入。

2.政府资助是政府扶持企业发展的重要举措

目前，在诸多扶持手段中，财政资金资助是政府最常用也是最主要的方式之一。政府财政资助研究发展采用的政策主要包括间接减税、直接资助企业进行研究等。企业作为社会经济发展的主力军，对国家或地区起着经济带动作用、产业拉动作用、劳动力资源消化作用、政策财政税收供养作用等。政府支持企业的发展，就是支持社会的发展。企业只有做大做强才能为国家和地方政府带来经济与税收上的利益。在以技术创新而著称的美国，绝大部分政府科研拨款都落实到了企业。近年来，我国政府也越来越重视扶持企业的发展，每年都有大量的资金用于资助企业，以提升企业的科技创新能力为目标，鼓励并支持企业与科研机构、大专院校合作，通过共同研发新工艺和新产品来提升企业的市场竞争能力，从而推动社会的进步。

虽然企业的研发活动在未来会有较高的回报率，但企业也面临着较高的前期投入。具体来说，一方面，研发活动需要大量的固定成本支出，且具有较高的风险和不确定性；另一方面，企业为了保护商业秘密，不愿意将研发想法对外界透漏，从而使企业与投资者之间产生严重的信息不对称，导致企业面临较强的外部融资约束。这时，政府对企业的补助体现了政府对高科技企业创新能力的认证效应。政府财政补贴有助于企业被贴上政府认可的标签，进而帮助企业获得更多外部有力的资源支持，拓宽企业的资金来源渠道。通过政府补贴可以为企业带来更多的资源获取效应，从而有利于企业创新投入水平的提升。尤其是高科技企业在进行研发创新活动的信息传递时，政府支持信息有效缓解了双方的信息不对称程度，从而提高了投资者对企业的投资信赖，可以在一定程度上降低研发成本，有益于企业长期、稳定、健康地发展。

1.2.2 政府资助的动力来源

我国政府为向创新驱动型经济转变，激发企业创新能力，提升我国核心竞争力，对企业创新给予了大量的政策补贴。政府财政资助的动力来源到底是什么？政府为什么要给予企业研发大量的资助？或者说，政府财政资助对创新动力的作用机理到底是什么？

1.弥补研发创新外部性造成的市场失灵

企业作为在国家创新驱动战略中重要的主体，其创新行为在很大程度上影响了市场上的创新进程，但由于企业技术创新具有公共产品属性，企业无法独享研发产品转化而获得的全部收益，导致企业技术创新水平远远低于社会最优水平，[8] 因此，企业在创新活动中的支出往往是次优选择。同时，由于企业研发产品的外部性，企业研发成功以后无法独自享受成果带来的收益，这导致企业进行科研创新投入的程度低于社会最优水平，而由于知识溢出等市场失灵现象的存在，仅仅依靠市场制度不太可能发挥技术创新的作用，还需要依靠加大政府财政补助的投入来促进企业的技术创新。政府部门通过对企业研发进行资助可以有效补充企业研发资金，在一定程度上纠正企业研发投入的"市场失灵"现象。为了发挥企业在国家科技创新的主体地位，鼓励企业增加研发投入，国内外先后出台了各种政府资助政策和相关的辅助政策，以帮助企业进行科技创新。

2. 维护区域内企业竞争优势的战略性政策

地方保护在我国乃至全球各地都是客观存在的。在当今世界经济竞争日趋加剧的形势下，在全球贸易保护主义、单边主义抬头和疫情冲击全球经济大背景下，地方保护呈现上升趋势，各国、各地区政府对财政补贴的分配存在不够均衡、不够公正、前瞻性不足等情况。几乎所有区域的政府部门均有动机从利益角度出发，通过行使手中的公共权力尤其是财政资助的方式对本地区的企业给予资助。具体来说，地方政府通过财政资助的方式为外来企业设置竞争障碍，使外来企业无法在本区域市场中获得公平的竞争环境，并为本地行业提供保护或为本土企业提供外部环境竞争优势。地方保护程度高的地区有力地阻止了外部竞争者的入侵，造成了外部竞争者进入本地区市场困难重重，增加了外部企业进入本地区市场的难度，提高了其进入成本，且使其在市场竞争中受制。而对于本地企业来说，高程度的地方保护会使本地企业在方方面面享受到较高程度的优势待遇，在本地区市场中能够以较小的耗费得到较大的竞争优势，并且可以使企业调动更多资源以"进攻"其他地区市场，最终使企业整体竞争力提高，获得更高的盈利水平，同时会使企业资金更为充裕，降低企业对政府补助的依赖程度。[9]

3. 提供企业研发创新信号进而吸引外部投资

研发活动的不确定性、前期研发投入高以及高风险特征导致企业难以获得外部融资。而政府研发资助存在的一个重要原因在于，它可以向其他潜在投资者传达信息，从而缓解信息不对称现象。特别是当政府财政补助对企业项目的评估涉及商业潜能、创新能力，而不仅仅是政府自身对企业技术的应用时，就可以给市场的其他投资者提供有价值的信息，进而让投资者认为政府资助的项目比其他风险项目更具潜在获利性。当信息不对称问题通过政府财政补助的形式得以解决时，企业融资的种种限制也就随之消失了。由此可见，企业和外部投资者均需要通过研发补助来发挥信息传递作用，以解决信息不对称问题。与之相对应，企业也应积极申报研发补助项目，在缓解企业研发资金压力的同时，通过向银行以及其他资金提供者发出正面信号，进而解决企业尤其是科技型中小企业融资难的问题。[10]

4. 引导企业持续、稳定地增加研发投入

在科技创新活动中，企业是技术创新的主体，但企业技术创新能力的获得与提高不仅需要企业自身努力，还需要政府的扶持和帮助。政府财政资助作为弥补企业创新不足的重要手段，是企业尤其是民营企业进行创新活动时的重要支持者和赞助者。可以说，政府资助能够起到结构性减税的作用，在一定程度上降低企业的创新成本，增加企业的创新投入，提高企业的创新产出，提升企业的创新绩效，进而引导企业持续稳定地增加研发投入。《中共中央 国务院关于新时代加快完善社会主义市场经济体制的意见》提出："改革完善中央财政科技计划形成机制和组织实施机制，更多支持企业承担科研任务，激励企业加大研发投入，提高科技创新绩效。"总体上来看，国家今后财政资助改革大方向将是扩大财政科研经费投入，将支持企业科研任务也纳入政府科技投入计划，由财政给予支持，这在一定意义上缩短了现有科技计划管理和产学研的循环周期，有效发挥了企业对接市场的主动性和便利性，更能清晰地明确市场对产品的技术需求，更有针对性地引导企业面向市场自主开展产品技术攻关，让财政科研经费投入、企业研发、市场需求良性循环，激发企业自主科研动力，引导企业持续、稳定地增加研发投入。[11]

政府资助的推进动力如图 1-1 所示。

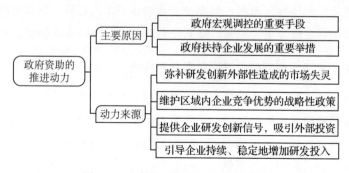

图 1-1　政府资助的推进动力示意图

1.3　政府资助方式的相机抉择

1.3.1　政府资助的主要形式

政府资助的形式主要有财政拨款、财政贴息、税收返还和无偿划拨非货币性资产等，如图 1-2 所示。

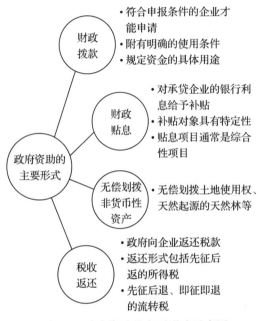

图 1-2　政府资助的主要形式示意图

1. 财政拨款

财政拨款是政府为了支持企业而无偿拨付的款项。为了体现财政拨款的政策引导作用，这类拨款通常具有严格的政策条件，只有符合申报条件的企业才能申请拨款；同时附有明确的使用条件，政府在批准拨款时就规定了资金的具体用途。比如，财政部门拨付给企业的粮食定额补贴、鼓励企业安置职工就业的奖励款等就属于财政拨款。

财政拨款可以是事前资助，也可以事后资助。前者是指符合申报条件的企业，经申请取得拨付款之后，将拨款用于规定用途或其他用途。例如，符合申请科技型中小企业技术创新基金条件的企业，取得拨付资金后，用于购买设备等规定用途。后者是指符合申报条件的企业，从事相关活动、发生相关费用之后，向政府部门申请资助。例如，广东省科技厅的企业研发补助、科技创新券等均属于财政事后补助。企业研发补助是为了引导企业持续、稳定地投入研发费用，在企业已经开展研发费用加计扣除的前提下，经政府核定的企业可加计扣除研发费用额，并按照一定比例获得资助资金；科技创新券是为了激发科技企业开展科技创新，降低科技型中小企业创新成本，支持省内科技型中小企业和创业者购买科技服务机构服务产品而实施的财政事后补助。

2. 财政贴息

财政贴息是指政府为支持特定领域或区域的发展，根据国家宏观经济形势和政策目标，对承贷企业的银行贷款利息给予的补贴。财政贴息的补贴对象通常是符合申报条件的某类项目，例如，农业产业化项目、中小企业技术创新项目等。贴息项目通常是综合性项目，包括设备购置、人员培训、研发费用、人员开支、购买服务等；也可以是单项的，比如仅限于固定资产贷款项目。

目前，财政贴息主要有两种方式。一是财政将资金直接支付给受益企业。例如，政府为支持中小企业专业化发展，对中小企业以银行贷款为主投资的项目提供贷款贴息。二是财政将贴息资金直接拨付贷款银行，由贷款银行以低于市场利率的优惠利率向企业提供贷款。例如，某些扶贫资金由农行系统发放贴息贷款，财政部与农业银行总行结算贴息资金，承贷企业按照实际发生的利率计算和确认利息费用。

3. 无偿划拨非货币性资产

无偿划拨非货币性资产主要包括无偿划拨土地使用权、天然起源的天然林等。

4. 税收返还

税收返还是政府向企业返还的税款，属于以税收优惠形式给予的一种政府资助。税收返还主要包括先征后返的所得税和先征后退、即征即退的流转税，其中，流转税包括增值税、消费税和营业税等。实务中，税收优惠还存在税收奖励的情况，若采用先据实征收再以现金返还的方式，在本质上也属于税收返还。

除了税收返还之外，税收优惠还包括直接减征、免征、增加计税抵扣额、抵免部分税额等形式。虽然这类税收优惠体现的是政策导向，但政府未直接向企业无偿提供资产，因此不作为企业会计准则规范的政府补助处理。

1.3.2　政府资助的具体分类

政府资助项目形式多样、分类众多，而且每隔几年就会有一些调整和变化。总体上来说，可以初步将其划分成以下七大类，如图 1-3 所示。

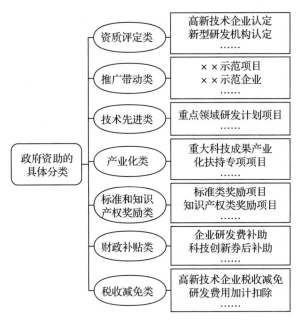

图 1-3　政府资助的具体分类图

1. 资质评定类

例如，平台技术攻关项目一经评定即可获得额定资助。它是以某个项目为依托的，比如构建了某个平台，政府主管部门主要考察的是项目的建设情况，有没有相关的人、财、物投入，有没有具体的研发场地，建设成果如何，有没有相关的证明或第三方认证来说明成果的先进性，等等。

如果是某种研发机构的评定，比如企业技术中心、研发中心、设计中心、技术研究院、实验基地等，主管政府部门会重点考察该机构的整体承载能力和管理水平。简单来说，申报依托的研发机构不能是个空壳子，须有一套行之有效的体系，有对应的人员、设备、研发项目，并且已经能够按照既定的流程或制度有效地进行日常运营。打个不太恰当的比喻，平台技术攻关项目更看重蛋的质量，而研发机构的评定更看重母鸡的孵化能力。

2. 推广带动类

这类政府资助的对象一般是××示范项目、××示范企业。政府会在某个领域内挑选做得比较好的企业进行奖励，并且对企业做得比较好的部分进行提炼、总结，以期能给行业内的其他企业起到带头示范的作用，拉动行业整体水平的提升。

企业知道这类政府资助政策意义何在，就可以有针对性地准备申报材料。一般来说，能够申报推广带动类项目的企业，技术水平、创新能力相对来说都是比较优秀的，但如何在有限的名额里脱颖而出，就得具体来看申报材料的立意和角度。申报材料中不能光说自己好，还得能说出来自己为什么好，跟别人有什么不同，自己企业是怎么做到的，下一步还有什么样的规划，等等。企业要让评审专家明白，自己已经作为先驱摸着石头过了河，走在了前列，而且这套方法可以总结出来供其他企业学习参考。

3. 技术先进类

技术先进类项目就是以技术先进性为主要评判标准，根据领域和方向要求，说明企业自身所处的技术阶段和水平，能够解决的技术难点。例如，广东省科技厅组织开展的重点领域研发计划项目就是典型的技术先进类项目，项目评审中会对申报项目的背景、依据、技术路线、科研能力、时间进度、经费预算、绩效目标等进行评审论证，并进行技术就绪度和知识产权等专业化评估。

一般来说，申报技术先进类项目的企业，项目内容须真实可信，不得夸大自身实力与技术、经济指标，同时项目研究成果一般应有高质量的知识产权目标，并在可行性报告中按要求对此进行阐述，提供必要的佐证支撑材料。对于佐证支撑材料，企业最好能提供拿得出手的第三方材料来证实企业申报项目所处的技术阶段和水平。如果实在没有，企业也应该提供内部的评审或验收，实事求是地说明自己公司开发的技术解决了行业内具体的什么问题、有什么影响、实现了哪些功能、填补了哪些空白等。这与企业提供了第三方材料相比，虽有一定说服力，但相对弱化。同时，企业在申报项目时最好能够利用大数据分析技术，对照国家科技部科技计划历年资助项目与广东省科技计划历年资助项目，对拟立项项目进行查重和技术先进性等分析。

4. 产业化类

产业化类项目更注重结合区域优势产业或拟重点发展产业，选择具有比较优势和竞争优势的重点领域方向予以支持。例如，广东省发改委重大科技成果产业化扶持专项项目便是产业化项目的典型代表。该专项项目由各地市主要依托的国家高技术产业基地、省战略性新兴产业基地和省级以上高新技术产业开发区、双创示范基地等区域性创新创业平台，针对本地战略性新兴产业和先进制造业产业化、特色化、集群式发展的需求，组织编制本市范围内优势战略性新兴产业和先进制造业重大科技成果产业化实施方案，并提出拟申请产业化专项支持的具体项目等。落到具体的项目上，其核心技术和关键环节方面所取得的成果须处于国内领先、国际先进水平。项目相关技术应已获得国家技术发明奖、国家科技进步奖或中国专利奖，或者已取得国家发明专利、PCT（专利合作条约）国际专利申请、创新新药证书、第三类医疗器械注册证、软件著作权、集成电路布图设计专有权、动植物新品种等自主知识产权。

整体上来说，产业化项目在具体项目上要重点挖掘模式亮点和潜力，突出创新性和市场前景，强调产业未来发展方向以及对当地经济贡献能力，毕竟产业化能力强、税收涵养能力高、创新驱动能力突出的企业更可能也更有必要得到政府产业化项目的资助。

5. 标准和知识产权奖励类

标准和知识产权奖励类项目比较简单直接，主要看企业主持或参与制定国际、国家、行业等标准的数量及质量，或者取得自主知识产权的数量和质量，比如国际发明专利、国内发明专利、著作权、软著等，然后对照制定的奖励标准取得相应的奖励即可。

这类项目的优点是好操作、见效快，只要符合要求，一般不需要投入太多时间和精力，对文字材料的要求也没那么高。缺点是一般资助金额不会特别高，毕竟这类政府资助类项目更主要的是在鼓励企业进行研发，降低企业研发成本。

6. 财政补贴类

补贴类项目和前面几种项目在申报载体上没什么太大变化，主要的区别在于资助形式。补贴类项目资助金额相对来说不会特别大，算是前几种的补充。比如企业研发费补助、科技创新券后补助、特大型数据中心电费补贴、创新型互联网企业租金补贴等，一般都是普惠性补助，只要符合补助项目的申报条件，经合规性审查后都可以拿到补助，不存在企业之间的竞争。

7.税收减免类

税收减免类政府资助从根本上来说是普惠性政府资助，只要符合税收减免的条件或资质，经合规审查后都可以享受相应的政策优惠，例如高新技术企业税收减免、研发费用税前加计扣除等优惠政策。

1.4 政府资助的基本特征

1.4.1 政府资助的无偿性、直接性和条件性

政府资助作为财政政策的一种工具，是依据客观经济规律并结合经济社会发展需要，通过财政预算并有针对性地进行财政支出安排，达到扩大政府投资、引导社会投资、调整经济结构，实现既定的宏观经济目标。[12] 一般来说，政府资助具有无偿性、直接性、条件性三个显著特征。

1.无偿性

无偿性是政府资助的基本特征。这一特征将政府资助与政府作为企业所有者投入的资本、政府采购等政府与企业之间双向的、互惠的交易或者事项区别开来。政府资助的无偿性是指政府并不因补助而享有被补助企业的收益权或者所有权，企业将来也不需要偿还，即不存在政府与企业之间双向、互惠的经济活动。值得注意的是，如果企业与政府之间的交易具有商业实质，且与企业销售商品或提供劳务等日常经营活动密切相关，企业应当按照《企业会计准则第 14 号——收入》（以下简称收入准则）的规定对这类交易所取得的收入进行会计处理。企业在判断该交易是否具有商业实质时，应该考虑该交易是否具有经济上的互惠性，与交易相关的合同、协议、国家有关文件是否已明确规定了交易目的、交易双方的权利和义务，如属于政府采购的，是否已履行相关的政府采购程序等。政府补助通常附有一定条件，这与政府补助的无偿性并无矛盾，只是政府为推行其宏观经济政策，对企业使用政府补助的时间、使用范围和方向进行了限制。

2.直接性

政府资助的直接性是指企业从政府直接取得的资产有一个资产直接转移、流动的过程，如企业取得的财政拨款，通过先征后返（退）、即征即退等方式返还

的税款，行政划拨的土地使用权，天然起源的天然林等。不涉及资产直接转移的经济支持不属于政府资助准则规范内的政府资助，如政府与企业间的债务豁免，除税收返还外的税收优惠，如直接减征、免征、增加计税抵扣额、抵免部分税额等，即政府并未直接向企业无偿提供资产。

3. 条件性

政府资助通常附有一定的条件，主要包括政策条件和使用条件。

（1）政策条件。政府资助是政府为了鼓励或扶持某个行业、区域或领域的发展而给予企业的一种财政支持，具有很强的政策性。因此，政府资助的政策条件（即申报条件）是不可缺少的。企业只有符合相关政府资助政策的规定，才有资格申报政府资助。符合政策规定的企业不一定都能够取得政府资助；不符合政策规定、不具备申报政府资助资格的企业不能取得政府资助。例如，对于政府向企业提供的企业研发财政补助，其政策条件为企业建立研发经费预算管理制度，并已开展研发费用加计扣除。

（2）使用条件。财政部门对财政专项资助的资金使用都有明确的具体规定，下级财政部门必须按照上级财政部门的规定来管理和使用专项补助资金，不得改变和违背。企业已获批准取得政府资助的，应按照政府相关文件等规定的用途使用政府资助，对于所获得的财政资助，应设立专账，专项管理。例如，企业从政府取得的科技计划项目资金，必须用于相关政策文件中规定的科技计划项目，并且在规定的合同期内完成合同指标。如果企业违反了相关规定，政府有权按规定责令其改正、终止资金拨付，甚至收回已拨付的资金。整体上来说，我国政府对企业的财政支持主要集中在关系国计民生的农业、环境保护以及科学技术研究等领域。

1.4.2　政府资助是企业可直接获得的资产

政府资助是企业从政府直接取得的资产，包括无偿取得的货币性资产或非货币性资产。货币性资产是指货币资金和将以固定或可确定的金额收取的资产，包括现金、银行存款、应收账款和应收票据以及准备持有至到期的债券投资等，如企业直接从政府取得的财政拨款，通过先征后返（退）、即征即退等方式返还的税款。非货币性资产是指货币性资产以外的资产，如交易性金融资产、可供出售金融资产、持有至到期投资、行政划拨的土地使用权、天然起源的天然林等。总体上来说，政府资助通常为货币资产形式，最常见的便是通过银行转账的方式，但由于历史原因也存在无偿划拨非货币性资产的情况。随着市场经济体制逐步完善，这种情况已经趋于消失。

1.4.3　政府资助不包括政府的资本性投入

政府以企业所有者身份向企业投入资本，享有企业相应的所有权，企业有义务向投资者分配利润，政府与企业之间是投资者与被投资者的关系，属于互惠交易。这与其他单位或个人对企业的投资在性质上是一致的。财政拨入的投资补助等专项拨款中，相关政策明确规定作为"资本公积"处理的部分也属于资本性投入的性质。政府的资本性投入无论采用何种形式，均不属于政府资助的范畴。例如，按照规定，科技型中小企业技术创新基金对少数起点高、具有较广的创新内涵、较高创新水平并有后续创新潜力、预计投产后具有较大市场需求、有望形成新兴产业的项目，可以采用资本金投入方式，这里的"资本金投入"就不属于政府补助的范畴。

此外，政府代第三方支付给企业的款项，对于收款企业而言也不属于政府资助，因为这项收入不是企业无偿取得的。例如，政府代农民交付供货企业的农用机具购买资金，属于供货企业的产品销售收入，不属于政府资助。

1.5　企业获得政府资助的作用

企业的发展离不开政策的支持，政府对企业的补助实际上是一种信号机制。政府对企业研发进行补贴，实际上是对这类企业的一种认证。这种认证信号可以使投资者对市场中企业的经营质量状况进行更好的判断，从而减少资本市场的信息不对称，减轻企业的融资约束，在一定程度上提高企业外部融资的能力，进而提升企业的整体竞争力。具体来说，企业获得政府资助有如下四个作用。

1.5.1　降低企业研发创新成本

企业通过项目申报获得的政府资助支持，既包括无偿资助、贷款贴息等形式，也会有银行贷款、股权投资等形式，但无论采用哪种形式都可以直接降低企业自身技术研发创新的成本。政府财政资金的投入，可以刺激企业自身技术创新投入的增加，从而降低企业研究开发新产品的风险，对于激励企业致力于产品创新、产业化应用推广有着正面的效应。另外，这种激励对于创业环节的中小企业更为明显。为有效保护中小企业的创新活力，政府需要介入中小企业尤其是科技创新型中小企业的创业环节，通过发挥政府资金的引领作用，促进银行、风险投资、基金等金融和投资机构对于科技型中小企业技术创新的投入，使得中小企业能够通过有效筹措资金进行创新。

例如，高新技术企业是企业尤其是科技型企业发展道路上的一个必备资质，是吸引地方政府、行业组织对企业实施优惠政策和资金扶持的重要条件，也是吸引风险投资机构和金融机构对企业投资的实力，能推动企业快速投入产业化经营中。被认定为高新技术企业最直接的好处就是税收减免和各种奖励补贴，具体来说高新技术企业可以享受企业所得税从原先的 25% 减为 15%，减免额度达到 40%。深圳市在《关于加强高新技术企业培育的通知》（深科技创新〔2017〕278 号）中做出如下规定：对入库企业，按入库当年研发实际支出的 10% 的比例予以资助，资助额超过 300 万元的按 300 万元资助；对出库企业，按出库当年研发实际支出的 10% 的比例予以资助，资助额超过 300 万元的按 300 万元资助。对首次认定的国家高新技术企业奖励性补助 5 万元，重新认定企业奖励性补助 3 万元，用于补偿企业在认定过程中发生的专项审计、科研管理优化等成本和支出。

1.5.2　引导企业创新发展方向

通过获得政府专项资金的支持，可以有效引导企业的发展方向。作为企业，特别是大多数民营企业，通过申请政府专项资金的支持，能够清晰了解到政府重点扶持的产业或者技术发展方向，了解新兴产业的市场前景，并在政策引导下对企业自身发展方向进行微调，进而能够更好地围绕当前社会发展方向及政府工作的重点研发新技术、开发新产品，促使自身立足市场，不断进行技术创新及产业化推广，从而有效地抢占市场先机。通过政府资助来扶持有潜力的企业，让更多中小企业发展起来，从本质上讲才是政府的初衷。企业的成长其实都是从无到有的过程，部分企业经过申报财政资助项目之后，在财政资金使用的引导下，慢慢变得规范、更加重视研发，建立研发预算体系，调整产业结构，进一步推动企业创新成长，进而形成良性循环。

1.5.3　推动企业规范化管理

企业为了能获得政府的资助支持，会主动推进规范化管理，包括建立预算机制、管理机制、财务机制等。近年来，随着国家对专项资金审计监督力度不断加大，一些企业由于管理不规范、预算不规范、企业内部监督不规范而造成的挪用专项资金的事件屡被发现。这类事件的发生，大多由于企业法律意识不强，疏于管理，对专项资金如何使用理解不到位而造成。这不仅不利于企业提升形象，塑造良好的舆论口碑，而且给企业的发展带来了负面影响。企业对于政府资助资金，特别是专项资助资金，应当严格按照预算专款专用，规范项目管理流程和财务监管流程，更加规范化地进行管理和使用并确保资金使用合理且到位。这在一定程度上，有效地推动了企业管理尤其是使其财务管理更加规范化，也进一步保障了政府财政资金使用的安全性和高效性。

1.5.4　塑造和提升企业形象

正如前文所述，政府对企业的财政资助从本质上来讲是一种信号机制。企业能够获得政府专项资金的支持，表明政府、社会肯定了企业的发展方向、技术研发实力以及产业化能力，代表了政府对于企业能力的一种认同，有利于企业获取科技项目的参与资格，使企业获得更多的政策红利。这有助于提升企业的创新投入水平，增强企业的盈利能力，最终塑造和提升企业形象。企业通过项目申报获得政府职能部门颁发的荣誉称号、资质认证等，如获得中国驰名商标、国家免检产品、高新技术企业等荣誉称号，在企业挂牌上市融资、参与政府采购、对外宣传推广等方面都有极大的说服力和公信力。而企业通过项目申报可让政府职能部门了解自身及其项目成果，其效果相当于在政府职能部门间"拿政府的钱给企业打广告"，进一步向政府部门宣传了企业的实力和能力。随着政府政策性支持的不断深化，企业在提升品牌知名度的同时，其科研实力、销售额、纳税额、出口创汇能力也将因为品牌效应而提升，企业也会随之不断发展壮大。

1.6　企业难以获取政府资助的原因

从企业的角度来看，无论是一个只有几名员工的创新创业团队，还是一家大型上市公司，企业经营都需要大量资金。一般企业解决资金来源，主要有内部和外部之分。内部来源即企业自有资金：股东投资、企业的未分配利润等；外部来源即企业外部资金：银行贷款、股权投资、上市融资、债券融资、政府资助等。

银行贷款、股权投资、债券融资等募资方式对企业而言有较高的成本，例如上市融资明确要求公司股本总额不少于人民币三千万元、开业时间三年以上、最近三年连续盈利等。政府资助是企业或者个人从政府无偿取得货币性资产或非货币性资产，其资助范围几乎涵盖了企业全流程的成长过程。企业只要满足相对应的条件，就能申请政府资金扶持。因此，政府财政资助是企业资金外部来源的重要选择方式之一，但目前仍有很多企业未能获得政府财政资助，主要有以下四个方面的原因。

1.6.1　不知道有政府资助政策

当前政府资助项目名目众多，每个政府职能部门都有相应的指南发布。政府资助项目众多，对于企业而言，要想迅速找出符合自身申报条件的资助项目存在一定的困难。因此，企业只知道补助政策出台，但不知道有符合企业自身条件的补贴政策出台，也不知道企业自己的项目符合哪一项资助政策，这导致企业进行项目申报时无从下手，进而失去申请政府财政资金的机会。

1.6.2　对于政府资助政策一知半解

部分企业虽然知道有符合条件的扶持政策，但并不了解政策扶持对象和范围等细节，对自身所属产业范围也未能认清，仅根据企业的目标要求，盲目选择扶持资金，导致真正的好项目由于选择了不匹配的扶持资金而落选。这类原因具体表现为企业不明确自己的项目是否可获得政府资助；不确定申报政府资助要做哪些前期工作；不了解申报政府补助的具体申报时间、申报的具体条件和申报程序；不完全了解政府设立资金的目的、宗旨及其真正的内涵，从而错失政府资助申报。一个项目的申报通常涉及该企业的计划发展、技术、财务等多个部门的通力合作，方能申报和实施好这个项目。如果企业主管领导不充分重视，不统筹规划，各部门在分工协作时可能会因为相应主管人的理解不到位，进而导致不同的环节出现失误，最终降低整个项目的申报成功率。

1.6.3　未按政府资助要求准备申报材料

编写项目材料是一项科学严谨的工作。此类工作内容多、工作量大，而且项目不同、申报的归口单位不一，申报材料的要求也是各有不同的，另外，准备材料的过程也比较复杂，特别是项目申报材料的撰写工作，对有关申报人员的专业水平、责任心、敬业精神和文字表达能力等方面的要求比较高。企业担心申报前期需要准备过多材料，前期投入时间与精力太多，但最后申报成功的概率低，因此，部分企业在申报项目的过程中，由于准备不够充分或者不够专业，导致好的项目没有被识别而落选，或者申报需要经过的流程太多，而企业没有过多精力进行申报。

1.6.4 企业做了无用功

企业申请政府资助有几个原因：错报项目导致不符合申报条件、材料准备不充分、没有充分理解扶持资金申报的关键点或者申报项目的闪光点，没有将企业的技术实力、人员实力、经济实力等条件充分展示出来，从而导致企业项目申报落选。同时，时间信息掌握不到位也是导致企业申请政府资助失败的一个重要原因。许多企业在申报政府项目的过程中，踩点现象严重，等到申报最后时刻方才提交系统，过于集中提交导致的系统卡顿等一系列问题使得企业无法按时申报。企业往往出于以上错报项目、未及时提交项目等各种原因，导致企业自身即使为项目申报付出了一定的时间和精力，仍无法得到政府资助。

本章小结

随着政府对企业发展扶持力度的不断加大，政府投入到企业的政策性资助越来越多，对资助资金尤其是科技研发经费的管理也越来越严格，使得少部分企业认为科技研发"一管就死、不管就乱"。事实上，政府专项资金犹如一把双刃利剑，与企业发展之间能够互为作用。企业如果使用得好，自身能因此而获得一系列良好的效应；企业如果使用不当，自身反而会因为资金使用问题而陷入困境。因此，对于企业来说，要正确看待政府财政资金的资助，而不能无限制地申请政府专项资金支持。企业应该在综合考虑自身实际发展情况的基础之上，进一步分析自身是否能顺利地完成这项技术创新项目，是否能真正做到专款专用，是否能真正做到配套资金按期到位，最终量力而行地申请政府财政资助。

第 2 章

如何获取政府资助资讯

传媒企业如何获取政府资助资讯

众所周知，政府有很多面向企业的政策性补贴项目。为什么有的企业能获得政府补贴，而有的企业却从来没有获得过政府补贴？要回答这个问题，首要任务就是了解政府相关政策，做好政策挖掘与分析。分众传媒等多家传媒企业在充分了解有关宣传文化发展专项资金、文化产业发展专项基金、国家电影事业发展专项基金、电影精品专项基金、地方政府企业发展基金等政府资助的基础上，获得了各级政府部门的多项补助。2019 年分众传媒发布关于获得政府补助的公告，在近 6 年的时间里共获得政府补助 50.3 亿元，其中 2019 年累计收到政府补助 6.85 亿元。此前，其他影视企业也发布过类似的政府补助公告。例如，中国电影 2018 年获得政府补助 10 862.6 万元，华录百纳 2018 年获得补助 1 165.3 万元，上海电影 2017 年获得补助 1 172 万元，长城影视 2015 年获得补助 1 959.8 万元等。[13] 从获得政府补贴的企业来看，既包括国有影视企业，也包括民营影视企业。本章将重点探讨具体的补助分类有哪些，企业可以从哪些渠道获取政府资助资讯。

2.1 政府资助资讯的关注范畴

政策文件是指国家政权机关、政党组织和其他社会政治集团等根据经济社会发展需要，结合实际情况，以权威形式标准化地规定在一定的历史时期内应该达到的奋斗目标、遵循的行动原则、完成的明确任务、实行的工作方式、采取的一般步骤和具体措施的文件。[14] 我国扶持政策由来已久，各级政府部门相继出台了一系列扶持产业和企业创新发展的政策文件。从 20 世纪四五十年代举全国之力发展军工产业，到改革开放之后大力发展纺织、机电等出口导向产业，再到 21 世纪以来对信息技术、新能源等高新技术产业的大力扶持，可以看到，每个阶段的扶持政策都体现出鲜明的时代特征。

企业申报政府资助，可以在政策的引导下更直接、准确地了解政府对产业和技术的发展导向，生产出更加符合市场和未来需求的产品，同时，政府资助涉及招商、税费减免、融资扶持、优化环境、用工引智等方方面面的政策，这间接或直接地促进了企业的健康发展。因此，企业在申报政府资助前，需要对政府支持企业的政策文件类型、效力以及政策文件之间的内在关联有所了解。由于政策文件众多，所以本书从政策文种分类和政策作用效力两个视角切入，引导大家如何关注和了解一份政策文件里的具体信息，明确哪些政策文件该细究，哪些政策文件该概读。

2.1.1 政策文种分类

总体而言，我国扶持企业的政策文种类型包括法律法规、条例、决定、办法、规定、规划、意见、通知、公告等，如表 2-1 所示。

表 2-1 扶持企业的政策文种类型

序号	文种	适用范围
1	法律法规	适用于全国人大及其常委会制定的规范性文件、行政法规、地方性法规、民族自治法规及经济特区法规等
2	条例	适用于由国家机关或行政机关根据政策和法令制定与发布的对政治、经济和文化领域的某些特定事项做出的比较全面系统、具有长期执行效力的法规性公文
3	决定	适用于为重要事项做出决策和安排，奖励和惩罚相关单位和人员，以及更改或撤销下级行政部门不当决定的文件
4	办法	适用于有关机关和部门根据党的政策和有关法律法规，提交有关工作或问题的具体做法和要求的文件

（续）

序号	文种	适用范围
5	规定	适用于在具体范围内制定相应的工作和事务措施，并要求下属部门和下属机关执行的正式文件
6	规划	适用于对未来行动计划的反思和考虑，指全面和长期的发展计划
7	意见	适用于下行文，一般为上级领导机关对下级机关部署工作
8	通知	适用于颁布法规，转发上级、同级和非直属机构的官方文件，批转下级官方文件，要求下属机关处理某些事项
9	公告	适用于重大事件或法定事项的宣布

资料来源：计划、规划、方案、安排、通知、公告、决定、决议、规定、制度、规章、规则、章程、条例的含义 [EB/OL].(2015-07-22)[2021-05-06].https://wenku.baidu.com/view/862848edddccda38376baf9c.html.

需要注意的是，通知文种的适用范围最广泛，但是为避免对"通知"这一类型存在歧义，本书归类的"通知"是指用于发布指示、布置工作的指示性和告知性通知文件，而不包括印发、传达某一政策文件的印转类通知。例如 2016 年 7 月出台的《国务院关于印发"十三五"国家科技创新规划的通知》（国发〔2016〕43 号），这一政策文本的文种类型记为"发展规划"，而非"通知"。

大多数政策可以说是一个体系，是阐明扶持产业和企业方向、明确扶持标准、告知扶持条件、明确如何申请四个层面上的政策文件的有机结合。从企业获取政府资讯的角度而言，重点可以关注以下几类政策文种，并了解政策文件之间的内在联系。

1. 第一层面：阐明扶持产业和企业方向的宏观指导意见和规划

总政策又叫根政策，作用是阐述政策的缘起、理念和战略方针等内容，主要包括法律、发展战略和改革纲领性文件，以及承载这些战略或改革方针的国家重大发展规划。从扶持企业的政策角度来看，总政策主要指阐明扶持产业和企业方向的宏观指导意见和规划，往往是以各级政府名义发布的《支持 ×× 产业的意见》《发展 ×× 产业的规划》等宏观的指导意见、规划和方案。这一层面的政策往往是原则性的，也是后续扶持政策制定出台的依据和背景，为相关职能部门制定下一层面的具体措施文件指明方向。总政策通常会提及对 ×× 行业、×× 项目进行重点支持，大多不会明确扶持的具体方式和金额，如提出"大力促进产业集聚""加强创新能力建设"这样的说法。政策发布之后，由具体负责此项业务的主管部门按照文件中的部署要求，起草有关具体的意见和标准。[15]

例如，2020 年国务院出台了《国务院关于印发新时期促进集成电路产业和软件产业高质量发展若干政策的通知》（国发〔2020〕8 号，以下简称国发〔2020〕8 号文），该文件通篇从财税、投融资、研究开发、进出口、人才、知识产权、市场应用、国际合作等方面提出政策制定方向。国发〔2020〕8 号文在谈到部分政策时，会指定落实政策措施的具体部门，如研究开发政策主要由科技部、国家发展改革委、工业和信息化部等部门组织实施；财税政策主要由财政部、海关总署、国家发展改革委、工业和信息化部等部门组织实施。

需要注意的是，扶持政策主要来源于国家政府各级机关下发的文件，但并不仅仅局限于政府部门下发的文件，这也取决于扶持产业的性质。例如，矿业企业可以申报自然资源部的资源节约项目，军用产品企业可以申报政府的军品扶持专项资金。因此，企业做好项目申报的基础工作就是要充分熟悉产业领域内的有关指导政策。此外，企业最好了解一下国家有关职能部门的工作职责和范围。例如，企业可以登录中央人民政府网站（www.gov.cn）查找文件《国务院关于机构设置的通知》（国发〔2018〕6 号）和《国务院关于部委管理的国家局设置的通知》（国发〔2018〕7 号），了解新一届的国务院机构设置。

2. 第二层面：明确扶持标准的支持措施文件

在出台顶层设计文件后，政府主管部门要根据意见精神和任务分工安排，结合实际，按整个任务量及权重进行财政资金配比，形成政策并下发，如《关于发展 ×× 产业的若干政策意见》《关于扶持 ×× 产业的扶持办法》等政策。如果政策涉及的部门较多，并需要体现在一份文件上，政策也会以本级政府办公室的名义出台。

这些政策出台的目的是确立为贯彻落实上一级政府或者同级主管部门出台的有关意见而制定的具体可行的支持措施。这类政策一般表现为三个方面：一是无偿补助，即政府部门对符合条件的企业投资项目和下一级地方政府投资项目给予的投资资金补助；二是贷款贴息，即政府部门对符合条件、使用了中长期银行贷款的投资项目给予的贷款贴息；三是奖励，即政府部门对表现突出、业绩优秀，具有重大创新贡献企业的一种鼓励政策，奖励额度视具体情况而定。

例如，广东省发展改革委出台的《广东省发展改革委关于印发广东省加快战略性新兴产业发展实施方案的通知》（粤发改产业〔2017〕555 号），是为贯彻落实《"十三五"国家战略性新兴产业发展规划》和《广东省战略性新兴产业发展"十三五"规划》，并提出了贯彻落实的主要措施。文件中明确由省科技厅、省发展改革委、省经济和信息化委牵头，完善高新技术企业培育奖补政策，探索实施高新技术企业分类和扶持制度，实施新兴产业创新企业百强工程，支持龙头企业组建产业技术创新联盟，等等。文件中的另一部分明确由省科技厅、省财政厅牵头，省发展改革委、省经济和信息化委、省国税局、省地税局参加，推行普惠性的财政支持政策，包括引导战略性新兴产业企业普遍建立研发准备金制度，制定发布企业研发准备金制度参考模板；发挥现有企业研发后补助政策的引导作用，对属于六大重点领域的国家高新技术企业，以其上一年研发投入为基数，按照10%的比例给予财政后补助支持；落实国家高新技术企业减免税优惠政策，做好政策宣传辅导，依托全省高新技术企业数据库，逐步建立高新技术企业减免税落实台账，确保企业足额享受优惠等。企业在查阅政策文件的时候可以重点关注以上类型的表述。图 2-1 是广东省发展改革委出台的有关文件。

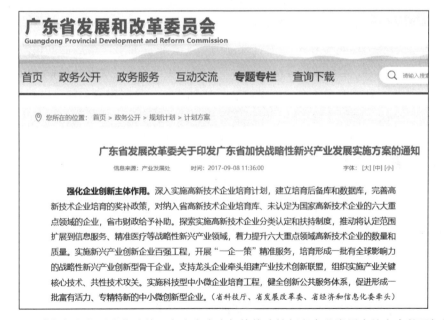

图 2-1　《广东省发展改革委关于印发广东省加快战略性新兴产业发展实施方案的通知》

3. 第三层面：告知企业扶持条件的专项资金管理办法和工作方案

告知企业扶持条件的政策文件通常由制定具体扶持措施的主管部门和同级

财政部门共同制定，以《××专项资金管理办法》的形式展现出来。其目的主要是设立、使用和管理专项资金。有关部门在其中会明确申报专项资金的具体条件、要求和奖励方式。

如广州市为推动市标准化战略的实施，其制定的资金管理办法是《广州市市场监督管理局关于印发广州市标准化战略专项资金管理办法的通知》(穗市监规字〔2020〕2号)，明确提出由广州市市场监督管理部门负责下发年度专项资金申报通知，依托市级财政专项资金管理平台做好专项资金申请受理、审核和信息公开工作等，此外也明确了标准化战略资金的资助项目和金额。由此可见，企业要想成功通过申请，最关键的就是把《××专项资金管理办法》看懂，并掌握与了解关键信息，提前准备有关申报材料。

一般情况下，专项资金有明确的管理分工。

财政主管部门是专项资金的监督部门，主要职责如下：一是审计安排年度专项资金预算，确定专项资金年度支出结构，审查年度专项资金预算；二是会同专项资金主管部门下达专项资金使用计划，办理专项资金拨款；三是监督检查资金的管理和使用情况，负责对专项资金进行绩效评价。

有关职能部门是专项资金的管理部门，主要职责如下：一是根据相关发展规划和年度目标，向财政主管部门提出专项资金年度预算，编制年度专项资金决算；二是制定有关专项资金实施细则或操作规程；三是制定专项资金申报指南，受理项目申请、组织项目考察、评审、审计和社会公示等；四是会同财政主管部门下达专项资金计划，负责项目档案管理；五是负责专项资金的日常管理，项目实施情况的检查、验收和开展项目绩效评价。

一旦企业获取专项资金扶持，一般需要做到以下几个方面：一是制定项目预算，负责筹集配套资金和实施项目；二是对项目扶持资金进行财务管理和会计核算；三是接受有关部门的监督检查、验收和绩效评估；四是按要求提供项目执行情况的报告和附属材料，并对材料的真实性负责。

广州市市场监督管理局制定的有关文件如图2-2所示。

4. 第四层面：告知企业如何申请资助的通知公告

最后一个层面是告知企业如何申请政府资助的通知公告，如《关于申报××资金通知》《关于开展××工作的通知》《关于组织申报××项目的通知》。通知中一般会明确规定申报要求、申报期限、截止日期、需要准备的材料、联系方式等，企业在实操中遇到问题时，要及时向通知公告上的联系人咨询。

广州市市场监督管理局关于印发广州市标准化战略专项资金管理办法的通知

发布日期：2020-06-10　浏览次数

穗市监规字〔2020〕2 号

第九条 专项资金的资助额度按照下列规定确定：

（一）主导国际标准制修订的每项资助不超过 50 万元；主导国家标准（产品类）制修订的每项资助不超过 25 万元；主导国家标准（产品类以外的其他类）制修订的每项资助不超过 15 万元；主导行业标准、地方标准制修订的每项资助不超过 10 万元。

（二）承担市场监督管理部门批准立项的标准化（包括技术性贸易措施应对）研究项目，每项资助不超过 30 万元。

（三）承担国际专业标准化技术委员会秘书处工作资助 30 万元，分技术委员会秘书处工作资助 20 万元；承担全国专业标准化技术委员会秘书处工作资助 15 万元，分技术委员会秘书处工作资助 10 万元；承担广东省专业标准化技术委员会秘书处工作资助 5 万元，分技术委员会秘书处工作资助 3 万元。

（四）承担国家级标准化示范（试点）项目资助 30 万元，省级、市级标准化示范（试点）项目资助 10 万元。

（五）获得"采用国际标准产品认可证书"，每项资助 2000 元。

（六）承办在广州举办的重大国际标准化活动，资助额度由市市场监督管理部门会同市财政部门视具体情况研究确定。

第十条 标准文本中排序处于前三位的起草单位为主导制修订国家标准、行业标准、地方标准的单位。

标准文本中没有列出起草单位的，由标准的发布或归口单位出具"主导制定标准"的证明。

参与国际标准的起草，并且其提案被采纳为国际标准核心内容的，为主导制定国际标准的单位。

第四章　申报和审批

第十一条 市市场监督管理部门负责下发年度专项资金申报通知，明确资金申报相关事宜，按照《广州市市级财政专项资金管理办法》有关规定，依托市级财政专项资金管理平台（以下简称管理平台）做好专项资金申请受理、审核和信息公开工作。

第十二条 申报单位应当通过管理平台进行网上申报，并在网上初审合格后 5 个工作日内将纸质申报材料报送市市场监督管理部门。

图 2-2　《广州市市场监督管理局关于印发广州市标准化战略专项资金管理办法的通知》

一般来说，企业在掌握前四个层面的政策文件，了解了扶持政策的来龙去脉后，就可以结合具体政府部门职能，在其官方网站查找所关注政策的申报通知文件，如未找到，也可以根据往年的申报通知文件中留存的具体联系人和联系方式，联系了解当年的申报通知发布时间和具体情况。

2.1.2 政策作用效力

从政策作用效力的角度来看，我国支持企业政策类型包括综合性政策、普适性政策、专项性政策、产业类政策、区域性政策等。综合性政策效力最高，其他各类政策必须与其保持一致。普适性政策的实施范围最广，所有企业都有享受该类政策的权利。虽然专项性政策和产业类政策都有条块特征，但专项性政策在某一方向上可能涉及多个乃至全产业，如涉及所有产业领域的中小企业扶持政策，因此，专项性政策有别于产业类政策，更类似于一个在限定条件下的普适性政策。企业可以将专项性政策归为基本政策，将产业类政策归为具体政策。区域性政策则是块状政策。它是企业在特定地理范围内，包含所有产业和方向的，与企业扶持密切相关的具体政策。表 2-2 是扶持企业的政策作用效力类型。

表 2-2　扶持企业的政策作用效力类型

序号	政策作用效力	特征
1	综合性政策	对已有政策调整和未来政策制定具有决定性的统辖作用
2	普适性政策	可以由各类企业独立自主选择的政策，免受所属行业（产业）类型、地理位置、经营规模、经济属性等方面的约束
3	专项性政策	面向某一类具有相同经济属性或活动特征的政策
4	产业类政策	专门为特定行业或某一类技术领域制定颁布的扶持政策
5	区域性政策	只在专门的地理区域范围内推行的扶持政策

1. 综合性政策

综合性政策效力最高，是对已有政策调整以及未来政策制定具有决定性的统辖作用，一般包括法律、发展战略和改革纲领性文件及其重大发展规划等层面的政策。

（1）法律。《中华人民共和国科学技术进步法》《中华人民共和国反不正当竞争法》《中华人民共和国公司法》等法律是综合性政策的根基，任何政策文件的出台都要有法可依、与法相一致，不可违法。例如，政府在《中华人民共和国科学技术进步法》（2007 年修订）中对科学技术创新活动、企业技术进步的扶持等方面出台相应法条，例如第三十三条。现将第三十三条展示如下：

第三十三条　国家鼓励企业增加研究开发和技术创新的投入，自主确立研究开发课题，开展技术创新活动。国家鼓励企业对引进技术进行消化、吸收和再创新。企业开发新技术、新产品、新工艺发生的研究开发费用可以按照国家有关规定，税前列支并加计扣除，企业科学技术研究开发仪器、设备可以加速折旧。

（2）发展战略和改革纲领性文件。十八大以来，我国开始全面深入实施"创新驱动发展战略"，并发布了《国家创新驱动发展战略规划纲要》《关于深化体制机制改革加快实施创新驱动发展战略的若干意见》《关于强化企业技术创新主体地位全面提升企业创新能力的意见》等多个与企业密切相关的国家发展战略和改革纲领性文件，在基本法律框架下提出了促进企业发展的国家发展方向、目标任务和路径安排。

例如，2016 年由中共中央、国务院联合颁布的《国家创新驱动发展战略纲要》就是一个纲领性文件，包括财政资金投入、税收优惠倾斜、知识产权保护等。类似此种宏观性、系统化的企业政策文件，有利于缓和因"政出多门"所引发的分工矛盾。

（3）发展规划。国家重大发展战略规划是进一步落实创新驱动发展战略的一系列宏观发展任务部署和实施路径安排，如《"十三五"国家科技创新规划》《"十三五"国家战略性新兴产业发展规划》等涉及企业创新的"十三五"各类规划，以及《信息化和工业化深度融合专项行动计划（2013—2018 年)》《智能硬件产业创新发展专项行动（2016—2018 年)》《"互联网+"人工智能三年行动实施方案》等专项行动计划或实施方案。

例如，2016 年 7 月 28 日，《国务院关于印发〈"十三五"国家科技创新发展规划〉的通知》(国发〔2016〕43 号)发布，该规划提出：

加强创新型企业建设，培育一批有国际影响力的创新型领军企业。推进创新企业百强工程。

吸引更多企业参与研究制定国家科技创新规划、计划、政策和标准，支持企业牵头联合高等学校、科研机构承担国家科技计划项目。

鼓励建设高水平研究机构，在龙头骨干企业布局建设企业国家重点实验室等。支持有条件的企业开展基础研究和前沿技术攻关，推动企业向产业链高端攀升。

发挥国家科技成果转化引导基金、国家中小企业发展基金、国家新兴产业创业投资引导基金等创业投资引导基金对全国创投市场培育和发展的引领作用，引导各类社会资本为符合条件的科技型中小微企业提供融资支持。

2. 普适性政策

普适性政策主要包括财税政策、企业研发机构、科技计划与投入、人才政策、知识产权与技术标准、金融政策等方面的政策。

（1）财税政策。扶持企业的财税政策主要包括以下几类：企业所得税、个人所得税、资产加速折旧、增值税、进出口税收、研发费用加计扣除等。

（2）企业研发机构。支持企业研发机构建设的政策主要包括以下几类：工程研究中心、技术创新中心、产业技术中心、企业技术中心、制造业创新中心、企业重点实验室等。

（3）科技计划与投入。科技计划与投入的政策主要包括以下几类：科技计划管理改革、经费管理、计划管理、重大专项管理、重点研发计划管理等。

（4）人才政策。与企业扶持相关的人才政策主要包括以下几类：人才资源开发与人才使用、人才激励与保障、高层次人才引进等。

（5）知识产权与技术标准。知识产权与技术标准政策主要包括以下几类：知识产权创造使用、知识产权管理、知识产权保护、技术标准化等。

（6）金融政策。与企业扶持有关的金融政策主要包括以下几类：科技金融、投资融资、信贷支持等。

3. 专项性政策

专项性政策为面向某一特定领域、某一方面的政策。本类政策主要是在产业维度之上，针对某一类具有相同经济属性或活动特征的企业政策，包括创新型企业政策、民营企业政策、创新创业服务政策、军民融合科技创新政策等。

（1）创新型企业政策。与扶持企业有关的政策主要包括以下几类：高新技术企业培育与发展、中小企业创新发展、小微企业创新创业、知识产权、基金支持、税收优惠、金融服务等。

（2）民营企业政策。与扶持民营企业有关的政策主要包括以下几类：降低生产经营成本、金融支持、公共服务、创新创业等。

（3）创新创业服务政策。与支持创新创业服务有关的政策主要包括以下几类：大众创业、万众创新，税收优惠，金融支持，创业投资等。

（4）军民融合科技创新政策。与支持军民融合科技创新有关的政策主要包括以下几类：国防科技成果转化和民参军技术等。

4. 产业类政策

产业类政策是专门为特定行业或某一类技术领域制定颁布的扶持政策。目前我国的产业类政策数量较大，包括战略性新兴产业政策、软件和集成电路产业政策、动漫产业政策等。

例如，广东省人民政府办公厅在出台的《广东省人民政府办公厅关于印发〈开展新数字家庭行动推动 4K 电视网络应用与产业发展的若干扶持政策（2017—2020 年）〉》（粤办函〔2017〕669 号）中提出"鼓励彩电企业转型升级，鼓励我省电视机生产企业加大力度改造提升 4K 电视机生产能力，生产符合国家或行业标准的 4K 超高清电视机，省工业和信息化专项资金对本省企业 4K、8K 技术产业化项目择优给予支持（省经济和信息化委牵头会省财政厅负责）"。因此，电视机生产企业可以重点关注省经济和信息化委政府网站，在开展技术改造后积极申请政策支持。

5. 区域性政策

区域性政策是只在专门的地理区域范围内推行的扶持政策。目前我国的扶持企业的区域性政策可以分为四类。

第一类是超越省、自治区、直辖市的大区域政策，如粤港澳大湾区、京津冀、长三角、珠三角、长江经济带、"一带一路"倡议等。例如，《粤港澳大湾区发展规划纲要》于 2019 年 2 月 18 日经党中央、国务院同意正式公开发布，这份纲领性文件对粤港澳大湾区的战略定位、发展目标、空间布局等方面做了全面规划。

第二类是省、自治区和直辖市的地方扶持政策。例如《广东省人民政府印发〈关于进一步促进科技创新若干政策措施〉的通知》（粤府〔2019〕1 号），这是广东省关于推动科技创新的综合性政策。

第三类是某一城市扶持政策。例如，《广州市工业和信息化局关于印发〈广州市关于推进新一代人工智能产业发展的行动计划（2020—2022 年）〉的通知》是进一步加快发展广州市新一代人工智能产业的行动计划。

第四类是位于特定范围内的扶持政策，如自主创新示范区、自由贸易试验区、高新区等。例如，《珠三角国家自主创新示范区建设实施方案（2016—2020 年）》是珠三角国家自主创新示范区在 2016 ~ 2020 年创新发展的实施方案。[16]

2.2　政府资助资讯的获取渠道

2.2.1　政府部门网站

政府部门网站是政府资助信息的重要来源。企业可以直接检索政府官方网站名称，定期登录国家、省级、市级、区县几个层级的政府网站，重点关注公告通知栏并从中可以了解政府扶持资金的申报要求和程序。另外，企业可以在找到政府官方网站后，在页面最底端找到友情链接去别的官方网站，或根据通知发文的落款去寻源。特别要注意的是，企业要注意政府网站的真实性。一般有以下三个判别方法。

一是查询网站备案信息。根据《非经营性互联网信息服务备案管理办法》规定，未经国家机关单位许可备案，不得在中华人民共和国境内从事非经营性互联网信息服务。企业可前往工信部 ICP/IP 地址 / 域名信息备案系统查询：https://beian.miit.gov.cn/#/Integrated/index。网站的界面如图 2-3、图 2-4、图 2-5 所示。

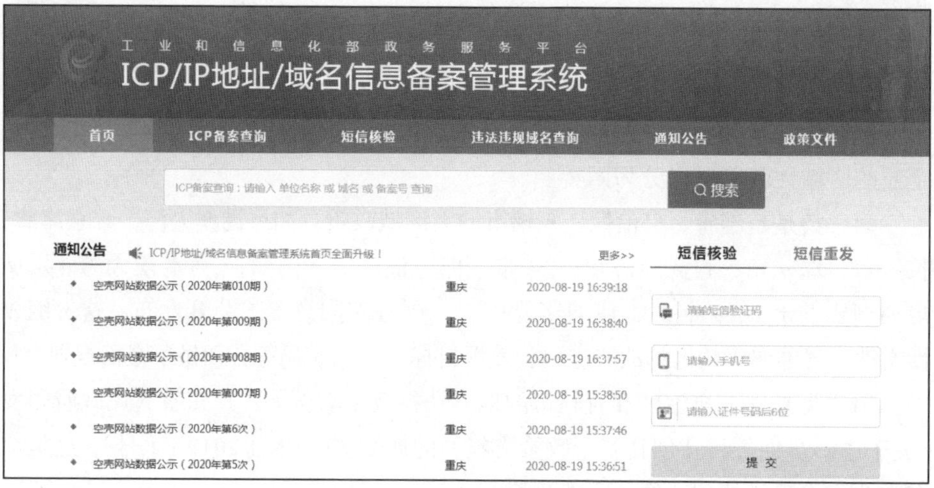

图 2-3　ICP/IP 地址 / 域名信息备案系统

图 2-4　广东省人民政府 ICP/IP 地址 / 域名信息备案系统

图 2-5　广东省科学院 ICP/IP 地址、域名信息备案系统

若一个政府网站没有备案信息，则企业几乎可以确定该网站是假冒的。已备案的网站在其底部会显示备案号，企业若查询显示主办单位为个人而非对应的政府或事业单位，则尤其需要注意该网站所发布信息的真实性和有效性。

二是查看党政机关和事业单位网站标识。根据《政府网站发展指引》要求，政府网站主办单位应向编制部门提交加挂党政机关网站标识申请。一个政府网站在网页最下方有一个盾牌标志，红色标注党政机关，蓝色标注事业单位，如果网站没有挂标，需要谨慎访问。政府网站的盾牌标志如图 2-6 所示。

图 2-6　政府网站的盾牌标志

三是查看网站域名。《政府网站发展指引》明确指出，政府网站要使用

以 .gov.cn 为后缀的英文域名和符合要求的中文域名，不得使用其他后缀的英文域名。如果网站域名不符合规范，企业需要慎重访问。

1. 国家级政府部门网站

企业可以定期登录以下国家级政府部门网站获取有关资助信息，例如科技部、发展改革委、工信部、商务部、税务总局、财政部等。下面以科技部网站为例进行介绍，如图 2-7 所示。

图 2-7　中华人民共和国科学技术部网站

一是登录网址 http://www.most.gov.cn。企业通过查阅"信息公开"栏下属"信息公开指南"，找到"法定主动公开内容—机构分类"，可以了解科技部下设部门有哪些，以及与每个下设部门有关的规范性文件。

二是重点查阅"科技政策"栏。企业可以了解到国家出台的科技政策、试点科技政策、地方政策精选、科技政策动态，尤其可以重点关注科技政策解读部分，因为该部分有研发费用加计扣除政策执行指引、高新技术企业认定管理政策问答和国家科技重大专项知识产权政策问答。

三是重点查阅"科技计划"栏。企业可以了解到现阶段国家科技计划体系、国家项目网络申报、自然基金项目申报等。

四是重点查阅"通知通告"栏。企业可以及时掌握科技部政策性资金扶持项目的项目申报指南和申报时间。对于该栏有关内容，企业可以定时访问并做好记录。

2. 省级政府部门网站

企业可以定期登录以下省级政府部门网站获取有关资助信息，例如省政府、省发展改革委、省工信厅、省科技厅、省商务厅、省税务局、省财政局。下面以广东省科学技术厅网站为例进行介绍，如图 2-8 所示。

图 2-8　广东省科学技术厅网站

一是登录网址 http://gdstc.gd.gov.cn/。企业通过点击进入"政务公开"栏，查找省科技厅职责范围，了解企业想要申请的政府资助是否由该部门负责。另外，企业可以查阅省科技厅具体内设部门和各处室职责，找到联系人和联系方式，以便在申报资助的过程中能够精准匹配到具体负责人，查询和沟通有关信息。

二是点击进入"通知公告"栏。企业可以及时掌握科技厅政策性资金扶持项目的项目申报指南和申报时间，定时访问并做好与该栏有关内容的记录，及时研究企业满足条件可以申报的项目，并与有关处室负责人沟通及联系，了解具体细节问题。

三是点击进入"政策解读"栏。企业可以了解有关政策的解读和操作指引，如高新技术企业认定申报政策解读、重点专项申报与管理要点解读。

3.地市、区县政府部门网站

企业可以定期登录所在地市、区县政府部门网站获取有关资助信息，获取政府资讯的主要方式与获取国家级和省级政府部门网站信息的方式类似。

4.政府部门网站的收集与整理

经过上述查找后，企业可以将各个官方网站加入收藏夹，或者整理记录并汇总。整理方法可以按照国家、省、市、区的维度罗列，也可以按照科技、发改、财政、税务等部门来进行分类。以广州市企业为例进行分类，如图 2-9 所示。

序号	网站名称	网址
1	广州市人民政府	http://www.gz.gov.cn/
2	广州市科学技术局	http://kjj.gz.gov.cn/
3	广州市工业和信息化局	http://gxj.gz.gov.cn/
4	广州市发展和改革委员会	http://fgw.gz.gov.cn/
5	广州市市场监督管理局（知识产权局）	http://scjgj.gz.gov.cn/

国家 省 市 各区 ＋

图 2-9　政府网站信息收集图（市）

2.2.2　政策宣讲培训会、政府部门新闻发布会和政策学习论坛

1.政策宣讲培训会

一般来说，各级政府部门会经常组织企业参加政策宣讲培训会，集中解读政策内涵，指导政策申报。对于政策培训班，企业一定要多个心思、严加辨别。现在社会上有很多中介企业假借政府名义举办培训班，目的就是赚取培训费。当然，企业参加社会中介的培训班不是没有用处，而是性价比太低。由于并没有直接或者间接地参与到政策的制定起草过程中来，所以社会中介的培训老师对于政府政策文件的背景、目的、扶持领域和重点、申报细节等相对了解得不够多，仅是告知企业有什么政策或者政策内容是什么，而这些内容企业可以从政府网站上查询。具体来说，政府部门会在以下两种情况下集中组织政策宣讲培训会。

一是在重大政策法规发布后，政府会有针对性地组织政策宣讲培训会，可能在地市统一组织召开，或者针对高校院所、企业等主体单独组织召开。例如，《广东省人民政府关于印发〈广东省降低制造业企业成本支持实体经济发展若干政策措施（修订版）〉的通知》（粤府〔2018〕79 号）印发后，广东省政府成立专

家团，由省编办、发展改革委、经济和信息化委等多个广东省直部门组成，在全省 4 个片区组织各市区县政府、各重点企业开展政策集中宣讲培训。《广东省人民政府印发〈关于进一步促进科技创新若干政策措施〉的通知》(粤府〔2019〕1 号)印发后，广东省科技厅一方面牵头抓紧制定配套措施，联合广东省教育厅、广东省公安厅、广东省财政厅、广东省人力资源和社会保障厅、广东省自然资源厅、广东省农业农村厅、国家税务总局广东省税务局等八部门共同印发《关于进一步促进科技创新的若干政策措施实施指引》和重点政策解读，另一方面高度重视科创 12 条的宣传解读工作，在第一时间部署开展宣传工作，并编制重点政策解读手册，制订宣传工作方案，大力开展政策宣讲解读，促使科创 12 条逐步深入人心。

二是针对部门所属职责范围内的工作单独开展或联合开展政策宣讲培训会，如广东省科技厅联合省财政厅、国家税务总局广东省税务局举办线上广东省 2020 年高新技术企业申报认定工作培训宣讲会，在培训期间，省科技厅详细介绍了 2020 年高新技术企业系统填报、申报流程的新要求和注意事项；省财政厅委托省注册会计师协会讲解了高新技术企业认定申报年度审计报告和专项审计报告注意事项；省税务局解读了高新技术企业税收优惠、研发费用加计扣除政策、企业汇算清缴注意事项。

企业可以及时关注政府部门网站、微信工作群、微信公众号等，匹配适合自己的政策宣讲培训会，积极报名参加。值得注意的是，企业在判断拟参加的培训班的时候，可以重点关注以下几点：是否收取培训费，一般来说，政府部门举办的培训班都不收取培训费；培训讲师是否为政府部门工作人员；通知是否为红头文件，一般来说，通知会以政府部门的红头文件下发。

2. 政府部门新闻发布会

企业可以登录省（市）政府网站查询重大政策法规新闻发布会，搜集与本企业相关的最新政策和解读。最近一两年，广东省出台的科创十二条、外资十条、降成本十条、民营经济十条等政策法规都有召开新闻发布会。2018 年 11 月 7 日，广东省政府召开新闻发布会向媒体介绍省政府《关于促进民营经济高质量发展的若干政策措施》（简称"民营经济十条"），对"民营经济十条"政策中针对性强、支持力度更大、更加务实管用的新举措进行详细介绍。相关新闻发布会如图 2-10 所示。

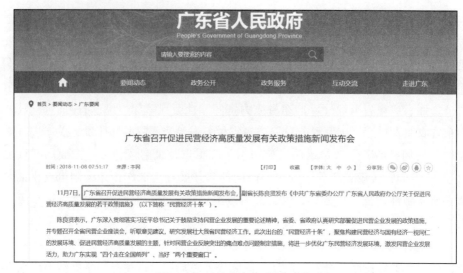

图 2-10　政府部门新闻发布会

3. 政策学习论坛

政府部门、科技服务机构、协会等会不定期组织政策学习论坛，例如广州市南沙区工信局主办、华南技术转移中心协办的"企业科技管理能力提升服务活动"，帮助科技型中小企业培养规范的项目管理能力、项目执行能力以及管理体系，梳理企业的科技成果，并引导企业参与科技成果的转移转化。华南技术转移中心主办、广州生产力促进中心协办的"广东省科技创新券政策宣贯与实操培训"，帮助科技型中小企业和创业者提高对广东省科技创新券的知晓度。广东省科技厅、广州市科技创新委、华南理工大学联合举办的华南高校科研人员成果转化实操培训班邀请了省科技厅政策法规处领导、各行业专家，由此便能看出来学习论坛的含金量。一般这种培训会都会现场建立微信工作群，企业可以通过加入此类微信群来及时共享和了解相关政策信息。但是，企业在参与科技服务机构和协会等组织的政策学习论坛时，在培训机构的选择与识别上，需要注意是否为官方组织，或者是否与政府部门相关。

2.2.3　主流媒体新闻报道

企业可以关注中国政府网、央视网、新华社、科学网、新闻联播、广东新闻联播、人民日报、南方日报、科技日报、经济日报、光明日报、羊城晚报、南方都市报、广东科技报等主流媒体的新闻报道，从中搜集与企业有关的政府扶持资金信息。通过主流媒体新闻报道获取政府资助信息之后，按照前面所述，企业可以找到相关职能部门官方网站，查找相关公开信息，获取相关政策申报要点。

以广东科技报的有关新闻报道为例，企业通过日常关注和搜集广东科技报信息可以了解到广州市政府办公厅印发了《广州市关于加快超高清视频产业发展行动计划（2018—2020 年）》。如果企业属于超高清视频产业的企业，那么即可登录广州市人民政府网站检索该文件，找到助推企业发展壮大的有关内容，重点提取以下信息。一是广州市发展改革委将牵头落实对超高清视频领域龙头企业迁入或在穗新设立公司且达到总部企业认定标准的给予支持；二是广州市工信委将牵头建立超高清产业领域的"两高四新"（高科技、高成长、新技术、新产业、新业态、新模式）企业清单，加大对"两高四新"企业的扶持力度，通过直投、贷款贴息、补助等方式，促进企业快速发展壮大。最后企业可以密切关注广州市经信委和广州市工信委网站上发布的有关通知公告，积极准备申报相关扶持项目。

2.2.4　兄弟企业

1. 兄弟企业或同行业企业间交流

兄弟企业或者同行业企业在一定程度上彼此竞争。然而，企业通过借鉴同行业企业申报成果的项目和加强企业之间的交流，并结合企业自身发展阶段和发展需求，有针对性地组织申报，可以提高申报成功的概率。即使企业申请不到扶持政策，了解自己行业内的政策动态，与自己的同行交流交流还是会受益匪浅的，长此以往或许会有其他意外收获。

2. 行业龙头企业所获资质

企业可以登录所在行业龙头企业的官方网站，在关于企业介绍的栏目内，参考借鉴龙头企业所获资质，根据企业自身实际情况，选择可以申报的资质。例如，如果企业为现代农牧企业，可以登录温氏集团的官方网站，找到集团简介中的"企业荣誉"栏目，查看温氏集团获得的资质，比如，国家火炬计划重点高新技术企业、国家星火计划龙头企业技术创新中心、全国农产品加工业示范企业、创新型企业、国家认定企业技术中心、广东省优秀自主品牌、农业产业化重点龙头企业，再根据企业的实际情况，选择可以申报的资质。温氏集团所获资质（部分）如图 2-11 所示。

图 2-11　温氏集团所获资质（部分）

2.2.5　获取政府资助资讯的后续工作

1. 政府资助资讯的整理分析

搜集政府资助资讯需要浏览许多网站和微信公众号，企业需要对这些政策文件和信息进行整理分析，筛选出企业真正需要的信息。

（1）根据职能部门职责重点关注适合的政策文件。不同政府部门有不同的政策侧重点，企业可以根据政府资助项目申报类型表来筛选适合自己企业申报的项目。横向可以根据企业所处的行业特性进行选择，每个主管部门会有针对不同行业的补贴，且侧重点和补贴力度都不同。纵向可以根据每个主管部门的政策进行匹配，除了行业类专项，每个部门都有适合多数企业的大众项目，例如科技部门的研发补贴、人社部门的人才奖励、市场监管部门的品牌奖励等都适合大多数行业。政府资助项目申报类型表如表 2-3 所示。

表 2-3　政府资助项目申报类型表

申报部门	申报政策类型			
科技部门	技术开发类	平台建设类	创新创业类	成果奖补类
工信部门	产业化补贴	信息化专项	技术改造类	市场拓展类
发改部门	战略性项目资助	新兴产业补贴	重大建设补贴	平台类补贴
商务部门	电子商务类	会展类补贴	外贸类补贴	都市消费专项

（续）

申报部门	申报政策类型			
人社部门	人才奖励	保险补贴	用工奖励	教育培训补贴
市场监管部门	品牌商标类	质量奖励	知识产权补贴	标准化奖励
……	企业从刚开始注册成立到发展壮大，再到融资上市，中间所有的阶段和环节只要申报得当，都可以获得政府的财税政策支持			

（2）根据企业实际主动寻找适合的政策文件。企业根据自身的规模、产业领域等基本信息确定最适合哪些项目，清晰的定位能够为企业节省很多时间。企业想要获得政府财政补助，必须要了解政府财政补助申请的规定，整理项目的类型和方向，快速抓取适合企业的关键字，确认符合相关规定之后才能申请相关补助。例如，技术开发类项目适合高新技术企业，外贸类补贴适合对外贸易企业，各有侧重点。因此，企业需要结合实际，选择适合自身的申报政策类型。例如，企业计划申报科技攻关项目，须重点关注科技部门出台的政策通知。

2. 政府资助资讯的汇编归档

（1）形成汇编文件。确定适合企业的政策文件后，企业安排专职人员，将当期适合申报的项目和文件重点整理出来，组织开展内部探讨，如由技术部门论证是否符合所申报主题的技术方向，由财务部门论证财务分析指标是否能达到要求等。此外，企业同步整理出当期不可申报，但与企业需求及成长契合度高的政策文件，提前研究学习以便准备未来申报。

但如何汇编项目基础材料呢？一般来说，一个完整的项目内容应该包括从申报管理到验收，再到后期转化应用的各个阶段。通过借鉴国家某些专项对档案管理的一些要求，本书建议企业在整理单独一个政策文件时，将其分为项目基本材料、项目申报阶段、过程管理阶段、验收和审计阶段、成果转化阶段，并将每个阶段里面的具体文档以"20200914（完成时间）——××项目（项目名称）——××（编制人员姓名）——V1.0（版本号）"的形式统一命名，这样虽然前期命名会比较麻烦，但是后期则会更容易整理和保存。各个阶段涉及的具体内容如表 2-4 所示。

表 2-4　企业汇编项目基础材料一览表

序号	所处阶段	具体内容
1	项目基本材料	企业基本介绍、项目负责人及相关人员基本情况、企业统一社会信用代码证、企业当年的年度审计报告、企业获奖证明、企业资质证明、专利证书等

（续）

序号	所处阶段	具体内容
2	项目申报阶段	项目申报通知和指南，各类策划会议记录文件，产业和行业相关宏观政策搜集，查新报告、产学研合作协议、项目申报材料、评审和答辩相关通知文件、答辩 PPT 等
3	过程管理阶段	批复立项文件，开题报告、调研报告、方案论证和协议书，项目合同或目标责任书，项目实施计划表、年度经费使用计划表，各类专项（计划）项目和经费管理办法、各类策划协调会议记录、各类中期检查相关的报告和报表，重大事项变更，项目阶段总结报告，设计文件、图样及关键工艺文件，各类与项目有关的产品照片、测试报告、分析报告等
4	验收和审计阶段	项目工作总结报告、项目技术总结报告、经费决算报告、经费审计报告，分专题报告、验收申请表、审计底稿，项目结题验收书、专家验收意见表等
5	成果转化阶段	项目的最终成果形式和内容，具体包括专利、标准、软件著作权、论文等各类知识产权申请文件及证书，专利许可或转让协议、产品或装备样机照片及相关测试报告、用户反馈意见等

不同项目类型所涉及的项目阶段也有所不同，上面的划分只能作为一个参考，供企业在项目申报材料管理时选用。

（2）归档政策文件。企业在归档政策文件时，要注意所查找的相关文件是不是最新版，并带着以下问题提取政策文件重点。

一是曾经出现哪些适合本企业申报的项目，但本企业未申报，条件差在哪里？

二是曾经出现哪些与本企业相关或者相似的项目可以申报，本企业的差距在哪里？

三是相似、相关项目的政策变化，每年有哪些不同的内容？

四是政策的变化趋势是什么样的？文件是如何规定的？

3. 结合掌握的资讯积极准备

（1）全面详细了解企业情况。全面了解本企业情况是企业进行政府项目申报的基础。最了解和熟悉企业发展及技术优劣势的是企业自己，建议企业主要掌握以下几个方面：

一是企业基本情况，包括企业性质、人员、资产；

二是企业研究开发情况，包括研究开发人员、设备和资金投入情况、主要成果和自有知识产权状况；

三是企业财务、经济情况，包括总资产、总负债、销售收入、利税等财务数据。

　　同时，企业项目申报人员可以根据申报项目需要，形成工作任务分配图，如图 2-12 所示（仅供借鉴），对政府资金支持计划、政策与配套的申请办法、申请时间、材料撰写、申报流程及申报要领等内容预先做到宏观性了解。若能够提前获知政府科技项目上年度支持领域、申报条件、所需企业资质和大概申报时间，企业可预先做准备，则项目申报的成功率会大大提升。[17]

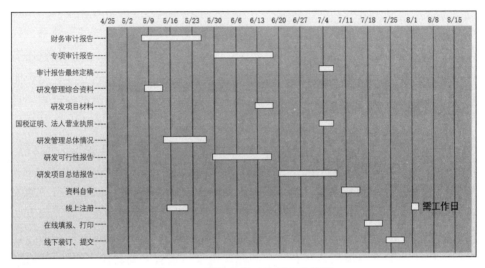

图 2-12　项目申报工作任务分配图

　　（2）注重公司无形资产和相关资质的累积。企业平时一定要注意多积累和申报完善各类资质证书，这是企业综合实力和技术先进水平的集中体现，是项目申报成功的有力保障。企业注重积累的相关资质主要分为以下两种。

　　一是企业资质，包括管理体系认证、环境体系认证、职业健康体系认证、高新技术企业的认定、企业技术中心的认定、各项强制性认证（CCC 认证、QS 认证、HACCP 认证、GAP 认证、GMP 认证等）。

　　二是项目资质，包括项目技术先进性的证明文件，如专利证书、商标、软件著作权登记证的申请、科技成果的鉴定（专家评审）、企业项目技术查新报告等；项目技术成熟性证明文件，如权威部门出具的产品检测报告（测试报告）、试验报告、用户意见等；项目产业化可行性证明文件，如由资质单位编制的项目可行性报告、土地批复意见、环评批复、立项备案登记证明、资金申报报告等。这些报告或证书都可以作为申报项目的旁证材料，有的甚至是项目要求不可缺少的附件。[18]

（3）考虑项目合作形式。一般情况下，项目分为企业独立申报和联合申报两种形式，企业需要根据具体要求去考量。联合申报多采用"产、学、研、用"结合的研究模式，企业可选择行业内有较强研发实力和影响力的高校、科研院所共同进行项目申报。

（4）准备高质量的申报材料。绝大多数竞争性项目需要准备申报材料，经由专家评审。项目申报材料内容是否脉络清晰、质量过关等因素直接影响项目评审专家的评分。通常情况下，每种类型的政策支持项目都有自己的评分体系，只有评分高于某一分数，项目才有机会进入立项审批阶段的审议。所以，打铁还需自身硬，申报材料的撰写尤为关键，直接关系到企业科技项目是否立项，是否能获得政府资金资助。因此，企业需要根据申报的基金或者国家政策扶持计划项目的要求，准备真实、准确、严谨、高质量的申报材料，使其能展示出公司的技术、实力等方面的优势，使评委们能在较短时间内抓住要点，并能充分地理解、正确地把握企业的申报材料所提供的信息点。

（5）按照规定程序提交申请材料后，开始进入审核程序。企业应与当地政府保持良好互动。由于每年的申报项目有很多，企业之间难免存在竞争，而有些项目从通知申报到申报截止，时间比较短，因此与相关部门保持良好的沟通，让它们了解企业的基本情况，对企业顺利完成申报是很有必要的。需要注意的是，企业需要找对部门。一般情况下，企业往往认为科技政策就找科技部门，但实际上包括人社、工信、商务等相关政府部门在内都有科技方面的相关补贴，只是政策导向和侧重点不一样，因此企业需要根据自身情况精准匹配。

2.3 政府资助资讯的发布路径

2.3.1 政策资助资讯发布的特点

1.政策资助资讯自身特点

（1）层级上的延续性。所谓的层级延续性，就是从国家部委到地方省市，无论是专项、计划的名称，还是管理方式和支持方向，基本上是一脉相承的。例如，国家有重点研发计划，省级层面有省重点研发计划，部分市有市重点研发计划，国家对于重点研发计划的管理改革在一定程度上也影响并延续到了省、市级同类项目管理改革上。当然，层级的延续性并不一定非要全部历经三个层级政府，也并不一定是中间不能有断层。例如，科技部组织申报国家重点研发计划"智能机器人"等重点专项，广东省科技厅组织申报广东省重点领域研发计划"智能机器人和装备制造"等重大专项，如图 2-13 所示。

图 2-13　国家重点研发计划和广东省重点领域研发计划申报通知

（2）稳定性与滚动性结合。通常情况下，不同政府主管部门都已形成相对稳定的专项、计划的资金补助方案，无论是专项、计划的名称，还是每年实施的时间，支持的方向基本都已形成一套稳定的流程。由于这类专项、计划通常支持力度较大，因此也是企业最为关注和重视的。例如，广东省各地市对高新技术企业认定均给予持续性的补助奖励，各区在市奖励的基础上再给予叠加奖励。同时，近年来，在国家双创战略实施、城市间竞争日趋白热化的大环境与互联网技术发展的综合影响下，滚动性政策的特点体现得愈加明显。除了原有的各类计划、专项稳定实施之外，各地政府还会因地制宜地考虑到营造创新创业环境、引导新兴产业发展等诸多因素，出台一些滚动性政策。这类政策带有很明显的时效性和后续的不确定性，企业可以随时关注此类政策。

（3）普惠性与集中性共存。当前，产业、资本、人才、技术向重点城市集中的趋势愈发明显，上述资源向垄断国企、行业龙头企业等大型企业集中的趋势也愈发明显。所以，政策上的集中力量办大事也相应地会向这些大型企业集中。这些大型企业更具备把项目实施好的先决条件和优势，而小企业想去承担大项目的难度将越来越大。现行的科技计划体系改革的方向便是整合零散的科技资源，组织"精兵强将"，更加聚焦部分重点项目，推动实现突破。与此同时，国家也在尽全力营造创新创业的良好氛围与环境，让所有企业都能够享受到相应的政策红利，诸如出台税收减免、人才和房租补贴、各类奖励等普惠性政策。例如，将研发费用加计扣除比例提高到75%的优惠由科技型中小企业扩大至所有企业的政策，正是降低企业成本负担，落实企业创新的普惠性政策。

（4）完善的配套性。一个政策的出台不仅仅等同于一个孤立的文件。因为政策的实施需要同一层级的不同部门或者不同层级的不同部门间的联动协调，所以一套完整的申报政策通常应包含指导（实施）意见、专项或计划管理办法（含资金）、专项或计划申报通知以及指南等文件。这么完整的一套政策会让我们对政策出台的背景、管理要求、申请难度、支持重点有个全方位的了解。[19]

2.政策资助资讯发布思路

政府部门从制定最初的综合性政策文件出发，到最终政策措施落地，一般分为四步：出台综合性政策文件；制定实施细则；印发操作指引；发布申报通知，如图 2-14 所示。

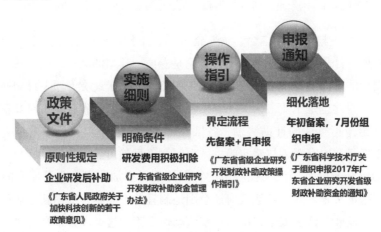

图 2-14　政策资助资讯发布思路图

以广东省企业研发补助为例，第一步，省政府在 2015 年的《关于加快科技创新的若干政策意见》中第一条就提出运用财政补助机制激励引导企业普遍建立研发准备金制度。对已建立研发准备金制度的企业实行普惠性财政补助，引导企业有计划、持续地增加研发投入。第二步，省财政厅和省科技厅联合印发的《广东省省级企业研究开发财政补助资金管理办法》具体明确补助企业类型，即需要企业建立了研发准备金制度，并在税务部门进行了研发费用加计扣除。第三步，省财政厅和省科技厅联合印发的《广东省省级企业研究开发财政补助政策操作指引》提出省研发补助采取"先备案、后申报"的方式。第四步，省科技厅发布申报通知，对政策进行细化落地，明确提出要在每年的 2 月底前在阳光政务平台完成备案，7 月份来组织申报。

这是一个比较规范的政策措施落实的思路，当然，不同的政策因为其落实的难易程度不同，所以需要走的流程长短也有所不同。虽然大多数政策遵循"四步走"的政策落实思路，但也有部分可执行性强的政策，在综合性的文件出台之后，便会直接出申报通知进行落实，这一点要视具体的政策而定。具体每个步骤的发布路径，详见后面三个小节的内容。

2.3.2　政策通知、公告发布路径

1. 什么是通知、公告

政府网站是信息化条件下密切联系人民群众的重要桥梁。一般情况下，在政府网站首页会有"信息公开"栏，该栏下会有"政务动态""通知公告"等子栏目，这些栏目通常会在第一时间发布公开政策性资金的申报指南、宣讲会议等政府信息。企业可以定期登录政府网站查询通知公告。

2. 通知、公告资讯获取路径

以科技型中小企业入库为例，有关通知公告一般会涉及如何入库、何时入库、入库符合什么条件、入库有什么用、组织实施单位是谁，有疑问找谁等内容。值得注意的是，企业查阅此类通知公告时要用心，不要漏掉任何一个细节。政府网站公布的通知公告一般都是简明扼要的，部分文字含义需要项目申报人员自己延伸，有时还需要对比新版文件和旧版的不同，例如内容的变化以及变化的原因。

以国家高新技术企业认定为例,企业需要找到《高新技术企业认定管理办法》《高新技术企业认定管理工作指引》《高新技术企业认定评分细则》等,并需要注意容易忽视的细节和评分权重高的重点项目。有些项目没有国家高新技术企业这么详细的评分标准,需要企业自行权衡,提炼重点。

2.3.3 实施细则、指引发布路径

1. 什么是实施细则、指引

为确保政策落地可执行,政府部门在出台重大政策后,会针对部分政策条款制定出台实施细则、指引。实施细则和指引有以下特点:一是"细",实施细则、指引会针对政策中涉及的支持对象、支持条件、支持标准、申请材料、审核及拨付等方面予以详细说明,扩展并完善政策的有关内涵;二是"实",实施细则、指引一般会忠于原政策条款规定的原则,不会额外增加任何限制条件,强调政策的执行性,明确政策的具体执行路径,确保政策能够实实在在落地。

2. 实施指引资讯获取路径

以省科技厅、省教育厅、省公安厅、省财政厅、省人力资源和社会保障厅、省自然资源厅、省农业农村厅、国家税务总局广东省税务局联合编制,2019 年出台的《关于进一步促进科技创新的若干政策措施实施指引》为例,该文件是《关于进一步促进科技创新的若干政策措施》配套的实施指引。从政府印发实施指引的路径上来说,实施指引的发布时间一般在正式文件印发之后,发布在牵头政府部门的官方网站上。实施指引站在政策受众,即企业、高校、科研机构和科技人员的角度,对《关于进一步促进科技创新的若干政策措施》的多个政策点进行了详细解读和路径指引,由此方便企业、高校、科研机构和广大科技人员执行政策、享受政策。因此,建议企业详细阅读与本企业有关的实施指引条款,有关实施指引条款的部分内容如图 2-15 所示。

实施指引的主要框架包括政策内容、政策解读、适用对象、实施要点、组织实施单位、实施时间、参考流程图等。

一、省重点领域研发计划 17

二、揭榜制重大科技项目 24

三、人才签证与停居留办理 29

　（一）外籍人才办理人才签证（R 字签证）.... 29

　（二）外籍人才办理访问签证（F 字签证）.... 35

　（三）外籍高层次人才的团队成员及科研助手办理工作许可和

居留许可 40

四、企业家职称评审直通车制度 45

五、持优粤卡 A 卡的港澳和外籍高层次人才申办港澳入出内地商

务车辆牌证 46

六、高新技术企业申报认定流程 50

七、高新技术企业认定财政奖励 54

八、企业研发省级财政补助申请 56

九、科技创新券申领兑付 59

十、建立企业创新融资需求与金融机构、创投机构信息对接机制 61

十一、重点实验室申报与管理 64

　（一）学科类省重点实验室 64

　（二）企业类省重点实验室 64

　（三）国家重点实验室 65

　（四）企业国家重点实验室 66

十二、省新型研发机构认定 68

十三、授予事业单位性质新型研发机构自主审批下属创投公司最

高 3000 万元的投资决策权 71

十四、试点实施新型研发机构管理层和核心骨干持运营公司"大股" 74

十五、省工程技术研究中心认定 78

十六、各市建设港澳青年创新创业基地 80

十七、科技企业孵化器、大学科技园和众创空间税收优惠办理 85

十八、试点高校、科研机构利用自有物业建设专业孵化机构 89

十九、广州国家现代农业产业科技创新中心先行先试创新政策 95

二十、国家科学技术奖提名 98

二十一、省科学技术奖提名评审 99

二十二、高校独资设立的资产管理公司科技成果作价投资 101

二十三、试点财政资金形成新增职务科技成果混合所有制改革 105

二十四、专业化技术转移服务机构奖补 107

二十五、省统筹非营利性科技项目用地计划指标 109

图 2-15　《关于进一步促进科技创新的若干政策措施实施指引》(部分内容)

2.3.4　申报指南发布路径

1. 什么是项目申报指南

项目申报指南是指政府机关针对企业或其他研究单位做出的一系列优惠政策。企业或相关研究单位先根据政府公布的申报指南编写申报文件，然后根据相关申报要求和流程进行申报。申报指南的发布一般包括三个阶段。

一是征求指南意见。一般针对指南方向提出的目标指标和相关内容合理性、科学性和先进性等方面听取各方意见。

二是通过发布公告将征求的公众意见进行反馈，并研究反馈意见，修改与完善项目申报指南。

三是正式发布指南通知。建议项目申报负责人对每年各部门的项目申报时间进行规律总结，帮助企业科技管理人员提前进行项目规划，做好项目申报工作。国家级申报项目一般一年只有 1 次申报机会；省、市级申报项目一年有 1 ~ 2 次申报机会。每年的具体申报时限不完全一样，以当年发布的项目申报指南或文件为准。

2. 申报指南咨询获取路径

（1）通读申报指南，提炼信息。以《广东省科学技术厅　广东省生态环境厅

关于组织申报 2020 年度广东省重点领域研发计划"污染防治与修复"重点专项项目的通知》为例，如图 2-16 所示，企业通读申报指南后，可以提取以下重点信息。

一、申报要求

（一）项目申报单位（包括科研院所、高校、企业、其他事业单位和行业组织等）应注重产学研结合，整合省内外优势资源。申报单位为省外地区的，项目评审与广东省内单位平等对待，港澳地区高校院所按照《广东省科学技术厅 广东省财政厅关于香港特别行政区、澳门特别行政区高等院校和科研机构参与广东省财政科技计划（专项、基金等）组织实施的若干规定（试行）》（粤科规范字〔2019〕1 号）文件精神纳入相应范围。

省外单位牵头申报的，经竞争性评审，择优纳入科技计划项目库管理。入库项目在满足科研机构、科研活动、主要团队到广东落地，且项目知识产权在广东申报、项目成果在广东转化等条件后，给予立项支持。

（二）坚持需求导向和应用导向。鼓励产学研联合申报，牵头企业原则上应为高新技术企业或龙头骨干企业，建有研发机构，在本领域拥有国家级、省部级重大创新平台，且以本领域领军人物或中青年创新人才作为项目负责人。<u>申报项目必须有自筹经费投入，企业牵头申报的，项目总投入中自筹经费原则上不少于 70%；非企业牵头申报的，项目总投入中自筹经费原则上不少于 50%。</u>

（三）省重点领域研发计划申报单位总体不受在研项目数的限项申报约束，项目应依托在该领域具有显著优势的单位，加强资源统筹和要素整合，集中力量开展技术攻关。<u>不鼓励同一研究团队或同一单位分散力量，在申报同一专项（或专题）时，同一研究团队原则上只允许牵头或参与 1 项，同一法人单位原则上只允许牵头及参与不超过 3 项，否则纳入科研诚信记录并进行相应处理。</u>

（四）<u>项目负责人应起到统筹领导作用，能实质性参与项目的组织实施，防止出现拉本领域高端知名专家挂名现象。</u>

（五）项目内容须真实可信，不得夸大自身实力与技术、经济指标。各申报单位须对申报材料的真实性负责，要落实《关于进一步加强科研诚信建设的若干意见》（厅字〔2018〕23 号）要求，加强对申报材料审核把关，杜绝夸大不实，甚至弄虚作假。各申报单位、项目负责人须签署《申报材料真实性承诺函》(模板可在阳光政务平台系统下载，须加盖单位公章)。项目一经立项，技术、产品、经济等考核指标无正当理由不予修改调整。

（六）<u>申报单位应认真做好经费预算，按实申报，且应符合申报指南有关要求。</u>牵头承担单位应具备较强的研究开发实力或资源整合能力，承担项目的核心研究组织任务，分配相应合理的资金份额。

二、评审及立项说明

<u>省重点领域研发计划项目由第三方专业机构组织评审，对申报项目的背景、依据、技术路线、科研能力、时间进度、经费预算、绩效目标等进行评审论证，并进行技术就绪度和知识产权等专业化评估。</u>

图 2-16 广东省科学技术厅广东省生态环境厅关于组织申报 2020 年度广东省
重点领域研发计划"污染防治与修复"重点专项项目的通知

一是首先需要找到与企业项目申请强关联的信息，比如：申请主体、申请条件、截止时间、资金支持方式与力度、联系方式。从下面的这个指南中我们可以明确获取到的信息有如下内容。

1）明确项目申报要求，包括"科研院所、高校、企业、其他事业单位和行业组织等"。

2）明确企业要加大配套资金投入，项目总投入中自筹经费不少于 70%，其中"虚拟现实"专项项目自筹经费可放宽到不少于 50%。

3）明确"不鼓励同一研究团队或同一单位分散力量，在同一专项中既牵头又参与多个项目申报的做法"。

4）明确对项目负责人的要求，包括"防止出现拉本领域高端知名专家挂名现象""不能进行申报或通过资格审查的情形"等。

5）明确"项目一经立项，技术、产品、经济等考核指标无正当理由不予修改调整"。

6）明确项目申报单位应做好经费预算。

7）明确评审及立项要求，由第三方专业评估机构对申报项目的背景、依据、技术路线、科研能力、时间进度、经费预算、绩效目标等进行评审论证，并进行技术就绪度和知识产权等专业化评估。

8）明确联系方式，企业可以就指南内容、申报系统、资金预算等方面跟联系人咨询。

需要注意的是，企业需要看懂项目申报的隐藏条件，例如，对于一些省级项目，可能该项目的申报需要经过市、区（县）等各级政府层层审核与推荐，因此这种类型的省级项目申报截止时间并不是企业提交申报材料的截止时间，而是面向区（县）或市级政府管理部门的截止时间。另外，虽然部分项目申报通知对申报主体的要求为"企事业单位均可申报"，但企业通过查询历年的立项情况可以发现项目支持的主体为高等院校和科研机构，因此企业去申报这样的项目，获得立项资助的可能性会有所降低。

（2）查找新旧申报指南，比对关键信息。企业可以比较本年度申报指南与上年度甚至上两个年度的申报指南，找到申报指南之间的变化，明确应注意的关键点。一是企业可以利用好关键词和搜索语言，有效过滤掉无关网站，比如在关键词后加上"空格 +site:gov.cn"，可将搜索范围限制在政府部门官网，常见的关键词包括：专项名称、通知标题、文号等。二是当企业搜索历史文件时，文件可能在本级项目组织部门的官网上，也可能在各个下辖区级主管部门的官网上。

以查找行业研发中心的相关政策文件为例，如果我们仅在搜索栏中输入"行业研发中心"，则搜索出来的资料包含很多广告网站和无关网站。若在搜索栏中输入"行业研发中心 site:gov.cn"，就可以明显地看到搜索结果呈现出来的都是政府官网上的相关信息。因此，企业在日常的政策搜寻查找过程中可以进一步限定搜索关键词，这么做可以更容易找到自己需要查找的政策文件。关键词和搜索语言使用对比图如图 2-17 所示。

图 2-17　关键词和搜索语言使用对比图

3. 综合比对，梳理信息

通过综合比对不同年度的申报指南，企业可以挖掘出更多申报文件以外的信息，通过对比 2020 年和 2019 年两份申报通知文件，如图 2-18 所示，我们可以将主要变化之处提炼如下。

> **2019 年：**
>
> 　　省外单位牵头申报的，与省内单位公平竞争，择优纳入科技项目库管理；入库项目在满足到广东注册落户或团队加入广东省内单位、科研成果向广东单位转移转化等条件之一后，正式列入省级科技计划，给予立项支持。
>
> **2020 年：**
>
> 　　省外单位牵头申报的，经竞争性评审，择优纳入科技计划项目库管理。入库项目在满足科研机构、科研活动、主要团队到广东落地，且项目知识产权在广东申报、项目成果在广东转化等条件后，给予立项支持。

图 2-18　2019 年和 2020 年申报指南对省外单位牵头申报项目的要求

　　2020 年申报指南对省外单位牵头申报项目的要求与 2019 年有所不同，2020 年明确入库的项目不仅需要满足科研机构、科研活动和主要团队到广东落地，同时还需要满足项目知识产权在广东申报、项目成果在广东转化等条件，而 2019 年只要满足上述两个条件之一即可。观察到这个区别之后，企业可以推测政府对于省外单位牵头申报项目的态度，比如更加看重成果在广东的落地转化，如图 2-19 所示。

> **2019 年：**
>
> 　　（一）技术就绪度与先进性评估。本专项主要支持技术就绪度 4~6 级的项目（虚拟现实专项可放宽到 3~7 级），项目完成时技术就绪度一般应达到 7~9 级。原则上项目完成后技术就绪度应有 3 级以上提高（技术就绪度标准见附件 2），各申报单位应在可信性报告中按照要求（阳光政务平台申报系统提供可行性报告提纲）对此进行阐述。
>
> **2020 年：**
>
> 　　（一）技术就绪度与先进性评估。本专项主要支持技术就绪度 3~6 级的项目，原则上项目完成后技术就绪度应有 3 级以上提高（技术就绪度标准见附件 2），各申报单位应在可信性报告中按照要求对此进行阐述并提供必要的佐证材料（可信性报告提纲可在阳光政务平台系统下载）。

图 2-19　2019 年和 2020 年申报指南对技术就绪度和先进性评估的要求

　　2020 年申报指南对技术就绪度与先进性评估的要求与 2019 年有所不同，2020 年申报指南明确专项主要支持目前技术就绪度为 3 ～ 6 级的项目，而 2019 年申报指南主要支持技术就绪度为 4 ～ 6 级的项目（虚拟现实专项可放宽到 3 ～ 7 级），2020 年申报指南相对于 2019 年对支持项目的技术就绪度要求略微有所降低。

本章小结

　　凡事预则立，不预则废。对于企业而言，要想有序地开展申报并提高申报成功率，企业要充分认识到申报政府资助项目的重要性，形成主动对接政策资助项目信息的共识，提前做好准备工作。一般项目都有基本要求和前置条件，如果企业不提前准备，临时抱佛脚，就会因为各种因素而难以满足申报要求。因此，企业要多渠道和多层次了解、研究、掌握各级政府的政策信息。首先，企业要对政府支持企业的政策文件类型、效力以及政策文件之间的内在关联有所了解。其次，企业通过政府部门官方网站、政策宣讲培训会、新闻发布会、学习论坛等多种渠道搜集政策资讯后要善于从政策中寻找机遇，挖掘项目。一旦确定申报项目，企业要收集整理申报条件、管理办法、申报流程、申请须知、申请材料等方面的知识，并提前做好材料准备。最后，企业要及时跟踪政府发布的政策通知和公告、实施细则和指引、申报指南等信息，按照规定的时间节点提交高质量的项目申报材料，并注意及时跟进以获得关于政府扶持项目申报的最新进展情况。

实操案例

科技型中小企业入库

当前，我国经济正由高速增长阶段转向高质量发展阶段，对科技创新的要求越来越迫切。在这一艰难进程中，具有创新活力的科技型中小企业，是培育发展新动能、推动高质量发展的重要力量。可以说，支持科技型中小企业加快创新发展，对支撑高质量发展、建设现代化经济体系具有重要作用。从国家到地方都高度重视科技型中小企业创新发展，出台系列支持政策。企业成为科技型中小企业之后，不仅可以享受国家、省市等各级政府部门出台的一系列政策支持，还对提升企业自主创新能力和企业形象等方面大有裨益。那么，企业如何申报入库科技型中小企业？如何获取政府资助资讯以享受有关优惠政策？可以参加什么宣讲培训？

1.科技型中小企业是什么

科技型中小企业是指以科技人员为主体，由科技人员领办和创办，主要从事高新技术产品的科学研究、研制、生产、销售，以科技成果商品化以及技术开发、技术服务、技术咨询和高新产品为主要内容，以市场为导向，实行"自筹资金、自愿组合、自主经营、自负盈亏、自我发展、自我约束"的知识密集型经济实体。简而言之，科技型中小企业是以创新为使命和生存手段的企业，是指依托一定数量的科技人员从事科学技术研究开发活动，取得自主知识产权并将其转化为高新技术产品或服务，从而实现可持续发展的中小企业。

2. 企业获取科技型中小企业入库资讯途径

（1）政府部门官方网站。

1）科技部网站。企业可以登录科技部网站（http://www.most.gov.cn/），查找科技部、财政部、国家税务总局于 2017 年 5 月联合印发的《科技型中小企业评价办法》(以下简称《评价办法》)，并提取出以下重点信息。

①组织与实施部门。阅读第三、四、十六条条款，可以了解科技型中小企业评价的组织和实施部门是什么，主要职责范围是什么。

第三条明确提出"科技型中小企业评价工作采取企业自主评价、省级科技管理部门组织实施、科技部服务监督的工作模式，坚持服务引领、放管结合、公开透明的原则"，即企业可以提取出科技部负责服务监督、省级科技管理部门负责组织实施、企业负责自主评价的信息。

第四条明确提出"科技部负责建设全国科技型中小企业信息服务平台和全国科技型中小企业信息库。科技部火炬高技术产业开发中心负责服务平台和信息库建设与运行的日常工作。企业可根据本办法进行自主评价，并按照自愿原则到服务平台填报企业信息，经公示无异议的，纳入信息库。"即企业可以提取出有两个科技型中小企业的线上服务平台——全国科技型中小企业信息服务平台（以下简称"服务平台"）和全国科技型中小企业信息库。企业在服务平台申报，成功后可被纳入全国科技型中小企业信息库。

第十六条明确提出"本办法由科技部、财政部、国家税务总局负责解释。各省级科技管理部门、财政部门、税务部门可根据本地区情况制定实施细则。"即企业提取出可以登录的各省级科技管理部门、财政部门、税务部门的官方网站，查询具体实施细则，进一步了解申报入库的详细信息。例如，企业登录国家税务总局网站，就可以查到《关于提高科技型中小企业研究开发费用税前加计扣除比例有关问题的公告》《关于研发费用税前加计扣除归集范围问题有关问题的公告》《关于发布中华人民共和国所得税年度纳税申报表（A 类，2017 版）的公告》3 个公告。

②申报条件。阅读第二章条款之后，企业可以了解科技型中小企业评价需要满足的条件和具体评价指标是什么。

第六条 科技型中小企业须同时满足以下条件：

一是在中国境内（不包括港、澳、台地区）注册的居民企业；

二是职工总数不超过 500 人、年销售收入不超过 2 亿元、资产总额不超过 2 亿元；

三是企业提供的产品和服务不属于国家规定的禁止、限制和淘汰类范畴；

四是企业在填报上一年及当年内未发生重大安全、重大质量事故和严重环境违法、科研严重失信行为，且企业未列入经营异常名录和严重违法失信企业名单；

五是企业根据科技型中小企业评价指标进行综合评价所得分值不低于 60 分，且科技人员指标得分不得为 0 分。评价指标详见表 2-5。

第七条 科技型中小企业评价指标具体包括科技人员、研发投入、科技成果三类，满分 100 分。

表 2-5 科技型中小企业评价指标

序号	科技人员指标（满分 20 分）	研发投入指标（任选其一，满分 50 分）		科技成果指标（满分 30 分）
		企业研发费用总额占销售收入总额比例	企业研发费用总额占成本费用支出比例	
A	30%（含）以上（20 分）	6%（含）以上（50 分）	30%（含）以上（50 分）	1 项及以上 Ⅰ 类知识产权（30 分）
B	25%（含）～30%（16 分）	5%（含）～6%（40 分）	25%（含）～30%（40 分）	4 项及以上 Ⅱ 类知识产权（24 分）
C	25%（含）～30%（16 分）	4%（含）～5%（30 分）	20%（含）～25%（30 分）	3 项 Ⅱ 类知识产权（18 分）
D	15%（含）～20%（8 分）	3%（含）～4%（20 分）	15%（含）～20%（20 分）	2 项 Ⅱ 类知识产权（12 分）
E	10%（含）～15%（4 分）	2%（含）～3%（10 分）	10%（含）～15%（10 分）	1 项 Ⅱ 类知识产权（6 分）
F	10% 以下（0 分）	2% 以下（0 分）	10% 以下（0 分）	没有知识产权（0 分）

第八条 符合第六条一至四项条件的企业，若同时符合下列条件中的一项，则可直接确认符合科技型中小企业条件：

一是企业拥有有效期内高新技术企业资格证书；

二是企业近五年内获得过国家级科技奖励，并在获奖单位中排在前三名；

三是企业拥有经认定的省部级以上研发机构；

四是企业近五年内主导制定过国际标准、国家标准或行业标准。

企业可以比照上述条款，自评是否满足科技型中小企业条件，如果认为符合条件的，可自愿在服务平台上的全国科技型中小企业评价工作系统（http://www.innofund.gov.cn）注册登记企业基本信息，在线填报《科技型中小企业信息表》。

（2）科技部火炬中心网站。

企业可以登录科技部火炬中心网站（http://www.chinatorch.gov.cn/），查出科技部火炬中心在 2017 年 10 月出台了《关于印发〈科技型中小企业评价工作指引（试行）〉的通知》（国科火字〔2017〕144 号，以下简称《实施指引》)，这里面明确了科技型中小企业组织与实施、评价工作流程、评价条件与指标、变更与监督管理等事项。

1）组织和实施的具体分工。《实施指引》比《评价办法》更加详细，《评价办法》是对各部门进行大致分工，而《实施指引》则对各部门有一个更加具体的分工。

即科技部负责以下两个方面：协调和解决科技型中小企业评价工作中的重大问题；建立相关部门协调价值，促进科技型中小企业相关政策的落实。

科技部火炬中心负责以下四个方面工作：指导和协调各地区评价组织工作；实施科技型中小企业评价工作机构备案管理；负责服务平台与信息库建设和运行的日常工作；完成科技部交办的其他相关工作。

省级科技管理部门负责以下三个方面工作：组织本地区科技型中小企业评价工作；确定评价机构，组织和监督评价工作／管理科技型中小企业公示及入库登记编号、编制本地区科技型中小企业评价工作年度情况报告。

2）工作流程。科技型中小企业评价工作实行网络化管理，评价工作在服务平台上的"全国科技型中小企业评价工作系统"中进行，评价流程为企业注册登记→企业自主评价→形式审查→名单公示→入库公告→年度更新，具体详见《实施指引》的流程图和正文内容。

3）评价条件和指标的具体说明。《实施指引》比《评价办法》更加详细，《评价办法》是对指标的简要说明，而《实施指引》则对评价条件和指标进行具体说明。例如"企业职工总数"指标，《评价办法》明确为"企业职工总数包括企业在职、兼职和临时聘用人员。在职人员通过企业是否签订了劳动合同或缴纳社会保险费来鉴别，兼职、临时聘用人员全年须在企业累计工作6个月以上"。而《实施指引》不仅包括上述内容，还给出了计算公式，即企业职工总数按照全年季平均数计算：季平均数 =（季初数 + 季末数）/2，全年季平均数 = 全年各季平均数之和 /4，当年注册的企业，以其实际经营期作为一个会计年度来计算。企业在自评的时候，建议参考《实施指引》。

4）变更与监督管理。此部分内容主要包括信息变更、信息抽查、投诉异议处理、撤销登记编号等。

5）附件。企业尤其要注意最后的附件，即企业注册登记表、注册登记承诺书、科技型中小企业信息表、科技型中小企业信息审核表、企业研发项目汇总表等。

（3）省科技厅网站。

以广东省为例，企业可以登录广东省科技厅网站（http://gdstc.gd.gov.cn/）。广东省科技厅每年都会发布《关于组织开展 ×× 年度科技型中小企业评价工作的通知》，明确评价组织、评价流程、时间安排和有关要求等。省科技厅牵头负责科技型中小企业评价工作的组织和监督、公示公告、入库登记及编号撤销。企业在实操过程中遇到的具体问题，可以咨询省科技厅联系人。

（4）地市科技局网站。

以广州市为例，企业可以登录广州市科技局网站（http://kjj.gz.gov.cn/）。广州市科技局每年都会发布《关于开展 ×× 年度科技型中小企业评价工作的通知》，地市科技局主要负责辖区内科技型中小企业评价的具体组织工作，包括年度申报通知发布、申报的组织、注册管理、申报信息材料审核、信息抽查、投诉或异议处理、已入库企业年度数据更新、已入库企业的后续跟踪及管理等相关工作。企业在实操过程中遇到的具体问题，可以咨询所在地市联系人，详见表2-6（仅供参考）。

表 2-6　各地市科技型中小企业评价工作咨询电话

序号	地市	联系人	电话	序号	地市	联系人	电话
1	广州市	吴 微	020-8312×××	4	佛山市	陈 荣	0757-83355×××
2	珠海市	张 娜	0765-215×××	5	韶关市	胡方利	0751-8775×××
3	汕头市	梁海军	0754-8826×××	6	河源市	张文育	0762-3389×××

（续）

序号	地市	联系人	电话	序号	地市	联系人	电话
7	梅州市	余　懿	0753-2242×××	14	湛江市	卢　璐	0759-3338×××
8	惠州市	余嘉鹏	0752-2808×××	15	茂名市	陈代标	0668-2272×××
9	汕尾市	陈耀方	0660-3369×××	16	肇庆市	麦少军	0758-2899×××
10	东莞市	林锦俊	0769-22831×××	17	清远市	刘国君	0763-3362×××
11	中山市	黄贤黎	0760-2283×××	18	潮州市	许晨曦	0768-2393×××
12	江门市	张鸿捷	0750-3129×××	19	揭阳市	纪　敏	0663-876×××
13	阳江市	黄　竞	0662-3418×××	20	云浮市	谭璘峰	0776-8923×××

（5）科技服务机构网站、微信公众号、政府工作群、政府 QQ 群等。

企业可以通过查询政府官方网站、科技服务机构网站、微信公众号、政府工作群、政府 QQ 群、兄弟企业咨询等方式，搜集科技型中小企业入库优惠政策。

1）国家层面政策，具体如下：一是税收减免。企业开展研发活动中实际发生的研发费用，未形成无形资产计入当期损益的，在按规定据实扣除的基础上，按照实际发生额的 75% 在税前加计扣除；形成无形资产的，在上述期间按照无形资产成本的 175% 在税前摊销。

二是亏损弥补期限由 5 年延长至 10 年。自 2018 年 1 月 1 日起，当年具备高新技术企业或科技型中小企业资格的企业，其具备资格年度之前 5 个年度发生的尚未弥补完的亏损，准予结转以后年度弥补，最长结转年限由 5 年延长至 10 年（具体操作流程为已完成入库的科技型中小企业，在企业所得税预缴和汇算清缴时，自行计算亏损结转弥补年限，并填写相关纳税申报表即可办理）。

三是参加中国创新创业大赛。科技部第八届中国创新创业大赛组织方案中规定：入围全国行业总决赛的成长组企业，必须在省级科技管理部门推荐时获得科技型中小企业的入库登记编号。

2）省级层面政策。以广东省为例，《广东省人民政府印发〈关于进一步促进科技创新若干政策措施〉的通知》（粤府〔2019〕1 号）中的第六条提出，加大企业创新普惠性支持。

一是鼓励有条件的地级以上市对评价入库的科技型中小企业增按 25% 研发费用税前加计扣除标准给予奖补。

二是鼓励有条件的地级以上市对设立时间不超过 5 年、经评价入库的科技型中小企业，按其形成的财政贡献给予一定奖励。

三是广东省科技创新券支持。省科技创新券对已获得科技型中小企业入库登记编号的企业，按照最高不超过服务实际金额 30% 的比例给予支持，年度累计资助额度不超过 10 万元。根据《广东省科学技术厅关于印发〈关于强化科技攻关 实施科技惠企行动 支撑疫情防控的若干措施〉的通知》（粤科高字〔2020〕39 号），2020 年省科技创新券对科技型中小企业的支持比例由 30% 提高到 40%。

四是广东省企业科技特派员专项支持。已入库的科技型中小企业到"华转网"（http://sctcc.cn)发布其技术需求及悬赏金额，与科技特派员派出单位签订合同并支付后，可获得省科技厅立项资助，单个项目资助最高达 20 万元。

3）市级层面政策。以广州市 2020 年政策为例，科技型中小企业可享受的优惠政策如下。

一是科技金融精准服务。自 2020 年起，广州市科技局精准收集拟申请入库科技型中小企业融资需求（股权、债权），并通过广州市科技型中小企业信贷风险补偿资金池（单个企业最高可申请贷款 3 000 万元）、广州市科技成果产业化引导基金为入库企业提供科技金融精准对接服务。

二是品牌影响力提升。科技型中小企业是企业创新能力"认证"标志。成为科技型中小企业后，企业品牌形象可有效提升，有利于企业人才招募、项目招投标、科技项目申报等工作。

三是广州市科技局"以赛代评"政策支持。根据中国创新创业大赛相关规则，入围中国创新创业大赛全国总决赛的成长组企业，必须在推荐时已获得科技型中小企业入库登记编号（即已完成入库）。广州市科学技术局采取"以赛代评"机制，对中国创新创业大赛广州赛区的优胜企业最高补助 200 万元。

四是广州市科技金融普惠补助专题补助支持。符合条件的广州市科技型中小企业可通过申报广州市科技金融普惠补助专题获得补贴。其中，科技保险保费补贴最高 30 万元，股改补贴 20 万元，新三板签约补贴最高 50 万元，广东股权交易中心科技创新板挂牌科技企业上市（挂牌）补贴 5 万～10 万元。

3. 企业获得科技型中小企业宣讲培训资讯途径

国家、省、地市、区（县）各级科技管理部门会在线上或者线下组织培训，如图 2-20 所示。

图 2-20　各级科技管理部门组织的科技型中小企业评价入库培训

　　企业可以通过查询政府官方网站、科技服务机构网站、微信公众号、政府工作群、政府 QQ 群、兄弟企业咨询等方式，积极报名参加有关培训。

第 3 章
如何读懂政府资助资讯

开篇
导语

吴仁宝，一个读懂政府宏观政策并
带领村民发家致富的好干部

　　华西村地处江苏省无锡市，于 1961 年建立，吴仁宝任党支部书记。建村后，吴仁宝带领全体村民兢兢业业种地刨食，成了全国农业先进典型。解读国家宏观经济政策并服务于华西村微观经济发展是吴仁宝一直秉持的优良做法，他也擅长从宏观政策中找到有用的信息。1992年，邓小平南方谈话被中央媒体连续报道，也就在那一年，"不管黑猫白猫，捉住老鼠就是好猫"成为坊间最流行的话，一般人可能就把这个消息当作一个新闻看待，可几十年的政治磨炼，让吴仁宝觉得这些政策消息有点不寻常。吴仁宝把全村的干部全部召集起来开会并讲道："改革开放的总设计师邓小平同志发话了，经济发展的机遇就要到来，我们要利用好这个信息差、时间差、价格差，'借钱吃足'！"当天开始，华西村的村民想尽办法借款 2 400 多万元，购买了上万吨钢坯、上千吨铝锭，全村所有的仓库都堆满了原材料。村里当时购进的铝锭每吨 6 000多元，三个月后就涨到了每吨 1.8 万多元。这次精准的商业预判，为华西村实现了早期的原始积累。2007 年年底，中央新闻中关于经济着陆的讨论越来越多，吴仁宝也感觉身边的物价上涨得很快，他意识到当前的通货膨胀十分严重，经济泡沫有可能即将破裂。2008 年年初，他召集村里的干部和各个企业的负责人到北京开会，讨论分析国际国内经济形势。最后吴仁宝提出，村内生产性企业立即开展清库存行动，同时停止购进原料，必须先得到订单而后才能进行生产。而不久后就发生了席卷全球的金融危机，很多扩张太快的企业都遭受重击，华西村的企业却安然无恙。

为何关注中央新闻可以使得吴仁宝收益颇多？原来，在 1982 年，中共中央就明确规定，重要的政策信息、新闻等要在《新闻联播》中首先发布，从此《新闻联播》成了最及时、最重要的中央政策、信息发布平台，也成了人们解读中国政治走向的文本材料。对于企业家来说，第一时间读懂并贯彻中央决策部署，就是第一时间掌握了有效商机，就是抢占了先机。本章将重点探讨企业在已经获得政府资讯的基础上，如何读懂政府资助资讯。[20]

3.1　政府资助的类型

国家和地方为了支持企业发展，专设了多类扶持资金和政策扶持计划项目，给予符合条件的企业资金支持。从企业视角来看，获得政府资助的主要类型包括税收优惠类政府资助、经费资助类政府资助、平台建设类政府资助、服务类政府补助四种。

3.1.1　税收优惠类政府资助

截至 2019 年 6 月，我国针对创业就业主要环节和关键领域陆续推出了 89 项税收优惠措施，尤其是 2013 年以来，新出台了 78 项税收优惠，覆盖了企业整个生命周期（包括初创期、成长期、成熟期这三个阶段）。[21]

1. 企业初创期税收优惠

除了普惠式的税收优惠，企业在初创期还能享受特殊的税收优惠，例如重点行业的小微企业购置固定资产，特殊群体创业或者吸纳特殊群体就业（高校毕业生、失业人员、退役士兵、军转干部、随军家属、残疾人、回国服务的在外留学人员、长期来华定居专家等）。同时，国家还对扶持企业成长的科技企业孵化器、大学科技园等创新创业平台、创投企业、金融机构、企业和个人等给予税收优惠，帮助企业聚集资金。具体包括以下信息。

（1）小微企业税收优惠。

1）增值税小规模纳税人销售额未超限额免征增值税。

2）小型微利企业减免企业所得税。

3）增值税小规模纳税人减免资源税等"六税两费"。

（2）重点群体创业就业税收优惠。

4）重点群体创业税收扣减。

5）吸纳重点群体就业税收扣减。

6）退役士兵创业税收扣减。

7）吸纳退役士兵就业企业税收扣减。

8）随军家属创业免征增值税。

9）随军家属创业免征个人所得税。

10）安置随军家属就业的企业免征增值税。

11）军队转业干部创业免征增值税。

12）自主择业的军队转业干部免征个人所得税。

13）安置军队转业干部就业的企业免征增值税。

14）残疾人创业免征增值税。

15）安置残疾人就业的单位和个体工商户增值税即征即退。

16）特殊教育学校举办的企业安置残疾人就业增值税即征即退。

17）残疾人就业减征个人所得税。

18）安置残疾人就业的企业残疾人工资加计扣除。

19）安置残疾人就业的单位减免城镇土地使用税。

20）长期来华定居专家购买自用进口小汽车免征车辆购置税。

21）回国服务的在外留学人员购买自用国产小汽车免征车辆购置税。

（3）创业就业平台税收优惠。

22）国家级、省级科技企业孵化器向在孵对象提供孵化服务取得的收入，免征增值税。

23）国家级、省级科技企业孵化器免征房产税。

24）国家级、省级科技企业孵化器免征城镇土地使用税。

25）国家级、省级大学科技园向在孵对象提供孵化服务取得的收入，免征增值税。

26）国家级、省级大学科技园免征房产税。

27）国家级、省级大学科技园免征城镇土地使用税。

28）国家备案众创空间向在孵对象提供孵化服务取得的收入，免征增值税。

29）国家备案众创空间免征房产税。

30）国家备案众创空间免征城镇土地使用税。

（4）对提供资金、非货币性资产投资助力的创投企业与金融机构等给予税收优惠。

31）创投企业投资未上市的中小高新技术企业按比例抵扣应纳税所得额。

32）有限合伙制创业投资企业法人合伙人投资未上市的中小高新技术企业按比例抵扣应纳税所得额。

33）公司制创投企业投资初创科技型企业按比例抵扣应纳税所得额。

34）有限合伙制创业投资企业法人合伙人投资初创科技型企业按比例抵扣应纳税所得额。

35）有限合伙制创业投资企业个人合伙人投资初创科技型企业按比例抵扣应纳税所得额。

36）天使投资人投资初创科技型企业按比例抵扣应纳税所得额。

37）以非货币性资产对外投资确认的非货币性资产转让所得分期缴纳企业所得税。

38）以非货币性资产对外投资确认的非货币性资产转让所得分期缴纳个人所得税。

39）金融机构农户小额贷款利息收入所得税减计收入。

40）小额贷款公司农户小额贷款利息收入免征增值税。

41）小额贷款公司农户小额贷款利息收入所得税减计收入。

42）金融机构向农户、小微企业及个体工商户小额贷款利息收入免征增值税。

43）金融机构向农户、小微企业及个体工商户提供融资担保及再担保服务收入免征增值税。

44）金融机构与小微企业签订借款合同免征印花税。

45）账簿印花税减免。

2. 企业成长期税收优惠

为营造良好的科技创新税收环境，促进企业快速健康成长，国家出台了一系列税收优惠政策，以帮助企业不断增强转型升级的动力。对研发费用实施所得税加计扣除政策。对企业固定资产实行加速折旧。科研院所、技术开发机构、学校等购买用于科学研究、科技开发和教学的设备享受进口环节增值税、消费税免税等税收优惠。另外，国家帮助企业和科研机构留住创新人才，鼓励创新人才为企业提供充分的智力保障和支持。具体包括以下内容。

（1）研发费用加计扣除政策。

46）研发费用加计扣除。

47）委托境外研发费用加计扣除。

（2）固定资产加速折旧政策。

48）固定资产加速折旧或一次性扣除。

49）制造业及部分服务业企业符合条件的仪器、设备加速折旧。

50）制造业及部分服务业小微企业符合条件的仪器、设备加速折旧。

（3）购买符合条件设备税收优惠。

51）重大技术装备进口免征增值税。

52）科研机构、技术开发机构、学校等单位进口免征增值税、消费税。

53）民口科技重大专项项目进口免征增值税。

（4）科技成果转化税收优惠。

54）技术转让、技术开发和与之相关的技术咨询、技术服务免征增值税。

55）技术转让所得减免企业所得税。

（5）科研机构创新人才税收优惠。

56）科研机构、高等学校股权奖励延期缴纳个人所得税。

57）高新技术企业技术人员股权奖励分期缴纳个人所得税。

58）中小高新技术企业向个人股东转增股本分期缴纳个人所得税。

59）获得非上市公司股票期权、股权期权、限制性股票和股权奖励递延缴纳个人所得税。

60）获得上市公司股票期权、限制性股票和股权奖励适当延长纳税期限。

61）企业以及个人以技术成果投资入股递延缴纳所得税。

62）由国家级、省部级以及国际组织对科技人员颁发的科技奖金免征个人所得税。

63）职务科技成果转化现金奖励减免个人所得税。

3. 企业成熟期税收优惠政策

已发展壮大且有成长性的企业，同样具有税收政策优势，国家充分补给"营养"，助力企业枝繁叶茂、独木成林。目前税收优惠政策覆盖科技创新活动的各个环节及领域，帮助抢占科技制高点的创新型企业加快追赶的步伐。对高新技术企业减按 15% 的税率征收企业所得税，并不断扩大高新技术企业认定范围。将服务外包示范城市和国家服务贸易创新发展试点城市地区的技术先进型服务企业减按 15% 的税率征收企业所得税政策推广至全国实施。软件和集成电路企业可以享受企业所得税定期减免优惠，尤其是国家规划布局内的重点企业，可减按 10% 的税率征收企业所得税。对自行开发生产的计算机软件产品、集成电路重大项目企业还给予增值税期末留抵税额退税的优惠，对动漫企业实施增值税超税负即征即退等政策。具体包括以下内容。

（1）高新技术企业税收优惠。

64）高新技术企业减按 15% 的税率征收企业所得税。

65）职工教育经费按照 8% 的企业所得税税前扣除。

66）高新技术企业和科技型中小企业亏损结转年限延长至 10 年。

67）技术先进型服务企业减按 15% 的税率征收企业所得税。

（2）软件企业税收优惠。

68）软件产品增值税超税负即征即退。

69）软件企业定期减免企业所得税。

70）国家规划布局内的重点软件企业减按 10% 的税率征收企业所得税。

71）软件企业取得即征即退增值税款，用于软件产品研发和扩大再生产企业所得税政策。

72）企业外购软件缩短折旧或摊销年限。

（3）集成电路企业税收优惠。

73）集成电路重大项目企业增值税留抵税额退税。

74）线宽小于 0.8 微米（含）的集成电路生产企业定期减免企业所得税。

75）线宽小于 0.25 微米的集成电路生产企业减按 15% 的税率征收企业所得税。

76）投资额超过 80 亿元的集成电路生产企业减按 15% 的税率征收企业所得税。

77）线宽小于 0.25 微米的集成电路生产企业定期减免企业所得税。

78）投资额超过 80 亿元的集成电路生产企业定期减免企业所得税。

79）线宽小于 130 纳米的集成电路生产企业或项目定期减免企业所得税。

80）线宽小于 65 纳米的集成电路生产企业或项目定期减免企业所得税。

81）投资额超过 150 亿元的集成电路生产企业或项目定期减免企业所得税。

82）国家规划布局内的集成电路设计企业减按 10% 的税率征收企业所得税。

83）集成电路生产企业的生产设备缩短折旧年限。

84）集成电路封装、测试企业定期减免企业所得税。

85）集成电路关键专用材料生产企业、集成电路专用设备生产企业定期减免企业所得税。

86）集成电路企业退还的增值税期末留抵税额在城市维护建设税、教育费附加和地方教育附加的计税（征）依据中扣除。

（4）动漫企业税收优惠。

87）动漫企业增值税超税负即征即退。

88）动漫企业进口符合条件的商品免征增值税。

89）符合条件的动漫企业定期减免企业所得税。

3.1.2 经费资助类政府资助

经费资助类政府资助主要包括计划项目和经费奖补两类。

1. 计划项目

计划项目申报是政府资助企业发展的一种形式。国家和地方设立计划项目，发布项目指南。企业根据自身的计划项目，按照指南的要求编制申报文件，提出资金申请。项目申报成功后，国家和地方有关部门按照指南资金设置给予资金资助，用于企业申报项目的研究开发与产业化。此类资助一般以竞争性、事前资助为主，即政府部门先行拨付资金，给予企业支持，开展相应活动。

当前，科技部门、农业部门、工信部门、自然资源部门等政府机构都有相关计划项目发布指南供企业申报，以资助企业发展。

以科技计划项目为例，在国家层面，根据《国务院印发〈关于深化中央财政科技计划（专项、基金等）管理改革方案〉的通知》(国发〔2014〕64 号）的规定，中央各部门管理的科技计划（专项、基金等）整合形成五类科技计划（专项、基金等）：国家自然科学基金、国家科技重大专项、国家重点研发计划、技术创新引导专项（基金）、基地和人才专项。"十三五"国家科技计划体系如表3-1所示。

表3-1　"十三五"国家科技计划体系

序号	科技计划	内容
1	国家自然科学基金	资助基础研究和科学前沿探索，支持人才和团队建设，增强源头创新能力。进一步完善管理，加大资助力度，向国家重点研究领域输送创新知识和人才团队；加强基金与其他类科技计划的有效对接
2	国家科技重大专项	聚焦国家重大战略产品和产业化目标，解决"卡脖子"问题。进一步改革创新组织推进机制和管理模式，突出重大战略产品和产业化目标，控制专项数量，与其他科技计划（专项、基金等）加强分工与衔接，避免重复投入
3	国家重点研发计划	针对事关国计民生的重大社会公益性研究，以及事关产业核心竞争力、整体自主创新能力和国家安全的重大科学技术问题，突破国民经济和社会发展主要领域的技术瓶颈。将科技部管理的国家重点基础研究发展计划、国家高新技术研究发展计划、国家科技支撑计划、国际科技合作与交流专项，国家发展改革委、工业和信息化部共同管理的产业技术研究与开发资金，农业农村部、国家卫健委等13个部门管理的公益性行业科研专项，整合形成一个国家重点研发计划
4	技术创新引导专项（基金）	按照企业技术创新活动不同阶段的需求，对发改委、财政部管理的新兴产业创投基金，科技部管理的政策引导类计划、科技成果转化引导基金，财政部、科技部等四部委共同管理的中小企业发展专项资金中支持科技创新的部分，以及其他引导支持企业技术创新的专项资金（基金）进行分类与整合
5	基地和人才专项	将科技部管理的国家（重点）实验室、国家工程技术研究中心、科技基础条件平台、创新人才推进计划，发改委管理的国家工程实验室、国家工程研究中心、国家认定企业技术中心等合理归并，进一步优化布局，按功能定位分类与整合。加强相关人才计划的顶层设计和相互衔接。在此基础上调整相关财政专项资金。基地和人才是科研活动的重要保障，相关专项要支持科研基地建设和创新人才、优秀团队的科研活动，促进科技资源开放共享

广东省科技计划体系由重点领域研发计划（核心技术攻关）、基础与应用基础研究基金、省实验室建设、粤港澳大湾区国家科技创新中心建设、高新区与高新技术企业高质量发展专项、区域创新能力与支撑保障体系建设所组成。"十三五"广东科技计划体系如表3-2所示。

表3-2　"十三五"广东科技计划体系

序号	科技计划	内容
1	重点领域研发计划（核心关键技术攻关）	面向经济、社会、产业、区域发展重大需求，围绕新一代信息技术、高端装备制造、绿色低碳、生物医药、数字经济、新材料、海洋经济、现代种业与精准农业、现代工程技术等前沿战略领域，组织实施一批关键核心技术攻关项目，力争突破一批核心技术、关键零部件和重大装备，取得一批产业带动性强、技术自主可控的重大原创性科技成果

（续）

序号	科技计划	内容
2	基础与应用基础研究基金	在生命科学、信息科学、材料科学、资源环境、海洋科学、人口健康、工程科学、数理与交叉前沿八大领域，实施一批基础研究重大项目，支持配套重大平台与基地建设，逐步构建以重大项目、国家联合基金、省内联合基金、省自然科学基金为主的基金体系
3	省实验室建设	对标国际先进实验室，打造国家实验室"预备队"，以地方承建地市先行投入结合省财政奖补方式支持珠三角地区加快建设省实验室，以省级财政投入、地市财政配套、社会资本补充方式支持粤东西北地区布局建设省实验室
4	粤港澳大湾区国际科技创新中心建设	进一步完善粤港澳创新合作体制机制，优化国际化创新政策环境；开展粤港澳关键核心技术联合攻关，面向重点领域、关键核心技术持续协同攻坚；加强创新基础能力建设，布局建设粤港澳联合实验室，打造粤港澳重大科技基础设施集群；构建"开放式"创新人才发展环境，实施"国际化"创新人才引进计划
5	高新区与高新技术企业高质量发展专项	支持特色高科技园区建设、高新区争先进位、高新区协调发展。支持高新区技术市场和科技服务机构形成及壮大，促进高新技术企业将数量优势转化为发展质量优势。支持孵化育成体系建设，借助科技金融和创新券等手段，持续加强高新技术企业培育发展
6	区域创新能力与支撑保障体系建设	支持产学研协同、军民融合创新和科技创新服务体系建设，提升科技惠民和科技创新对乡村振兴、社会发展、粤东西北地区振兴发展的支撑能力。优化科学技术奖励、科技战略规划、科技创新政策与科技智库建设，开展科技创新交流与合作、科技创新统计与监测、科普宣传等活动

自 2018 年起，广东省科技厅开始发布重点领域重点研发计划指南，截至 2020 年 9 月，共有涵盖新一代人工智能、现代农业、5G 示范应用等领域的 52 个重大、重点专项申报指南。企业可以根据自身项目研发情况，选择相应领域进行申报；在基础与应用基础研究基金方向，指南中有省市联合基金、自然科学基金、重大项目等专题供企业、研究人员进行申报。在粤港澳大湾区建设方向，指南中有粤港科技创新联合资助项目、港澳科技成果来粤转化项目、国际科技合作专题等。在区域创新能力与支撑保障体系建设方向，指南中有软科学专题、科普专项、科技奖励等专题供企业、科研人员申报。广东省科技计划项目申报指南详见 http://gdstc.gd.gov.cn/pro/tzgg/。

2. 经费奖补

经费奖补指的是从事相关活动的企业先行投入资金，取得相应成果或者服务绩效，通过政府部门评估认定或绩效考核后，给予企业经费补助的财政资助方式。

科技口的后补助主要包括企业研发补助、高新技术企业奖补、科技企业孵化载体后补助、科技成果转化后补助、科技型中小企业奖补、平台载体开放共享后补助几大类型。下面主要介绍前四种。

（1）企业研发补助。政府部门对根据企业某一时段先行投入研究开发经费的多少给予企业一定比例的奖励性后补助。

以江门市为例，为推动企业普遍建立研发准备金制度，引导企业有计划、持续地增加研究开发投入，2020 年 7 月江门市科技局印发《江门市科学技术局关于组织申报 2020 年激励企业研究开发财政补助资金的通知》（江科〔2020〕85 号），对企业研发经费投入采取奖励性后补助。重点补助对象如下。

1）在江门市注册，已完成研发费用税前加计扣除，且按照《科技型中小企业评价办法》成功评价入库（以下简称评价入库），企业工商登记日期至评价入库日期不超过 5 年的科技型中小企业。

2）企业进行税前加计扣除的研发费用发生时间和评价入库日期应为 2019 年 1 月 1 日至 2019 年 12 月 31 日。

3）企业已建立研究开发准备金制度，根据研究开发计划及资金需求，提前安排研究开发资金，并已先行投入自筹资金开展研究开发活动。

4）企业开展的研究开发活动应符合国家、省、市产业发展方向，并以《国家重点支持的高新技术领域》和国家发展改革委等部门公布的《当前优先发展的高技术产业化重点领域指南》的规定和各级科技主管部门发布的年度科技计划申报指南为指引，实施地在江门市内。

（2）高新技术企业奖补。具体包括企业入库奖补：省市科技部门设置一定条件，企业按照条件申报，进入企业库即可获得奖补；认定奖补：对成功通过高新技术企业认定的企业，给予一定的经费补助。

以广州市为例，2018 年出台的《广州市高新技术企业树标提质行动方案（2018—2020 年）》对高企的奖补主要分为两块。一是对纳入市科技创新小巨人企业库的企业，由市、区两级财政按照一定的比例，给予每家总额为 20 万元的经费补贴，专项用于企业开展研发、创新能力提升等活动（省高新技术企业培育库在库企业或由权威第三方机构认定的科技型创新企业，经市科技创新委审核后，可纳入市科技创新小巨人企业库）。二是对当年度成功通过高新技术企业认定的企业给予 30 万元奖励。其中，对当年度通过高新技术企业认定且研发投入较大的非规模以上企业，根据企业申请认定时间的上一年度经税务部门审核的可税前加计扣除研发费用状况给予额外奖励。上一年度的企业研发费用投入在200万元（含）到1 000万元（不含）的，额外奖励20万元，共奖励50万元；在1 000万元（含）以上的，额外奖励70万元，共奖励100万元。

（3）科技企业孵化载体后补助。此类补助主要针对科技企业孵化器、众创空间、加速器等科技企业载体，具体包括运营评价后补助、新增面积后补助。运营评价后补助指政府部门从投融资情况、培育在孵企业情况、创业导师、专业孵化服务能力、专业服务人员等方面对科技企业孵化载体进行评价，根据评价结果对科技企业孵化载体进行经费补助。新增面积后补助指根据科技企业孵化载体内当年新增孵化面积，按照一定标准给予科技企业孵化载体运营机构一次性补贴。

以佛山市为例，2018年出台的《佛山市人民政府办公室关于印发〈佛山市科技创新载体后补助试行办法〉的通知》（佛府办〔2018〕6号），规定对当年运营的被省科技厅评价为A等级的科技创新载体，给予一次性不高于20万元资助；对当年运营的被市科技局评价为A等级的科技创新载体，给予一次性不高于20万元资助，已获市级财政补助的众创空间不重复资助。政府同时给予新增孵化面积补贴，按照孵化器内当年新增孵化面积（含公共服务面积）以每100平方米补贴5 000元的标准给予科技企业孵化器运营机构一次性补贴。新增孵化面积以企业实际租用面积（租约需在1年以上）为准。新增公共服务面积不能超过当年新增孵化面积的20%。补贴孵化面积累计不得超过科技企业孵化器总面积并且补贴金额最高不超过200万元。

（4）科技成果转化后补助。科技成果转化后补助是一种由企业采购发展需要的科技成果并实现转化和产业化的，政府按技术合同中实际发生的技术交易额的一定比例给予的奖励性后补助。对于实现转化和产业化，各个地方政府有不同的规定。例如，佛山市出台的《佛山市科学技术局关于印发〈佛山市科学技术局关于促进科技成果转移转化实施细则〉的通知》（佛科〔2019〕111号）规定：佛山市的企事业单位作为买方或卖方，签订技术合同的技术交易额在20万元及以上的，按实际发生技术交易额的3%给予资助，每年每个单位资助总额不超过100万元。而《黄埔区广州开发区重大科技成果转化项目扶持实施细则（试行）》中则规定，项目承担单位可自主选择申请股权投资或贷款贴息支持方式，其中股权投资是指使用财政资金通过阶段性持有股权方式，支持企业开展重大科技成果转化。财政资金以出资额为限承担有限责任，出资形成的股权占被投资企业总股本的比例不超过 30%，且不作为第一大股东。投资期不超过 5 年，但持股期内申请单位获准公开发行上市的除外。贷款贴息是指对企业开展重大科技成果转化实际发生的银行贷款利息给予一定补贴。若贷款贴息时限不超过 5 年，贴息额度为项目申请单位实际发生的贷款利息总额的 70%。项目已获其他财政贷款贴息资助的，按从高不重复的原则给予资助，可以补差额。对单个企业股权投资、贷款贴息或两者之和的财政资金总额在扶持时限内合计不低于 5 000 万元，最高为 1 亿元。

3.1.3　平台建设类政府资助

研发平台是一个企业科研团队的载体，包括人才团队、设施设备、数据信息、物资储备等。对于企业而言，能够申请到这类政府资助的方法主要是建立研发平台并通过平台建设得到政府部门的资助。2017 年 8 月，科技部、财政部、国家发展改革委制定《国家科技创新基地优化整合方案》，把国家级科技创新基地平台分为科学与工程研究、技术创新与成果转化和基础支撑与条件保障三类。其中科学与工程研究类国家科技创新基地主要包括国家实验室、国家重点实验室；技术创新与成果转化类国家科技创新基地主要包括国家工程研究中心、国家技术创新中心、国家临床医学研究中心；基础支撑与条件保障类国家科技创新基地主要包括国家科技资源共享服务平台和国家野外科学观测研究站。此外人社部门有博士后科研工作站、博士后科研流动站、博士后创新实践基地等平台；工信部门有企业技术中心、工业设计中心、工业设计研究院等平台；农业农村部门则有重点实验室、农业科学试验基地、农业科学观测实验站、现代农业产业技术研发中心、现代农业新型研发机构、现代农业科技成果转化基地、现代农业研究中心等平台。

此类资助以后奖补方式为主，一般来说，由国家、省出台宏观政策推进平台建设、出台管理办法认定平台级别，地市政府出资金，对获得国家级、省级乃至市级认定的平台给予建设经费后补助。

以广东省佛山市为例，《佛山市人民政府关于印发〈佛山市全面建设国家创新型城市促进科技创新推动高质量发展若干政策措施〉的通知》（佛府〔2019〕1号）中规定对获批建设国家重点实验室、国家工程研究中心的企业一次性资助 1 000 万元；对获批建设省（企业）重点实验室的企业一次性资助 200 万元；对获批建设省工程技术研究中心的企业一次性资助 20 万元。《中共佛山市委关于印发〈佛山市人才发展体制机制改革实施意见〉的通知》（佛发〔2018〕2号）中规定新建博士后工作站、企业博士后工作站分站、博士后创新实践基地分别给予100万元、50万元、40万元建站补贴。《佛山市工业和信息化局关于印发〈佛山市工业设计发展扶持专项资金管理办法〉的通知》（佛工信〔2019〕160号）中规定被国家工业和信息化部认定为国家级工业设计中心或国家工业设计研究院且在佛山区域经营的单位，给予300万元的一次性补助；被广东省工业和信息化厅认定为省级工业设计中心或工业设计研究院且在佛山区域经营的单位，给予100万元的一次性补助。《佛山市农业局关于印发〈佛山市推进广东省农业科技示范市建设专项资金管理办法〉的通知》（佛农〔2018〕136号）中规定经农业农村部批准建设（2018年1月1日后批准建设的均列入资助范围，下同）的重点实验室，一次性资助200万元；经农业农村部批准建设的农业科学试验基地，一次性资助100万元；经农业农村部批准建设的农业科学观测实验站，一次性资助50万元；经省农业厅等上级涉农主管部门认定的现代农业产业科技创新及转化平台（含现代农业产业技术研发中心、现代农业新型研发机构、现代农业科技成果转化基地），取得认定资格后，一次性奖补50万元；经市农业局批准立项组建的市级现代农业研究中心，一次性资助100万元。

对于一些符合地方产业需要或者发展方向的重大创新平台，政府部门则给予事前建设支持，如广东省实验室建设。广东省委、省政府瞄准新一轮创新驱动发展需要，以培育创建国家实验室、打造国家实验室"预备队"为目标，按照"成熟一个，启动一个"的原则，分批启动建设十家省实验室，提升广东基础研究和应用基础研究能力、强化战略科技力量。2019年，广州、深圳、佛山、东莞市下达省实验室财政预算共48.17亿元，其中再生医学实验室7.54亿元、鹏城实验室8.7亿元、季华实验室12亿元、松山湖材料实验室10.26亿元、广州海洋实验室6.17亿元、深圳湾实验室3.5亿元。2020年，上述六家省实验室财政预算达到108.32亿元，同比增长超1倍。另外，2020年省财政也已安排14亿元用于支持粤东西北地区省实验室建设。

3.1.4 服务类政府补助

服务类政府补助是相关机构从事技术开发、技术转让、技术咨询和技术服务等业务，面向社会开展技术扩散、成果转化、科技评估、创新资源配置、创新决策和管理咨询等专业化服务，由政府管理部门对相关机构服务情况进行考核评估，并根据考核评估结果，给予适当补助资金的财政支持方式。在科技部门，此类资助主要包括科技成果转化平台服务资助、创新券补助、平台载体开放共享后补助、科技金融服务补贴等。对于工信部门，此类资助主要包括首台（套）重大技术装备研发与使用奖补和技术改造事后奖补等。

1. 科技成果转化平台服务资助

此类资助指的是科技服务机构通过开展形式多样的科技成果转移转化服务，推动科技成果与产业、企业需求有效对接，进而通过研发合作、技术转让、技术许可、作价投资等多种形式，最终实现科技成果市场价值后，政府给予科技服务机构一定经费的服务后补助。

以佛山市为例，2019 年出台的《佛山市科学技术局关于印发〈佛山市科学技术局关于促进科技成果转移转化实施细则〉的通知》（佛科〔2019〕111 号），对经遴选纳入市转化平台促成的技术交易，在佛山市实现产业化，只要买卖双方至少有一方是在佛山注册的独立法人机构，市财政就可按照每个技术合同实际技术交易额的 5% 对市转化平台给予资助。每个技术交易合同资助不超过 20 万元，每个平台每年资助合计不超过 200 万元。

2. 平台载体开放共享后补助

此类资助是政府部门对公共研发机构、企业研发机构和公共服务等创新平台载体面向社会提供的开放共享服务，经绩效考核后，给予相应补助。

2015 年 12 月，广东出台了《广东省人民政府促进大型科学仪器设施开放共享的实施意见》（粤府函〔2015〕347 号），其中明确指出："财政购置的科研设施与仪器管理单位对外提供开放共享服务，可按照成本补偿和非营利性原则收取材料消耗费，科研设施与仪器维护维修、水、电等运行费，并可根据人力成本收取服务费。服务收入纳入单位预算，由单位统一管理，服务收入可用于奖励从事科研设施与仪器操作的人员。"为支持仪器设备管理单位积极参与仪器设施共享服务，结合《广东省人民政府促进大型科学仪器设施开放共享的实施意见》精神以及近年来省政府关于科技创新的政策措施和改革要求，2019 ～ 2020 年，省财政共安排科技创新券资金 1.8 亿元，用于引导境内外高端科技服务机构、研究开发机构和高等院校为我省科技型中小企业和创业者的创新创业活动提供大型科学仪器设施共享服务、检验检测服务。省科技厅在《广东省科学技术厅关于组织开展

2019 年度省级科技创新券申领和兑付工作的通知》中明确将"购买大型科学仪器设施共享服务"纳入创新券支持范围。

3. 科技金融服务补贴

科技金融服务补贴主要分为科技天使投资风险补助和普惠性科技信贷后补助两类。科技天使投资风险补助指的是政府部门对投资机构投资种子期、初创期科技型企业，最终回收的转让收入与退出前累计投入该企业的投资额之间的差额部分，给予一定比例的财务补偿；普惠性科技信贷后补助指的是政府部门根据金融服务机构给予企业科技信用贷款额的实际投放金额，对金融服务机构实施的一定比例的科技信贷后补助。

4. 首台（套）重大技术装备研发与使用奖补

此类资助指的是政府部门对企业生产、使用符合发布的《首台（套）重大技术装备推广应用指导目录（××××年版）》的装备产品，按单台（套）售价的一定比例给予事后奖补。

2019 年 5 月，佛山市工业和信息化局印发《佛山市工业和信息化局关于开展 2019 年佛山市先进制造业产业集群扶持资金（装备制造业产业发展）项目申报工作的通知》（佛工信函〔2019〕564 号），对 2016 年 12 月 25 日至 2018 年 8 月 15 日期间首家购买使用我市首台（套）重大技术装备的企业进行奖补，首台（套）重大技术装备须为省级珠西用途资金（支持首台套重大技术装备的研发与使用专题）的项目产品。奖补金额为首台（套）重大技术装备售价的 10%。

5. 技术改造事后奖补

工业企业的技术改造事后奖补是创新驱动背景下政府鼓励企业创新的一种方式，即企业购买符合条件的设备、开展技术改造升级的，政府部门按照设备购置额、技术改造项目经费的一定比例对企业进行奖励。

2016 年 8 月，佛山市经济和信息化局、佛山市财政局等五部门联合印发《佛山市工业企业技术改造事后奖补实施细则》。文中指出，"从 2015 年起，省、市、区财政通过预算安排，从完工下一年起连续 3 年内，按企业技术改造对财政贡献增量额度中省级分成部分的 60%、地市级分成部分的 50%、区级分成部分的 40% 对企业进行事后奖补。"

3.2　政府资助程序

政府部门发布政策资源的步骤一般是：出台政策文件（原则性规定）、印发实施细则、明确操作指引、发布申报通知。前三个步骤一般是政府部门内部流程，主要目的是明确在此类资助申报过程中政府管理部门的一些必要规定。企业从看到申报通知开始进行政府资助申请。政府发布政策资源已经形成规范的程序。对符合条件的支持对象，政府部门按照资金申请、合规审核、额度核定、集体决策、资金补助等流程形成完整的资助企业程序。企业获得政府资助的程序也有规律可循，一般情况下遵循以下步骤：获取申报信息；撰写申报材料；提交申报材料；资金（优惠）下达企业。另外，企业获取不同类型政府资助的程序也有所不同，其获取资助的不同程序可具体细分为税收优惠类政府资助、事前资助类政府资助和事后资助类政府资助三种情形。下面分别介绍企业获取资助的不同程序。

3.2.1　税收优惠类政府资助

税收优惠类政府资助不涉及资金拨付，一般步骤为企业自行决定进行税收优惠申报（备案）并交由税务部门审核。审核通过后，企业（个人）便可享受税收优惠（企业需将相关材料留底备查）。企业获取税收优惠类政府资助，一般都有一些前置条件，具体如下。

1. 建立特定平台类税收优惠

包括高新技术企业减按 15% 的税率征收企业所得税；国家级、省级科技企业孵化器、大学科技园和国家备案众创空间免征房产税、城镇土地使用税；科学研究机构、技术开发机构、学校等单位可享受进口设备免征增值税、消费税等。此类税收优惠要求企业取得特定平台资质后，再去税局部门官网凭借相关管理部门出具的认定证明办理税收优惠。

2. 开展特定业务类税收优惠

只对提供资金、非货币性资产投资助力的创投企业、金融机构等给予税收优惠，如研发费用加计扣除税收优惠等。相关基本流程如图 3-1 所示。此类税收优惠要求企业开展相应业务后，再到税务部门凭借相应材料进行申报。

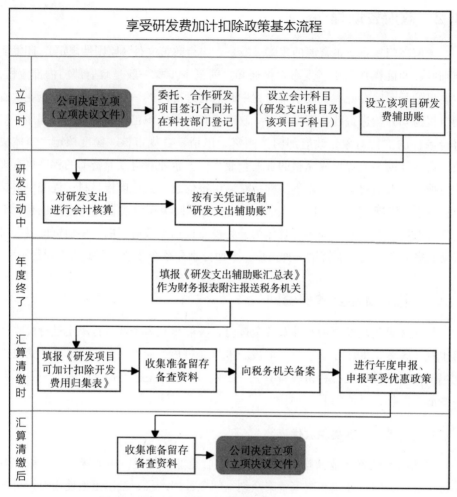

图 3-1　企业享受研发费用加计扣除政策基本流程

资料来源：研发费用加计扣除政策执行指引。

3.2.2　经费资助类政府资助

1. 事前资助类政府资助

此类政府资助主要为计划项目，主要程序是政府部门征集指南，形成指南征求意见稿向社会征求意见，然后正式发布指南；企业进行项目申报；政府部门进行形式审查和网评初审，组织入围企业进行现场评审，专家评议后，对项目进行

筛选、评分、排名，公示立项项目，给予企业项目事前资助。申报流程如图 3-2
所示。

图 3-2　科技项目申报流程图

2. 事后资助类政府资助

此类政府资助的获得程序为企业先投入进行某项服务或活动，政府部门发
布通知后，企业根据通知准备材料进行申报，政府部门审核后给予补助资金。
图 3-3 以企业研发财政补助为例，对企业获取事后资助类政府资助进行介绍。

获取平台建设类政府补助、服务类政府补助程序与本小节事前、事后两类资
助程序大致相同，故不再赘述。

3.3　政府资助的主要对象和条件

3.3.1　政府资助的主要对象

为了支持当地企业的发展，各地方政府都会积极出台各式各样的企业补贴政
策。这些补贴政策覆盖了各个领域行业，适用于不同类型的企业。总体上来说，
能获得政府补助的企业都是符合政府经济追求和政治需求的企业。[22] 其主要分为
以下几类。

1. 符合我国战略发展方向的企业

为全面建设小康社会，我国实行创新驱动发展战略、乡村振兴战略、科教兴
国战略、人才强国战略、可持续发展战略、区域协调发展战略、军民融合发展战
略七大发展战略。七大发展战略指明我国的经济和政治发展方向、目标与实施路
径，而围绕着七大发展战略，我国出台了许多政策和众多后补助项目，在这七大
方面涉及的企业、机构也更容易得到政府的资助。图 3-3 为广东省企业研发财政
补助流程图。

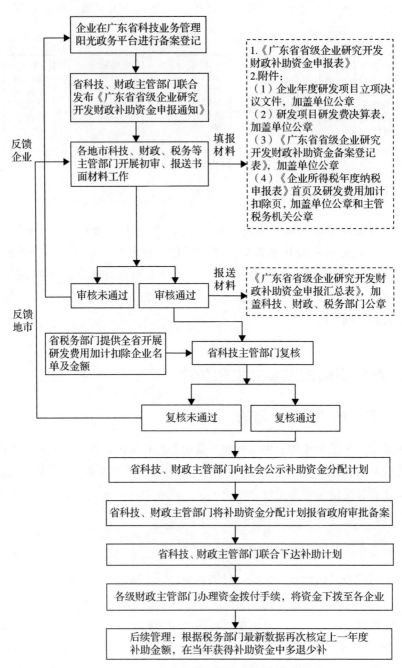

图 3-3　广东省企业研发财政补助流程图

2. 符合区域产业发展方向的企业

政府会充分发挥财政性资金引导作用，优先支持符合当地产业发展方向或者今后该地区拟重点发展的高科技产业、战略性新兴产业等重点产业，进而促进这些重点产业的平稳健康发展。企业作为产业发展的主要抓手，自然是这些产业中的政府重点资助对象，同时政府也有很强的意愿给予这类企业扶持，并通过修改完善当地产业发展基金、财政资金借转补、天使投资基金、中小企业还贷应急资金、科技创新扶持专项资金、招商引资专项资金、鼓励银行加大信贷投放资金、促进政策性融资担保机构支持产业发展等具体管理办法来扶持企业发展。

3. 设立研发创新载体的企业

研发创新载体在提高企业自主创新及研发能力，帮助企业占领市场和提高国际竞争力，助力企业转型升级等方面有着重要领导作用，也是国家战略发展目标之一。作为企业研发的一种组织形式，企业通过建立研发创新载体，形成专业化的研发和服务体系，逐渐成为创新驱动发展的新生力量。如今，越来越多的企业深谙研发创新的重要性，不断加大研发投入。不少企业通过独立建设，或与高校、科研院所合作共建研发中心、实验室等创新载体，充分发挥企业在科技创新中的主体作用，实现了传统制造高新技术产业化。政府部门为引导科技型企业持续稳定加大研发投入，促使企业成为技术创新和研发投入的主体，推进区域范围内企业高质量发展，从国家到地方都在通过财政资助的方式鼓励企业加大研发投入。

4. 高成长性的科技型中小企业

中小企业在我国整个国民经济发展过程中起着举足轻重的作用，大力支持中小企业发展已成为我国的一项国家经济发展战略。随着经济发展，高端产业和优秀人才价值愈发体现，而重大创新成果转化和优秀人才创业项目又具有早期风险高、市场融资难的特点，创新要素与金融要素很难在第一时间有效融合。在此背景下，政府部门通过利用财政资金投资扶持高水平团队创业和重大科技成果转化，从而有效解决重大科技成果转化过程中遇到的工艺复杂、难度高、风险大，风投资本很难早期投入的难题，通过建立高成长性科技型中小企业专项投资扶持机制，分担早期风险，培育优质市场主体，"育苗成树""育树成林"，让更多好企业苗壮成长。但一般来说，此类政府资助普遍要求企业产品和行业属于国家重点支持领域，财务规范，收入和支出的费用清晰明了，有固定的研发人员和研发部门，具备持续创新能力，拥有研发成果以及核心知识产权。

5. 解决社会就业等问题的企业

就业是最大的民生，也是经济发展的重中之重。当前，我国就业形势总体保持稳定，但经济运行稳中有变，经济下行压力有所加大，政府对就业的影响应高度重视，必须把稳就业放在更加突出的位置，而企业是解决就业的最主要的渠道。稳岗补贴是政府对企业进行补贴支持的一个重点方向，主要是政府部门为了进一步支持就业，解决社会就业问题。按照国家关于稳就业工作的决策部署，根据《国务院关于做好当前和今后一个时期促进就业工作的若干意见》（国发〔2018〕39号）的要求，各级政府部门要坚持实施就业优先战略和更加积极的就业政策，支持企业稳定岗位，促进就业创业，强化培训服务，确保当前和今后一个时期就业目标任务完成和就业形势持续稳定。

3.3.2　获得政府资助的条件

由上述分析可知，政府资助一般涉及三个维度的条件：人、财、物。

"人"即，企业的人员信息：研发人员构成、社保、工资、科技人员比例等。"财"即，企业的财务数据：研发投入、设备投入、利润表、资产负债表、现金流量表等。"物"即，企业的有形资产和无形资产：研发科技成果、研发设备、专利、商标、软著、服务成果。[23]

企业想要申报政府资助，需根据申报条件来同步调整企业的情况，以满足申报条件。

同时从各类指南的发布来看，我们可以明显看到申报项目前与政府之间发生过联系的企业更能得到政府的青睐，从而更能得到政府的资助。例如，要想获得高新技术企业所得税税收优惠，企业必须先通过高新技术企业评审、认定，成为高新技术企业；申报科技部门的企业研发经费投入后补助奖励，企业则需在税务部门年度汇算清缴前进行研发费用税前加计扣除，企业获得后补助数为以研发费用税前加计扣除为基数乘以一定比例；在计划项目申报时，政府也会要求企业填写前期获得、开展相关研究项目的情况，并且专家在评审过程中会以此为重要评分标准，评判企业的研究基础。

本章小结

21 世纪是信息的世纪，企业掌握了有效信息就掌握了时代的脉搏。对于要申请政府资助的企业而言，成功的关键不在于企业关注了多少政府信息，而在于其读懂、读透了多少政府信息。当前，无论是哪种类型的政府资助，都已经形成了一套包括政策文件、实施细则、操作指引、申报通知、公示名单的完整和固定的程序。政策文件、实施细则、操作指引一般是政府部门自己内部的操作，企业关注的重点则是申报通知，这里就需要企业读懂、读透以下几点：一看支持对象，明确本企业是否在申报范围内，例如地域、行业性质等；二看补助范围，确定本企业是否有相关业务符合补助范围；三看支持比例与金额，明确企业能申请资助金额的大小；四看申报程序，掌握获得此项资助的具体步骤，明确是否要经过备案、预审等环节后再申报等；五看申报资料，明确申报此项资助需准备的材料，要一一对应，切勿遗漏；六看申报时间，准确把握申报工作具体起止时间，给材料准备等工作留够充足的时间。

实操案例

省级科技创新券

2019 年 1 月，广东省政府出台《关于进一步促进科技创新的若干政策措施》，在省级层面，改革省科技创新券使用管理，扩大创新券规模和适用范围，实现全国使用、广东兑付，重点支持科技型中小企业和创业者购买创新创业服务。此政策文件为我省中小微企业营造良好的创新环境，引导广大企业持续加大研发（R&D）经费投入，加强企业创新能力，促进广东省科技创新，从而带动经济社会高质量发展。[24]

2019 年 8 月，广东省科技厅印发《广东省科学技术厅关于组织开展2019 年度省级科技创新券申领和兑付工作的通知》（粤科函区字〔2019〕1394 号），对广东开展创新券工作做了具体的指引。

1. 支持对象

（1）科技型中小企业。

需同时满足以下条件：

1）在省内登记注册、具有独立法人资格；

2）符合科技部、财政部、国家税务总局制定的《科技型中小企业评价办法》备案要求，并取得2018年度或2019年度科技型中小企业入库登记编号；

3）与省创新券服务机构无任何投资与被投资、隶属、共建、产权纽带等影响公平公正市场交易的关联关系。

（2）创业者。

需满足以下条件之一：

1）省内已入驻国家级和省级科技企业孵化器、众创空间、星创天地、粤港澳青年创新创业基地等孵化平台的初创科技型企业（工商注册时间不超过2年，计算周期截至2019年9月1日）；

2）在中国创新创业大赛港澳台赛中获奖并在广东注册的企业。

（3）省创新券服务机构。

2019年度省创新券服务机构以省科技厅2019年7月16日发布的《广东省2019年度科技创新券服务机构入库名单》为准。

2.补助范围

（1）购买研究开发服务。企业或创业者购买科技创新活动所必需的研究开发服务，包括工业（产品）设计与服务、工艺设计与服务、新产品与工艺合作研发、云计算服务、超算服务等。

（2）购买检验检测服务。企业或创业者购买科技创新活动所必需的检验检测服务，包括产品检验、指标测试、产品性能测试等。

（3）购买大型科学仪器设施共享服务。企业或创业者购买省内研究开发机构和高等院校提供的重大科研基础设施和大型科研仪器共享服务，包括委托分析测试、委托实验、机时共享、仪器租赁等服务。

3.支持比例及额度

（1）科技型中小企业。

符合条件的珠三角地区企业按照最高不超过服务实际金额30%的比例给予支持，年度累计资助额度不超过10万元。粤东、粤西、粤北地区的企业按照最高不超过服务实际金额35%的比例给予支持，年度累计资助额度不超过 15 万元。

（2）创业者。

符合条件的珠三角地区创业者按照最高不超过服务实际金额 30% 的比例给予支持，年度累计资助额度不超过 2 万元。粤东、粤西、粤北地区的创业者按照最高不超过服务实际金额 35% 的比例给予支持，年度累计资助额度不超过 3 万元。单个孵化平台内创业者年度总计资助金额不超过 50 万元，由孵化平台分配审核。

（3）省创新券服务机构。

入库的服务机构在接受省创新券支付的前提下，根据其年度累计服务金额 5% 的比例给予奖励，年度累计奖励金额不超过 50 万元。

（4）地市配套。

鼓励各地级以上市对省创新券支持的项目给予协同支持，省市对单个项目的累计支持比例最高不超过服务实际交易金额的 50%。

4. 申报程序

对于创新券，有两个使用方：一方是购买服务方，即企业、创业者等创新主体，使用创新券对于购买的服务进行支付；另一方是提供服务方，即高校、科研院所等省科技创新券服务机构，接受创新主体用于购买服务的创新券，而后在政府部门将创新券兑换为现金。

两者使用创新券的程序也不尽相同，对于企业、创业者等创新主体，是从政府部门申领创新券，而高校、科研院所等省科技创新券服务机构则是在政府部门兑付创新券。

（1）企业或创业者注册。

符合申报条件的企业或创业者先登录"华转网"进行注册，并上传企业相关证明材料：

1）营业执照或统一社会信用代码证；

2）创业者须提供入驻孵化平台的相关证明。

（2）孵化平台注册。

省内已认定的国家级、省级科技企业孵化器、众创空间、星创天地、粤港澳青年创新创业基地等孵化平台登录"华转网"注册，注册账号用于审核平台内在孵创业者申领使用创新券。

（3）申领。

已注册的企业或创业者登录"华转网"，在各创新券服务机构网上商店采购下单后，领取省创新券（企业从省创新券服务机构网上商店下单后，方可申领创新券）。"华转网"实时公示企业或创业者申领省创新券情况。

（4）创新券使用。

省创新券服务机构确认订单后，上传双方签订的服务合同，企业或创业者在订单支付环节直接抵扣省创新券，仅需向服务机构支付扣除省创新券后的余款即可。

5. 具体申报程序

从申报指南中可以看到，申报创新券补助，从第一步到第四步主要涉及企业、创业者等创新主体申领、使用创新券等具体步骤，包括科技型中小企业、创业者、孵化器三个主体。下面本书根据不同主体具体分析其申领、使用创新券的过程。

（1）科技型中小企业。

已经认定的国家级科技型中小企业（须在科技型中小企业服务网址：http://www.innofund.gov.cn/ 完成入库）还须在华转网完成入库认证、申领使用创新券、交易支付三个阶段流程。

第一阶段：科技型中小企业入库认证。

1）科技型中小企业注册、登录。

网址：http://www.sctcc.cn。

2）提交入库申请。

准备资料：

①营业执照扫描件；

②法人身份证明扫描件；

③承诺书。

3）匹配编号。

说明：

①自动获取科技型中小企业编号；

②2018 年及 2019 年度均可。

4）入库审核。

审核通过后，创业者即可申领使用创新券。

第二阶段：科技型中小企业申领使用创新券。

1）选购下单。

①企业在华转网科技 Mall 选择心仪的商品下单；

②下单后卖家（即省创新券服务机构）将获得企业联系方式并对接；

③企业可进行催单操作。

2）签订交易合同。

说明：

卖家（即省创新券服务机构）修改服务价格，上传合同后接受订单。

3）企业使用创新券。

注意事项：

①确认卖家（即省创新券服务机构）上传的合同内容无误；

②确认订单金额无误；

③确认创新券抵扣金额；

④根据企业所在地和创新券总额度，抵扣比例有所不同（具体见支持比例及额度）。

4）创新券审核。

审核说明：

华转网根据订单和合同信息进行审核，审核结果和处理记录可在平台查询。

第三阶段：交易支付。

1）企业确认支付；

2）卖家（即省创新券服务机构）确认收款；

3）企业确认服务完成。

（2）创业者。

第一阶段：创业者入库认证。

1）创业者注册、登录网址：http://www.sctcc.cn。

2）提交入库申请。

准备资料：

①营业执照扫描件；

②法人身份证明扫描件；

③孵化证明 / 获奖证明 / 孵化器场地租赁合同；

④承诺书。

3）匹配孵化器。

说明：创业者需选择已登记的孵化器。

注：创业者所在孵化器完成登记后，创业者方可申请入库。

4）入库审核。

审核通过后，创业者即可申领使用创新券。

第二阶段：创业者申领使用创新券。

1）选购下单。

①企业在华转网科技 Mall 选择心仪的商品下单；

②下单后卖家（即省创新券服务机构）将获得企业联系方式并对接；

③创业者可进行催单操作。

2）卖家（即省创新券服务机构）接单。

说明：

卖家（即省创新券服务机构）修改服务价格，上传合同后接受订单。

3）创业者使用创新券。

注意事项：

①确认卖家（即省创新券服务机构）上传的合同内容无误；

②确认订单金额无误；

③确认创新券抵扣金额；

④根据企业所在地和创新券总额度，抵扣比例有所不同（具体见支持比例及额度）。

4）孵化器审核。

审核说明：

①孵化器登录平台，系统进行订单审核；

②审核额度有限，由孵化器具体分配。

5）创新券审核。

审核说明：

华转网根据订单和合同信息进行审核，审核结果和处理记录可在平台查询。

第三阶段：交易支付。

1）创业者确认支付；

2）卖家（即省创新券服务机构）确认收款；

3）创业者确认服务完成。

（3）孵化器。

孵化器平台对在孵企业进行创新券额度分配，具体程序如下。

第一阶段：孵化器登记认证。

1）孵化器注册、登录。

网址：http://www.sctcc.cn。

2）提交入库申请。

准备资料：

①营业执照扫描件；

②法人身份证明扫描件；

③孵化平台资质证明；

④入驻协议；

⑤承诺书。

3）入库审核。

审核通过后，在孵创业者方可开始入库。

第二阶段：孵化器审核创新券。

1）创业者使用创新券。

在孵创业者以订单形式提交"创新券"申请。

2）孵化器审核。

说明：

①孵化器只需审核在孵创业者订单；

②孵化器审核额度有限，由孵化器具体分配。

3）平台审核。

审核说明：

根据订单和合同信息进行审核，创业者可在线查看审核结果和处理记录。

6. 创新券兑付

省创新券服务机构完成订单服务后，在线提交兑付申请，上传交易发票等相关证明材料。

在审核、公示后，政府部门将补助资金发放给省创新券服务机构。值得注意的是，省创新券服务机构每季度或月度末进行创新券兑付，年底申请服务金额奖励。

省级创新券兑付操作指引如下。

在买家确认服务完成后，服务机构便可上传合同相应的银行流水和发票等资料，进行创新券兑付工作。

值得注意的是，作为兑付材料的全额发票需要服务机构自主上传到华转网。

如果材料已经准备就绪，企业可以参考以下操作流程。

第一步，在"我是卖家"界面，点击左侧导航栏"创新券"下的"我的兑付"，进入创新券兑付界面。相关界面如图3-4所示。

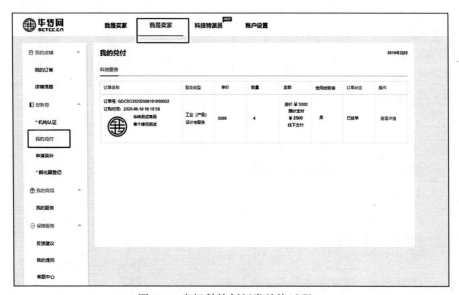

图3-4 省级科技创新券兑换过程一

第二步，点击操作栏"上传发票"，输入发票编号、发票金额，按要求上传发票后点击"提交发票"按钮。相关界面如图3-5、图3-6所示。

温馨提示：

若初始合同没有服务内容明细，需要在"合同补充资料"上交相关资料证明。

此为非必选项，该选项的主要面向对象为：初始合同为框架合同、报价合同、预付款合同。

对于上述三类合同，务必上传补充资料证明，以免影响后续兑付审核。

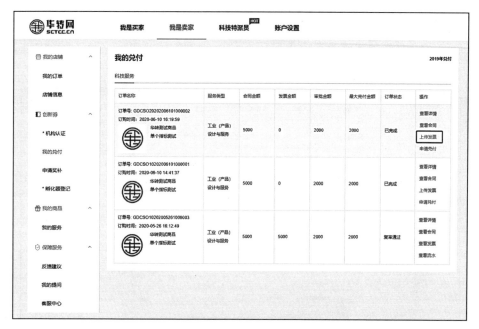

图 3-5　省级科技创新券兑换过程二

图 3-6　省级科技创新券兑换过程三

第三步，点击操作栏"申请兑付"，确认提交申请。

此时订单状态显示为"兑付待审核"，需要等待后台进行兑付审核。相关界面如图 3-7 所示。

图 3-7　省级科技创新券兑换过程四

第四步，后台审核通过后，订单状态显示为"审核通过"。

企业可在订单详情中查看兑付审批金额。根据合同和发票信息，该审批额度将不超过申请抵扣额。相关界面如图 3-8 所示。

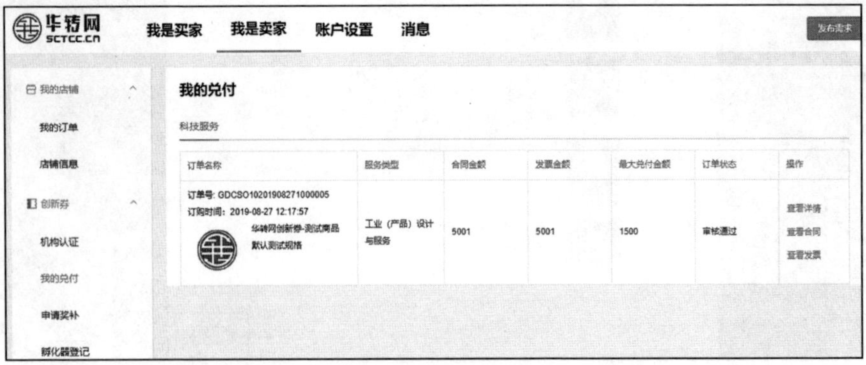

图 3-8　省级科技创新券兑换过程五

在创新券的申领、兑付过程中，还有一些值得注意的关键点。

（1）省创新券常年受理申领，按季度或月度进行集中兑付。

（2）省创新券采取电子资格券形式，单个科技型中小企业或创业者每年度限领一次，不得转让、赠予。

（3）省创新券兑付以本年度补助资金总额为限，科技型中小企业或创业者申领到的创新券先用先得。

（4）省创新券由购买科技服务的科技型中小企业或创业者申领，并在支付环节直接用创新券进行抵扣，创新券额度可在使用期内分多次使用。

广东省创新券申领和兑付流程如图 3-9 所示。

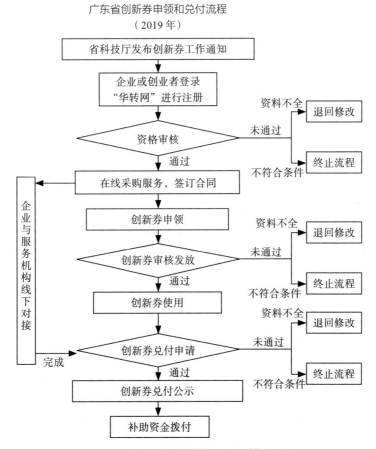

图 3-9 广东省创新券申领和兑付流程图

资料来源：广东省科学技术厅关于组织开展 2019 年度省级科技创新券申领和兑付工作的通知

第 4 章
政府资助项目的组织管理

开篇
导语

广东省科学技术厅启动实施科技孵化育成体系高质量发展项目

为贯彻全国两会提出的"深入推进大众创业万众创新"精神,按照全省科技创新大会的工作部署,根据《关于进一步促进科技创新若干政策措施》《广东省科技企业孵化载体管理办法》《广东省大学科技园实施办法》等文件要求,发挥孵化载体在加速科研成果转化、加快培育新动能、促进地方经济转型升级中的重要作用,2020 年 8 月 17 日,广东省科学技术厅发布《广东省科学技术厅关于组织申报 2020 ~ 2021 年度广东省科技孵化育成体系高质量发展项目的通知》(粤科函资字〔2020〕514 号),启动实施 2020 ~ 2021 年度广东省科技孵化育成体系高质量发展项目。2020 年 10 月 26 日,省科技厅发布《关于 2020 年省科技创新战略专项资金(科技孵化育成体系高质量发展)项目资金的公示》,广州力方体孵化器有限公司等 98 家企事业单位分别获得 20 万元或 30 万元补助,项目经费合计 2 909.52 万元,有效降低了企业技术研发创新成本,有效推进了企业产品创新、成果转化、服务优化、产业化应用推广。对政府而言,科技孵化育成体系高质量发展项目资助有效培育了一批优质科技型企业,推动了孵化载体高质量发展。本章将从政府资助项目管理的视角出发,详细阐述政府资助项目的管理流程,重点剖析解读政府资助项目组织管理中的项目评审流程与关键环节,为企业申请政府资助项目提供参考。

4.1　政府资助项目管理流程

根据政府资助项目类型的不同，政府资助项目的管理流程也有所差异。但就总体而言，政府资助项目管理流程一般包括：指南编制与发布、项目申报与受理、项目评审、立项与任务书签订、项目启动与项目变更、验收结题与终止等几个主要程序。

4.1.1　指南编制与发布

1. 项目申报指南研究编制

项目申报指南是各类单位申报项目、各级管理部门组织推荐项目、评审专家评价和论证项目、政府部门确定立项资助项目的重要依据。例如，广东省科技厅会根据部门年度工作计划，由各相关业务处室征集企业、高校院所、行业主管部门以及地方政府等主体的需求建议，组织开展专项调研，并结合国家有关部委项目凝练发布指南需求。征求界面如图 4-1 所示。

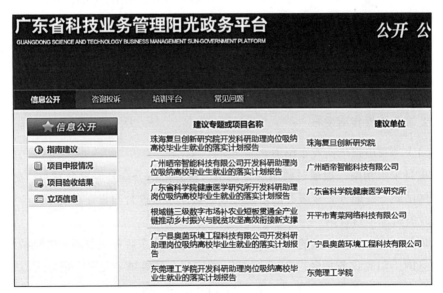

图 4-1　广东省科技厅网站指南建议公开征求页面

就广东省而言，各级政府部门依据广东国民经济和社会发展规划纲要及科技发展规划，立足全省科技和经济发展现状，围绕省委、省政府年度中心工作和科技需求，结合申报指南建议和意见，明确各部门当年度各领域需要延续实施、优化调整、新增新设的专项以及总体预算需求，编制科技计划（专项、基金等）年度申报指南。

一般来说，各政府部门相关业务处室将会同或邀请专业机构，组建指南编制工作组与专家组，分析研究征集到的指南要求，按要求编制年度申报指南，明确优先发展领域和重点支持方向，确定资助类型、资助方式和申报条件等。例如，广东省重点领域研发计划的指南要求编制如下。

（1）找准具体领域面临的"卡脖子"和关键核心技术，聚焦关键零部件、重大装备等受制于人的瓶颈问题，或事关广东经济社会发展的重大问题。

（2）设置可考核、可评估的具体指标。

（3）明确项目遴选方式。主要通过竞争择优方式确定项目承担单位；对于战略性、紧急性、特殊性任务，可采用定向择优、定向委托方式在行业内遴选优势单位承担。

（4）明确拟资助额度（范围）、立项数量以及项目实施周期等。

对于一些重大项目（如重点领域研发计划）的申报指南，有关部门在研究编制申报指南的过程中需面向社会公开征求意见。例如，省科技厅会同专业机构对指南进行修改完善后，要组织专家对指南进行评议。在正式发布项目申报指南之前，相关业务处室会根据指南征集意见及评议意见了解情况，面向社会发布指南意见采纳情况公告。相关界面如图4-2所示。

2. 项目申报指南发布

（1）项目申报指南发布渠道。

项目申报指南一般通过政府官方网站、官方微信公众号等平台发布。此外，政府网站或一些地方企业服务网站会对政府资助项目进行归集，有助于企业全面获取政府资助项目资讯。

例如，广东省科技厅的项目申报指南一般通过广东政务服务网、省科技厅公众信息网、阳光政务平台、"广东科技"微信公众号等统一发布。企业可以通过进入广东省科技业务管理阳光政务平台（http://pro.gdstc.gd.gov.cn）的"通知公告"页面，查看广东省科技厅资助项目申报指南信息。广东省科技业务管理阳光政务平台通知公告入口的界面如图4-3所示。

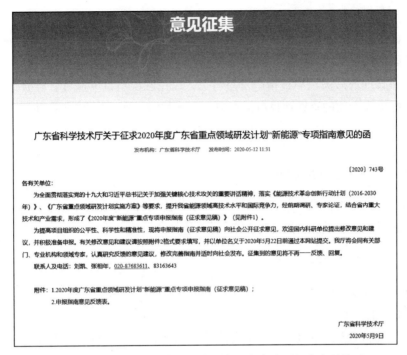

图 4-2　广东省重点领域研发计划专项指南公开征求意见的函

图 4-3　广东省科技业务管理阳光政务平台通知公告入口

（2）项目申报指南发布时间。

不同的政府资助项目类别，其申报指南发布时间有所不同。但一些常态化、普惠性类别的资助项目，每年的项目申报指南发布时间相对固定，企业可在往年指南发布日期前后关注项目指南发布情况，以免耽误项目申报与材料准备时间。对于一些重大专项的资助项目申报指南，由于其编制难度较大，因此可在一年内持续发布。

4.1.2 项目申报与受理

项目申报指南正式发布后，企业应仔细分析项目申报指南，并按照指南的相关要求进行项目申报与申报材料提交。

1. 分析项目申报指南

企业获取项目申报指南后，应深入分析指南的关键信息，初步判断企业是否符合申报条件。项目申报指南的关键信息一般包括如下五项要素。

（1）支持领域和强度。支持的研究领域是什么，支持强度和支持方式是什么。

（2）申报条件（要求）。一般包括申报单位的条件、项目负责人和项目研究团队的条件、研究内容、考核指标、是否需要联合申报、经费自筹条件、不允许申报的条件等。

（3）申报程序。是否需要先注册账号，是否需要各级主管部门审核推荐，是否需要线下报送纸质材料等。

（4）申报时间。包括网上申报开始与截止时间、主管部门网上审核推荐截止时间、纸质材料报送截止时间等。

（5）材料要求。需要提交的材料附件有哪些，纸质材料的装订要求等。

2. 注重累积与收集企业无形资产

企业获取政策资源后，应对照各类政策或项目资助条件，注重积累企业自身的无形资产，全面详细地了解本企业情况，以便满足更多资助项目条件，获得更多政府资助。应积累的企业无形资产包括：企业拥有的核心技术、产品、市场等方面的优劣势和发展潜力；专利证书、商标、著作权；查新报告；产品的测试和鉴定报告；科技成果鉴定报告；申请科技进步奖；良好企业信用等级；用户使用报告；出口创汇企业评选情况；ISO 9000 质量体系认定证书；高新技术项目（企业）或软件企业认定证书。这些报告或证书都可以作为申报项目的旁证材料，有的甚至是项目要求不可缺少的附件。

3. 项目申报培训与咨询

在项目申报期间，项目主管业务部门会同专业机构，组织推荐单位、申报单位等开展政策及业务介绍、申报指南说明、平台操作指引等培训，并安排专人做好咨询答疑工作。企业可在申报通知或申报指南上获取申报项目负责业务处室的联系方式，咨询项目申报有关事项。

4. 项目网上申报

目前，政府资助项目一般采用在线申报方式进行项目申报。

（1）注册。首次申报的单位和个人，一般需要在网上办事大厅或政府部门相关的项目管理平台注册后，才能进行在线申报。以广东省科技厅项目申报为例，首次申报的单位首先需要在阳光政务平台（http://pro.gdstc.gd.gov.cn）注册，获得单位用户名和密码，同时获得为本单位项目申报人开设用户账号的权限。项目申报人从单位科研管理人员处获得用户名和密码，填写个人信息后完成个人账号注册。已注册的单位继续使用原有账号进行申报和管理。阳光政务注册页面入口如图 4-4 所示。单位和个人账号注册入口如图 4-5 所示。

（2）在线申报。第一，进入项目申报页面。在政府项目管理平台完成注册后，项目申报人进入项目申报页面，进行项目申报与有关附件材料上传。以广东省科技厅项目申报为例，项目申报人登录阳光政务平台后，依次点击进入"申报管理""填写申报书""新增项目申请"，选择相应类别之后进入项目申报页面，进行项目申报。相关申报页面如图 4-6 所示。

第二，项目可行性报告研究撰写。进入项目申报页面后，申报人可下载对应的项目可行性报告模板，并根据模板研究撰写项目可行性报告。可行性报告是在制定某一建设或科研项目之前，对该项目实施的可能性、有效性、技术方案及技术政策进行具体、深入、细致的技术论证和经济评价，以求确定一个在技术上合理、经济上合算的最优方案和最佳时机而写的书面报告。可行性报告是项目建设论证、审查、决策的重要依据，也是项目评审和资金申请的重要依据。作为项目评审的重要内容，在编写可行性报告时要注意数据方面的真实性和合理性，突出项目的科学性和创新性，同时也为后续的项目申报书编写梳理脉络。可行性报告的内容一般包括以下三个方面。

图 4-4　阳光政务注册页面入口

图 4-5　阳光政务平台单位和个人账号注册入口

①立项背景：研究背景、研究意义、目前该领域的研究进展与成果等。

②项目实施方案：项目研究的主要内容、要解决的关键问题、建设指标及实施绩效、计划进度安排、合作机制及任务分工、经费预算合理性评估等。

③前期工作基础：获得国家和省科技计划等支持情况、取得的阶段性研究成果、与项目相关的知识产权情况等。

图 4-6　选择相应类别之后进入项目申报页面

（3）在线填报申报信息并上传附件。进入项目申报页面后，申报人按照申报指南的申报要求和项目可行性报告的内容，依次填写项目基本情况、项目内容、项目实施绩效、项目进度计划、经费情况、项目承担单位与参与单位情况、单位合作协议、项目组人员情况、项目绩效目标等项目申报信息，并对照申报指南申报和项目管理系统中有关材料模板要求，填写上传项目可行性报告及对应佐证材料附件。相关填写页面如图 4-7 所示。

值得注意的是，项目申报书有填写字数的限制，部分类别项目可在项目管理系统下载项目申报书电子版模板，建议申报单位可在申报书模板电子版文档中研究填写对应的申报信息内容，经研究修改后形成较为完善的项目申报书后，再登录项目申报系统集中进行对应的申报项目信息在线填报，这样有利于整体把握项目申报书的内容完整性和成熟度，同时减少在线申报的填写难度。

图 4-7　项目申报信息填写页面

（4）填写检查与保存提交。申报人在线填报项目申报信息时，应注意随时保存项目申报信息。同时，可通过"填写检查"功能检查项目申报书是否符合填写要求或佐证材料是否上传齐全。申报单位或申报人可在申报书提交前，通过生成申报书草稿文件，直观检查申报书信息填报是否正确，确认无误后在线提交项目申报书。填写检查与保存提交的页面如图 4-8 所示。

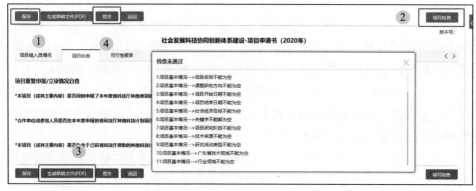

图 4-8　项目申报填写检查与保存提交

5. 项目受理与纸质材料提交

项目申报在线提交申请后，一般需要通过申报单位科研管理部门、财务部门审核后，才可提交至政府项目管理系统。申报人在线提交项目申报书后，应及时联系单位财务部门、科研管理部门审核有关信息，以免错过项目在线申报截止时间。申报单位审核并同意提交项目申报书后，政府项目管理系统一般自动受理项目负责人与项目牵头单位提交的电子申报材料。

根据项目指南申报要求，部分项目申报除了需要在线填写项目申报材料之外，还需按时准备并线下提交对应的项目申报纸质材料，否则当作项目申报按作废处理。申报单位应仔细分析项目申报指南的相关申报材料要求，按规定准备项目申报纸质材料，在材料报送截止时间前报送至指定地点。相关页面如图 4-9 所示。

若项目申报采用在线申报、无纸化方式，符合指南申报条件的单位通过项目申报管理平台提交有关材料，必要的技术、财务、知识产权、合作协议、承诺函等佐证支撑材料以附件形式上传，在线提交成功即可视为受理成功。此类项目一旦按程序获得立项后，项目主管业务部门会另行要求项目单位将项目申报书、任务书纸质件一并报送至具体负责项目申报的综合业务部门。

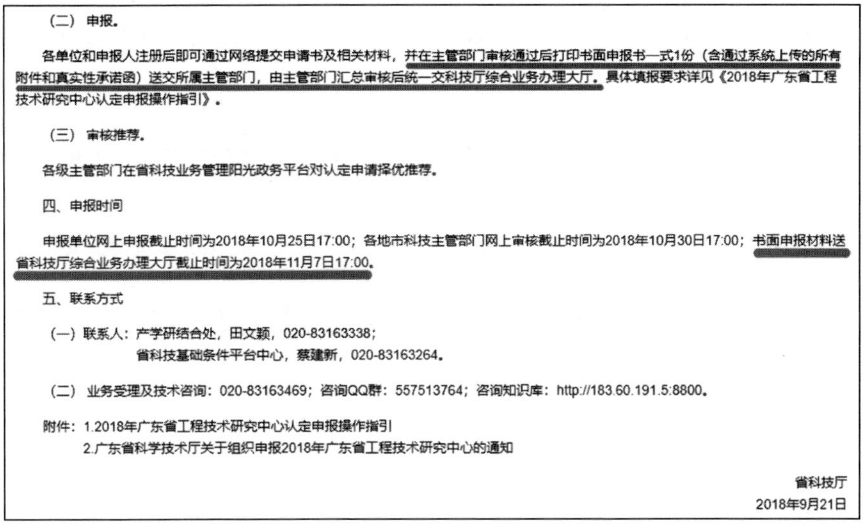

（二）申报。

各单位和申报人注册后即可通过网络提交申请书及相关材料，并在主管部门审核通过后打印书面申报书一式1份（含通过系统上传的所有附件和真实性承诺函）送交所属主管部门，由主管部门汇总审核后统一交科技厅综合业务办理大厅。具体填报要求详见《2018年广东省工程技术研究中心认定申报操作指引》。

（三）审核推荐。

各级主管部门在省科技业务管理阳光政务平台对认定申请择优推荐。

四、申报时间

申报单位网上申报截止时间为2018年10月25日17:00；各地市科技主管部门网上审核截止时间为2018年10月30日17:00；书面申报材料送省科技厅综合业务办理大厅截止时间为2018年11月7日17:00。

五、联系方式

（一）联系人：产学研结合处，田文颖，020-83163338；
　　　　　　省科技基础条件平台中心，蔡建新，020-83163264。

（二）业务受理及技术咨询：020-83163469；咨询QQ群：557513764；咨询知识库：http://183.60.191.5:8800。

附件：1.2018年广东省工程技术研究中心认定申报操作指引
　　　2.广东省科学技术厅关于组织申报2018年广东省工程技术研究中心的通知

省科技厅
2018年9月21日

图 4-9　项目申报提交纸质材料要求页面

4.1.3　项目评审、立项与任务书签订

1. 项目评审

项目申报截止后，项目主管业务部门将会同专业机构根据申报指南要求及相

关管理规定对受理的项目申报材料进行项目评审。项目评审一般分为形式审查和专家评审两个阶段。

（1）形式审查。审查内容主要包括项目内容查重，项目单位、项目负责人、申报项目指标是否符合申报指南要求等，因此企业在提供申报附件材料、填写项目申报书和编制可行性报告的过程中要紧扣项目申报指南中的要求，尽量减少因为不符合硬性指标而未能通过形式审查的情况。

（2）专家评审。专家评审组织主要采取网络评审、答辩评审、定向论证等方式（或多种方式相结合）。评审内容包括项目技术可行性、预算合理性、技术就绪度、知识产权质量等。原则上，对于同一批次同一专题项目，专家评审组织应采用相同的评审方式与程序。

2.公示与项目下达（立项）

项目主管业务部门根据项目评审结果，经政府部门专题会研究讨论后，明确立项项目清单，经有关部门审批后，以通知形式在政府官方网站上进行公示。相关公示表如图4-10所示。公示无异议后，项目主管业务部门以通知形式下达项目计划，并商请财政部门下达项目资金。

广东省科学技术厅关于2020年省科技创新战略专项资金（农村科技特派员重点派驻任务等）项目资金的公示

来源：本网　发布日期：2020-07-30

　　根据《广东省省级财政专项资金管理办法》有关规定，拟安排农村科技特派员重点派驻任务、粤桂科技合作基础与应用基础研究联合基金、政务信息化项目等37个项目财政专项资金共计4431.45万元，现予以公示。公示期自2020年7月30日～8月5日。

　　任何单位和个人如对公示内容持有异议，请在公示期内以书面形式反映。反映公示名单的情况和问题应坚持实事求是原则，以个人名义反映情况的，请提供真实姓名、联系方式和反映事项证明材料等；以单位名义反映情况的，请提供单位真实名称（加盖公章）、联系人、联系方式和反映事项证明材料等。

　　联系人：省科技厅资源配置与管理处　司圣奇

　　　　　　省科技厅机关纪委　陈明

　　传　真：020-83163943、83163627

　　附　件：1.2020年省级农村科技特派员重点派驻任务拟立项公示表

　　　　　　2.2020年粤桂科技合作基础与应用基础研究联合基金及省科技政务信息化项目拟安排公示表

省科技厅

2020年7月29日

图4-10　项目拟安排立项公示通知

3. 任务（合同）书签订

下达项目计划后，项目主管业务部门将对通过立项程序确定给予支持的项目，启动任务书签订工作。项目主管业务部门一般以短信、邮件等形式通知项目申报单位和申报人。项目申报单位和申报人在线填写并提交项目任务书（项目合同书）。项目管理业务部门对线上任务书进行审核后，通知项目申报单位和申报人打印纸质版任务书并盖好公章，在规定时间内将纸质版任务书提交至业务窗口。经项目管理业务部门审核、盖章后，纸质版任务书通过业务窗口返还至项目申报单位和申报人，项目合同书签订完成。任务书填写签订页面如图 4-11 所示。

图 4-11　广东省科技厅阳光政务平台任务书填写签订页面

目前，广东省科技计划项目任务（合同）书由项目申报书直接生成，因此申报单位和申报人在填写申报书的时候就应该注意到所体现的各项考核指标是否能够完成或者达到，不能为了获得项目资助任意提高考核指标。申报单位和申报人确定项目任务（合同）书时，应注意以下几点要求。

（1）与项目申报和申报指南相比，一律不得降低任务书中的考核指标。

（2）任务书中的项目负责人和主要研究人员应与申报书中的申报团队保持一致，项目负责人及主要研究成员应实质性地参与项目组织实施，不得出现挂名现象。

（3）原则上，项目经费总投入与申报书相比不得减少。直接经费与间接经费之间的比例，以及直接经费内部各科目之间的安排，应严格按照财政科研资金管理有关文件规定执行。

4.1.4 项目启动与项目变更

项目任务（合同）书签订后，项目承担单位和项目负责人应按照政府部门出台的项目合同书管理和项目结题管理等有关文件规定，做好项目启动、中期评估、项目变更等工作。

1. 项目启动

项目任务（合同）书签订后，企业应及时启动项目，组织人员团队按照项目计划进度安排推进项目。在项目推进过程中，企业应严格按照项目任务书考核指标研究形成并保存好有关研究成果材料，为后期的项目结题验收做好材料准备。

2. 中期评估

现以广东省科技厅科技计划项目变更为例。执行周期在三年及以上的项目，在项目实施中期，一般要求项目承担单位和负责人在项目管理系统上定期（一般为一年一次）填报项目执行报告，相关业务处室对项目执行情况进行中期评估与过程管理。对于具有明确应用示范目标的项目，相关业务处室应邀请有关部门和地市共同开展中期评估工作。结合实际情况，中期评估与后续拨款评估可合并开展。项目执行报告填报页面如图 4-12 所示。

图 4-12　广东省科技厅阳光政务平台项目执行报告填报页面

3. 项目变更

在项目实施过程中，如有事项发生调整，一般需要申请项目变更。项目负责人根据政府部门项目管理有关规定，通过项目管理系统平台提出申请，说明变更事项、原因、依据和理由等，经相关项目管理业务处室或项目承担单位审核后完成项目变更。

根据《广东省科学技术厅关于省级科技计划项目合同书管理细则（试行）》规定，项目变更（合同书变更）主要包括项目起止时间变更、项目经费使用变更（包括自筹经费、经费分配及经费支出预算等）、项目内容变更（包括研发内容、技术指标、经济指标及成果指标等）、项目名称变更、承担单位名称变更、参与单位变更、项目负责人和成员变更等。项目执行过程中需要申请项目变更的，项目承担单位应在执行期终止日之前通过业务系统提交项目变更申请。项目变更内容经审核同意后生效并作为项目合同书的有效部分，在项目过程管理和结题时一并作为基本依据。以下将对项目变更所包括的要素做详细介绍。

（1）项目起止时间变更。申请延期一般单次不超过 1 年，总计不超过 2 次，由项目主管部门审核。

（2）项目经费变更。在项目总预算不变的情况下，直接费用中的材料费、测试化验加工费、燃料动力费、出版费、知识产权事务费及其他支出预算的调整，由项目承担单位审核。项目总预算的调整由省科技厅审核。项目总预算经费可以调增，也可以调减，但其调减的幅度一般不得大于原合同书规定总投入经费的 20%。劳务费、人员费、专家咨询费、设备费、国际合作与交流费的调整由省科技厅审核。劳务费、人员费、专家咨询费、设备费、国际合作与交流费只能调减，不得调增。

（3）项目内容变更。项目内容变更包括研发内容、技术指标、经济指标、成果指标及名称变更，经主管部门审核后，由省科技厅审核。

（4）项目承担单位、参与单位变更。项目承担单位更名，参与单位更名、替换或增减，须经原项目承担单位与原参与单位协商一致后方可提出申请，并附相关书面补充协议。项目承担单位、参与单位的变更由省科技厅审核。

（5）项目负责人变更。因工作调动、出国（境）、死亡伤病及其他重大原因导致项目负责人无法履行工作职责时，项目承担单位可提出变更项目负责人申请。新任负责人需具备与原负责人相当的专业技术能力和资格，且在变更当年将此项目计入其申报省级科技计划项目的限额范畴。

（6）项目组成员变更。项目组成员的变更由项目主管部门审核。项目变更申请入口如图 4-13 所示。

图 4-13　广东省科技厅阳光政务平台项目变更申请入口

4.1.5　项目结题与终止

1.项目结题

项目结题以项目任务书为基础，对任务书中的研发内容、任务指标、经费使用等情况进行考核评价，并综合考察项目承担单位和项目组的项目管理、绩效评价、科研信用等情况。企业完成合同书的任务指标后，应根据政府部门项目结题管理有关要求，向业务管理部门提出项目结题验收申请，由验收组织单位根据项目类型组织验收。自 2020 年 4 月 1 日后，广东省科技计划项目结题验收主要执行《广东省省级科技计划项目验收结题工作规程（试行）》的相关规定。

（1）项目结题验收申请。项目承担单位在合同执行期满后 3 个月内在广东省科技业务管理阳光政务平台提出验收申请。专业机构在收到验收申请后的 15 个工作日内对材料的完整性、合规性进行审查，向项目承担单位反馈审查意见，并在同意申请后的半年内完成验收。

（2）项目结题验收组织方式。受委托的专业机构或项目主管部门一般采取会议（现场）验收和材料验收两种项目验收结题的组织方式。

1）会议（现场）验收。财政经费拨款 50 万元以上的项目应安排现场验收。一般来说，会议验收会组织专家听取汇报、审核材料、开展质询和现场考察。

100 万元以下的项目现场考察也可通过视频材料或远程视频会议的方式进行。会议验收一般需要 5 名或 5 名以上（单数）专家组成专家组（含 1 位财务专家）。

2）材料验收。财政经费拨款 50 万元（含）以下的项目应以审核验收材料为主。一般来说，验收结题专家组对项目承担单位的项目完成情况，通过书面材料审查等方式进行验收结题。专家不用进行会议集中讨论，也不组织现场答辩和实地考察。材料验收需要 3 名或 3 名以上（单数）专家对材料进行审核。其中 1 名担任专家组组长，负责汇总其他专家的验收意见，形成项目验收结题意见。

（3）申请验收结题材料。项目承担单位的项目申请验收结题须提交的材料一般包括：

1）项目验收结题申请书；

2）项目合同书复印件（盖章）；

3）项目立项文件复印件；

4）项目实施工作总结报告；

5）项目绩效自评材料；

6）审计报告或经费决算表。财政经费拨款 50 万元以下的由项目承担单位财务部门出具经费决算表；财政经费拨款 50 万元（含）至 100 万元的可由项目承担单位内审机构出具审计报告，无内审机构的应委托会计师事务所出具审计报告；财政经费拨款 100 万元（含）以上的由项目承担单位委托会计师事务所出具审计报告。对于分期拨款的项目，审计范围包括已拨付的财政资金和项目自筹资金，不含验收后拨付的剩余财政资金。项目承担单位应选取信用良好的会计师事务所进行财务审计，审计费用由承担单位从项目间接费用中列支。

7）相关成果及证明材料。其中包括技术指标、经济指标、知识产权等证明材料。

（4）验收结论。项目结题验收结论主要分为通过、不通过、结题三类。

1）项目承担单位能按期保质完成项目任务书确定的目标和任务，验收结论为通过。

2）项目承担单位因非不可抗拒因素而导致未能完成项目任务书确定的主要目标和任务，验收结论为不通过。项目承担单位提供的验收材料、数据存在弄虚作假或未按相关要求报批重大调整事项，按不通过验收处理。

3）项目承担单位因不可抗拒因素而导致未完成项目任务书确定的主要目标和任务，且财政经费使用合理，验收结论为结题。

（5）公示及剩余经费处理。

1）项目验收公示。除有保密要求外，已完成验收的项目应在阳光政务平台进行公示，公示内容包括项目编号、项目名称、承担单位、验收结果，公示期为5个工作日。项目验收信息公示如图 4-14 所示。

图 4-14　广东省科技厅阳光政务平台项目验收信息公示

2）验收结论异议处理。任何单位和个人对验收结论持有异议的，应在公示期内向专业机构提出复核申请。对于申请材料，单位应加盖公章，个人应采用实名。专业机构受理复核申请，必要时组织专家进行论证，在 30 个工作日内将复核情况及处理建议上报监督处，监督处在 15 个工作日内做出复核决定，并通知申请人。

3）上传验收意见。项目承担单位应在公示无异议后的 15 个工作日内在阳光政务平台上传验收意见，并按要求提交验收材料，经审核盖章返还后，由业务处室、专业机构、项目承担单位各自归档。

4）剩余经费处理。公示期满无异议后，相关单位应对项目结余经费进行处置：验收结论为"通过"的项目，结余经费按规定由项目承担单位统筹安排，用于后续科研活动的直接支出；验收结论为"结题"的项目，结余经费由省科技厅和省财政厅统一收回；验收结论为"不通过"的项目，有关部门应追回结余经费和违规使用的财政资金。

2. 项目终止

项目执行过程中若发现重大风险和问题，导致项目不能正常实施的，项目承担单位应主动申请项目终止结题，或项目业务管理部门可强制执行项目终止结题。根据《广东省科学技术厅关于省级科技计划项目结题管理实施细则（试行）》（粤科监审字〔2014〕121号）规定，凡出现以下情况之一的，项目应执行终止结题。

（1）项目承担单位应主动申请项目终止结题（主动终止结题）的情况。

1）组织验收结题不通过后无法完成项目整改任务或第二次组织验收结题仍不通过验收的；

2）因不可抗拒因素或现有水平和条件限制，致使项目不能继续实施或难以完成合同书任务和目标的；

3）因项目研究开发的关键技术已由他人公开、市场发生重大变化等，致使项目研究开发工作成为不必要的；

4）因项目负责人死亡、重大伤残、出国（境）、工作调动、违法犯罪等，导致项目无法进行的；

5）因知识产权不清晰，有严重知识产权纠纷或者侵权行为，经调解等方式无法解决问题，导致项目无法进行的；

6）项目承担单位对财政立项资助经费有异议，或发生重大经营困难、兼并重组等变故，不愿（不能）继续实施项目且愿意退回全部或部分财政资助经费的；

7）导致项目不能正常实施的其他原因。

项目承担单位主动申请终止结题的，应当提出书面申请，同时提交以下资料：项目终止结题申请书、项目合同书复印件（盖章）、项目立项文件复印件、项目实施工作总结报告、项目绩效信息表相关成果及证明材料（技术指标、经济指标、知识产权等）。

（2）省科技厅可执行项目终止结题（即被动终止结题）的情况。

1）项目承担单位未按《广东省科学技术厅关于省级科技计划项目合同书管理细则（试行）》规定的时间提交合同书电子文档或纸质合同书；或因提交的合同书与申报书内容产生重大差异等，未能通过省科技厅合同审核程序。

2）项目立项后，因项目承担单位而导致项目进度严重滞后，项目超过1年或项目实施周期过半仍完全或基本没有使用财政资金。

3）项目逾期 1 年，经催促仍拒不申请验收结题；或者在验收结题过程中存在消极推诿、弄虚作假等严重不当行为。

4）项目承担单位经核实已停止经营活动或注销。

5）项目承担单位或负责人在项目技术开发、经费使用、科研信用等方面出现重大违规违法行为，导致项目实施无法进行或面临重大风险。

6）项目承担单位应主动申请终止结题但故意拖延不办理，或者出于其他原因需要被动终止结题。

7）项目实施过程中出现严重违规违纪行为、严重科研不端行为，违反科研伦理，不按规定进行整改或者拒绝整改。

（3）项目终止的责任判定。

按照广东省科技厅的项目终止管理规定，省科技厅按照内部管理流程就终止结题建议组织专家或第三方评估机构进行评估论证，并由省科技厅会同省财政厅有关处室研究提出处理意见后，对拟执行被动终止结题的项目进行公示，公示信息包括项目基本情况、终止原因及处理意见等。经公示无异议的，省科技厅发出项目终止结题通知，并做出相应的处理。处理措施包括对项目承担单位、法人代表和项目负责人登记不良科技计划项目信用记录，并按规定取消其一定年限内申报省级科技计划项目的资格，不推荐其申报国家各类科技计划项目，发现有违法行为的，移交相关部门处理。对于被动终止结题的项目，由省科技厅会同省财政厅追缴全部或未使用的财政资金。

其中，属于以下情况的，可不追究参与单位的责任：

1）已按照合同约定完成本方承担的目标任务，且对财政资金使用合理合规的；

2）因项目承担单位过错，导致其无法参与项目实施，且愿主动缴回财政资金的；

3）在终止结题前，及时向项目承担单位主管部门、验收中介机构和省科技厅反映项目及项目承担单位的有关问题，积极配合终止结题工作，且自身没有明显过错和违法违规行为的；

4）其他合理合规情况。

4.2 政府资助项目评审流程与专家评审[25]

政府项目管理部门对项目申报书的评审一般可分为两阶段或三阶段，其中两阶段评审主要分为形式审查和通讯评议（或会议评审）两个环节，三阶段评审主要分为形式审查、通讯评议和会议评审三个环节。其中，通讯评议和会议评审均属于专家评审的组织形式。一般项目多采用两阶段评审，而重大项目多采用三阶段评审。

4.2.1　形式审查

在项目申报截止后，项目管理业务部门完成或委托专业机构完成对申请材料（标书、申请书）的初步审查（简称形式审查）。对于形式审查不合格的申请，项目管理部门将不予受理，申报项目不再进入第二阶段的专家评审环节，同时项目管理部门通过项目申报管理平台、短信、邮件等形式反馈审查结果。

1. 形式审查的重点内容

形式审查内容涉及多个方面，主要包括申请资格（申报单位及申报人）、申请书格式、申请书内容完整性、佐证材料完整性等方面。以下是一些关键要点。

（1）项目负责人是否符合申报要求。评估项目负责人是否具备履职尽责条件，是否有充足时间和精力投入项目研究，如在研的国家级、省级重大重点科研项目合计是否超过两项等。

（2）牵头单位是否符合申报要求。牵头单位是否符合申报通知与指南中明确的单位性质、资质等要求。

（3）申请项目是否满足申报通知与指南明确要求达到的其他条件，包括经费自筹比例要求、申报材料完整性及有效性、申报单位的资质要求等。

2. 形式审查不合格的常见原因

申请单位未达到申报指南中要求的单位性质、资质，或未提供对应证明材料，主要体现在以下八个方面。

（1）项目负责人或项目组成员能力不满足履职尽责条件。例如，项目申报要求项目负责人需具备副高以上职称，但企业所申报的项目负责人仅具备中级职称。

（2）申请人或主要参与者的职称信息不一致。申报书中填写出现错误，实际填写信息与所提供证明材料信息不一致。

（3）申请人或主要参与者未签名或签名与基本信息表中人员姓名不一致。

（4）申请书缺页或缺项，或缺少主要参与者简历。

（5）附件佐证材料问题。未按要求提供资质证书、证明、推荐信、承诺函等佐证材料。

（6）承担单位、依托单位或合作研究单位未盖公章、非原件或名称与公章不一致。

（7）项目重复申报，如同一项目申报多个不同类型项目、项目负责人申报同类别项目数量超出限制要求、项目负责人申请和在研项目超出限制等。

（8）申报书查重结果不符合要求。

出现上述问题的主要原因是申请人在撰写申报书时不够细心；或是申请人未仔细阅读项目申报指南而导致对项目申请材料撰写要求理解不够准确，单纯凭经验或道听途说写作；或是动手撰写申报书过晚，缺乏时间仔细检查；或是项目组成员在沟通和配合方面出现问题。

4.2.2 专家评审

1. 评审三要素

评审专家评审项目申报书主要看申报书的三个要素。

（1）申请项目内容本身。研究依据、研究意义、拟解决问题、项目创新性、技术路线等。

（2）申请人及项目研究团队的研究水平。承担单位资质、项目负责人及团队的相关研究成果、研究团队成员组成的合理性、相关工作基础、前期阶段性研究成果等。

（3）项目研究条件。依托单位是否为重点单位（如重点实验室等）、是否具有能够支撑项目研究的设备及模型等。

评审项目申报书主要关注的三个要素如图 4-15 所示。

图 4-15　评审专家评审项目申报书主要关注的三个要素

2. 专家评审的主要形式

（1）通信评审（网络评审）。对于形式审查通过的申请项目，根据申报书内容和有关评审要求，项目管理业务部门依照项目研究领域，从同行专家库中随机选择 3 ～ 5 名专家进行通信评审。为便于相互比较，对内容相近的项目申请，项目管理业务部门应尽量选择同一组专家评审。这些专家通常是对申请项目内容甚至申请人比较熟悉的"小同行"。

1）通信评审的主要内容。针对不同的项目类型，项目管理业务部门对评审专家在评议项目申报书时给出相应的评审要点和明确的评审标准。例如：

①评议申请项目的创新性，明确指出项目的科学意义、研究价值和创新之处。对申请项目的前沿性和探索性进行评述。

②对申请项目的研究内容、研究目标及拟解决的关键科学问题提出具体评议意见。

③对申请项目的整体研究方案（包括研究方法、技术路线等）和可行性进行综合评价。

④对前期工作基础、研究队伍组成和研究条件以及经费预算进行评价。应当考虑申请人承担过的基金项目的完成情况。

⑤注意发现和保护创新性强的项目，扶持学科交叉的项目。

2）通信评审不及格的主要原因。通信评审专家对项目申请材料给出的负面意见或不及格的原因如下。

①对本领域研究现状了解不清楚或欠全面，拟研究的科学问题或研究内容大部分是简单重复前人工作或项目组自身已有工作。

②拟选择研究的创新性科学问题不明确，未提炼出明确的关键科学问题。

③对拟开展的研究工作缺乏清晰连贯的科学构思或工作模型，逻辑不清，未准确地定位和分析拟解决的关键科学问题，只是简单地套用某些常规的研究手段。

④项目团队的前期阶段性研究成果不足。

⑤承担单位或项目研究团队资质或研究能力尚有欠缺。

⑥预期研究成果过高、过多，超出了申请人以往研究基础和项目组以往研究工作所表现的能力。

⑦申请书中出现过多错误。

（2）专家评审组会议评审。项目管理业务部门根据项目研究领域，从专家库中选取规定人数的专家组成会议评审专家组，对项目申请材料进行整理与分类后召开评审会议，向评审专家提供项目申请书、佐证材料附件等材料，介绍会议评审的基本流程、规定和要求，特别是拟资助项目额度。

会议评审专家组的学科覆盖面很广，每个专业仅有少数专家，这种评审方式就是俗称的"大同行"评审，部分专家对某些申请项目并不是很熟悉。不过由于评审会议时间有限，申请项目数量较多，评审会议可通过答辩评审、定向论证等形式协作专家评审。评审专家主要根据通信评审意见、主审专家（专家组组长）的介绍、申请项目的题目及摘要等信息做出判断。在广泛讨论的基础上，会议评审专家按照拟资助项目额度，对申请项目进行评分或判断并遴选出优质的项目。

3.专家评审流程

（1）评审方案制订。

项目管理业务部门会同项目评审专业机构制订项目评审方案，明确评审要求、评审标准、评审方式、专家组构成、专家抽取方式、评审计分规则等内容。具体包括以下内容。

1）评审组织可采取网络评审、答辩评审、定向论证等方式（或多种方式相结合）。评审内容包括项目技术可行性、预算合理性、技术就绪度、知识产权质量等。原则上，同一批次同一专题项目应采用相同的评审方式与程序。

2）专家组构成应明确技术专家、财务专家、管理专家、企业专家的比例，专家数量一般为大于3的单数。

3）技术就绪度评价、知识产权评价及技术先进性评价等专业化评审服务，应委托有条件的专业机构承担。

（2）专家抽取。

1）抽取准备。

政府项目管理部门通常在项目管理体系中建立专家库管理系统。专家抽取前，业务部门会同专业机构做好项目分组，并提出专家需求；如果采取通信评审（网络评审），业务部门还应提前配置好评审承诺函、专家须知、评审指标、评审时间、通知短信等内容。

以国家自然科学基金为例，基金委对通信评审专家的要求摘录如下：

×××专家：

您所收到的申请书，经过科学处初审，相关材料齐全，符合申请条件。您在评审中要认真阅读申请材料，根据相应项目类型的评议要点，独立、客观、公正地进行评审。评审意见要明确、具体、详细，理由充分。您的评审意见将不记名提供给专家评审组并反馈给申请人，若评审意见过于简单、空泛或草率，将被视为无效评审。

评审意见

（一）简述申请项目的主要研究内容和申请者提出的科学问题或假说。

（二）具体意见。

1. 申请项目的预期结果及其科学价值和意义；

2. 科学问题或假说是否明确，是否具有创新性；

3. 研究内容、研究方案及所采用的技术路线；

4. 申请人的研究能力和研究条件；

5. 其他意见或参考建议。

2）抽取专家与通知专家。

①抽取专家。组织专家评审前，项目管理业务部门按照项目申报指南要求和项目研究领域，在专家库管理系统随机抽取或指定委托技术、财务评审专家。对于某些项目，项目管理业务部门还会邀请省外高水平专家参加项目评审工作。评审专家应满足科研诚信记录良好、科研能力与技术水平先进等要求。一般而言，技术、财务评审专家通过政府项目管理系统随机抽取形成评审专家组，专家数量为大于 3 的单数，其中至少包含一名财务专家。评审专家实行回避制度和轮换机制，避免因利益相关或专家相对固定而影响评审的公平公正。

②通知专家。线上抽取专家后，项目管理业务部门通过短信、项目管理平台通知专家或根据需要进行电话确认，并及时做好补充抽取专家工作。

3）专家评审。

会议评审前，项目管理业务部门一般组织预备会，相关处室到会就政策文件、指南内容、评审规则、评审纪律等进行说明。评审专家须签订评审承诺函、专家须知等文件。会议评审主要流程一般包括项目团队答辩、专家质询、专家打分与出具专家意见等环节。

通信评审（网络评审）前，项目管理业务部门通过短信、项目管理平台向专家说明政策文件、指南内容、评审规则、评审时间、评审纪律等事宜。评审专家应在规定评审时间内对项目申报材料进行审阅、打分、出具意见,并向项目管理业务部门或项目管理系统提交反馈评审结果。

4)评审管理与监督。

专家评审一般由项目评审组织机构做好评审过程管理工作。采取通信评审(网络评审)的项目,组织机构需做好专家评审进度跟进、适时进行专家催评、补充抽取专家等工作;采取会议答辩评审的项目,组织机构需做好现场管理、后勤保障、疑问解答、录音录像等工作。

本章小结

从政府部门组织管理资助项目的角度,企业可以系统了解科技计划项目的一般组织管理流程、重要步骤、项目评审注意事项,有助于企业更好地掌握项目申报重要关键环节,提高项目申报效率,降低不必要的失误。本章主要介绍了政府资助项目从申报到结题验收的一般流程,重点分析了项目评审环节中的关键环节及注意事项。政府资助项目组织管理流程部分详细介绍了项目指南编制发布、项目申报与受理、项目评审与立项、项目启动与变更、项目结题与终止等一般项目管理环节的信息解读以及关键操作步骤。同时,项目评审是项目组织管理的重要环节,本章重点分析了项目评审中形式审查和专家评审的形式、一般组织流程、重点内容及评审不合格的常见原因。企业通过对这一部分内容的学习,能够系统了解政府资助项目的组织管理流程与关键事项,能够更加游刃有余地掌控政府资助项目申报的进度,以及能够更准确地把握项目申报材料填写的关键有效信息,从而提高项目申报与获取政府资助的成功率。

实操案例

高新技术企业认定

1.高新技术企业认定概述

(1)政策依据。包括:《高新技术企业认定管理办法》(国科发火〔2016〕32号,以下简称《认定办法》)、《高新技术企业认定管理工作指引》

（国科发火〔2016〕195 号，以下简称《工作指引》）。

（2）高新技术企业的范围。根据《认定办法》规定，高新技术企业（简称"高企"）是指在《国家重点支持的高新技术领域》内，持续进行研究开发与技术成果转化，形成企业核心自主知识产权，并以此为基础开展经营活动，在中国境内（不包括港、澳、台地区）注册的居民企业。

（3）高新技术企业认定原则。高新技术企业认定管理工作应遵循突出企业主体、鼓励技术创新、实施动态管理、坚持公平公正的原则。依照高新技术企业认定的有关规定所认定的高新技术企业即为国家需要重点扶持的高新技术企业。企业获得高新技术企业资格后，可依照有关规定申报享受税收优惠政策。企业可以到主管税务机关办理减税、免税手续，并自高新技术企业证书颁发之日所在年度起享受税收优惠。

（4）高新技术企业认定要点。根据《认定办法》和《工作指引》，高新技术企业在认定过程中主要包括八个技术领域、八个认定条件、八个认定流程、十二张表格。

2.高新技术企业的八个技术领域

高新技术企业认定的技术领域中，可以细分为 8 个领域、35 个二级目录、207 个三级目录，具体细分如下。

（1）电子信息技术。电子信息技术领域主要涵盖 8 个二级目录，56 个三级目录，具体如表 4-1 所示。

表 4-1　电子信息技术具体领域内容

序号	二级目录具体领域	三级目录具体领域
1	软件	1.系统软件 2.支撑软件 3.中间件软件 4.嵌入式软件 5.计算机辅助工程管理软件 6.中文及多语种处理软件 7.图形和图像软件 8.金融信息化软件 9.地理信息系统 10.电子商务软件 11.电子政务软件 12.企业管理软件
2	微电子技术	1.集成电路设计技术 2.集成电路产品设计技术 3.集成电路封装技术 4.集成电路测试技术 5.集成电路芯片制造技术 6.集成光电子器件技术
3	计算机及网络技术	1.计算机及终端技术 2.各类计算机外围设备技术 3.网络技术 4.空间信息获取及综合应用集成系统 5.面向行业及企业信息化的应用系统 6.传感器网络节点、软件和系统

（续）

序号	二级目录具体领域	三级目录具体领域
4	通信技术	1. 光传输技术 2. 小型接入设备技术 3. 无线接入技术 4. 移动通信系统的配套技术 5. 软交换和 VoIP 系统 6. 业务运营支撑管理系统 7. 电信网络增值业务应用系统
5	广播电视技术	1. 演播室设备技术 2. 交互信息处理系统 3. 信息保护系统 4. 数字地面电视技术 5. 地面无线数字广播电视技术 6. 专业音视频信息处理系统 7. 光发射、接收技术 8. 电台、电视台自动化技术 9. 网络运营综合管理系统 10. IPTV 技术 11. 高端个人媒体信息服务平台（采用 OEM 或 CKD 方式的集成生产项目除外）
6	新型电子元器件	1. 半导体发光技术 2. 片式和集成无源元件技术 3. 片式半导体器件技术 4. 中高档机电组件技术
7	信息安全技术	1. 安全测评类 2. 安全管理类 3. 安全应用类 4. 安全基础类 5. 网络安全类 6. 专用安全类
8	智能交通技术	1. 先进的交通管理和控制技术 2. 交通基础信息采集、处理设备及相关软件技术 3. 先进的公共交通管理设备和系统技术 4. 车载电子设备和系统技术

（2）生物与新医药技术。生物与新医药技术领域主要涵盖 7 个二级目录，45 个三级目录，具体如表 4-2 所示。

表 4-2　生物与新医药技术具体领域内容

序号	二级目录具体领域	三级目录具体领域
1	医药生物技术	1. 新型疫苗 2. 基因工程药物 3. 重大疾病的基因治疗 4. 单克隆抗体系列产品与检测试剂 5. 核酸类药物 6. 生物芯片 7. 生物技术加工的天然药物 8. 生物分离、装置、试剂及相关检测试剂 9. 新生物技术
2	中药、天然药物	1. 创新药物 2. 中药新品种的开发 3. 中药资源的可持续利用
3	化学药	1. 创新药物 2. 心脑血管疾病治疗药物 3. 抗肿瘤药物 4. 抗感染药物（包括抗细菌、抗真菌、抗原虫药等）5. 老年病治疗药物 6. 精神神经系统药物 7. 计划生育药物 8. 重大传染病治疗药物 9. 治疗代谢综合征的药物 10. 罕见病用药（Orphan Drugs）及诊断用药 11. 手性药物和重大工艺创新的药物及药物中间体
4	新剂型及制剂技术	1. 缓、控、速释制剂技术的固体、液体及复方 2. 靶向给药系统 3. 给药新技术及药物新剂型 4. 制剂新辅料
5	医疗仪器技术、设备与医学专用软件	1. 医学影像技术 2. 治疗、急救及康复技术 3. 电生理检测、监护技术 4. 医学检验技术 5. 医学专用网络环境下的软件
6	轻工和化工生物技术	1. 生物催化技术 2. 微生物发酵新技术 3. 新型、高效工业酶制剂 4. 天然产物有效成分的分离提取技术 5. 生物反应及分离技术 6. 功能性食品及生物技术在食品安全领域的应用

（续）

序号	二级目录具体领域	三级目录具体领域
7	现代农业技术	1. 农林植物优良新品种与优质高效安全生产技术 2. 畜禽水产优良新品种与健康养殖技术 3. 重大农林植物灾害与动物疫病防控技术 4. 农产品精深加工与现代储运 5. 现代农业装备与信息化技术 6. 水资源可持续利用与节水农业 7. 农业生物技术

（3）航空航天技术。航空航天技术领域主要涵盖 1 个二级目录和 5 个三级目录，具体如表 4-3 所示。

表 4-3　航空航天技术具体领域内容

序号	二级目录具体领域	三级目录具体领域
1	航空航天技术	1. 民用飞机技术 2. 空中管制系统 3. 新一代民用航空运行保障系统 4. 卫星通信应用系统 5. 卫星导航应用服务系统

（4）新材料技术。新材料技术领域主要涵盖 5 个二级目录，34 个三级目录，具体如表 4-4 所示。

表 4-4　新材料技术具体领域内容

序号	二级目录具体领域	三级目录具体领域
1	金属材料	1. 铝、镁、钛轻合金材料深加工技术 2. 高性能金属材料及特殊合金材料生产技术 3. 纳米粉体及粉末冶金新材料工艺技术 4. 低成本、高性能金属复合材料加工成型技术 5. 电子元器件用金属功能材料制造技术 6. 半导体材料生产技术 7. 低成本超导材料实用化技术 8. 特殊功能有色金属材料及应用技术 9. 高性能稀土功能材料及其应用技术 10. 金属及非金属材料先进制备、加工和成型技术
2	无机非金属材料	1. 高性能结构陶瓷强化增韧技术 2. 高性能功能陶瓷制造技术 3. 人工晶体生长技术 4. 功能玻璃制造技术 5. 节能与环保用新型无机非金属材料制造技术
3	高分子材料	1. 高性能高分子结构材料的制备技术 2. 新型高分子功能材料的制备及应用技术 3. 高分子材料的低成本、高性能化技术 4. 新型橡胶的合成技术及橡胶新材料 5. 新型纤维材料 6. 环境友好型高分子材料的制备技术及高分子材料的循环再利用技术 7. 高分子材料的加工应用技术
4	生物医用材料	1. 介入治疗器具材料 2. 心血管外科用新型生物材料及产品 3. 骨科内置物 4. 口腔材料 5. 组织工程用材料及产品 6. 载体材料、控释系统用材料 7. 专用手术器械及材料

（续）

序号	二级目录 具体领域	三级目录具体领域
5	精细化学品	1.电子化学品 2.新型催化剂技术 3.新型橡塑助剂技术 4.超细功能材料技术 5.功能精细化学品

（5）高技术服务业。高技术服务业领域主要涵盖1个二级目录，10个三级目录，具体如表4-5所示。

表4-5　高技术服务业具体领域内容

序号	二级目录 具体领域	三级目录具体领域
1	高技术服务业	1.共性技术 2.现代物流 3.集成电路 4.业务流程外包（BPO）5.文化创意产业支撑技术 6.公共服务 7.技术咨询服务 8.精密复杂模具设计 9.生物医药技术 10.工业设计

（6）新能源及节能技术。新能源及节能技术领域主要涵盖4个二级目录，19个三级目录，具体如表4-6所示。

表4-6　新能源及节能技术具体领域内容

序号	二级目录 具体领域	三级目录具体领域
1	可再生清洁能源技术	1.太阳能，其中包括太阳能热利用技术、太阳能光伏发电技术和太阳能热发电技术 2.风能，其中包括1.5MW以上风力发电技术和风电场配套技术 3.生物质能，其中包括生物质发电关键技术及发电原料预处理技术、生物质固体燃料致密加工成型技术、生物质固体燃料高效燃烧技术、生物质气化和液化技术、非粮生物液体燃料生产技术和大中型生物质能利用技术 4.地热能利用
2	核能及氢能	1.核能技术 2.氢能技术
3	新型高效能量转换与储存技术	1.新型动力电池（组）、高性能电池（组）2.燃料电池、热电转换技术
4	高效节能技术	1.钢铁企业低热值煤气发电技术 2.蓄热式燃烧技术 3.低温余热发电技术 4.废弃燃气发电技术 5.蒸汽余压、余热、余能回收利用技术 6.输配电系统优化技术 7.高泵热泵技术 8.蓄冷蓄热技术 9.能源系统管理、优化与控制技术 10.节能监测技术 11.节能量检测与节能效果确认技术

（7）资源与环境技术。资源与环境技术领域主要涵盖6个二级目录，24个三级目录，具体如表4-7所示。

表 4-7 资源与环境技术具体领域内容

序号	二级目录 具体领域	三级目录具体领域
1	水污染控制技术	1.城镇污水处理技术 2.工业废水处理技术 3.城市和工业节水以及废水资源化技术 4.水污染面源的控制技术 5.雨水、海水、苦咸水利用技术 6.饮用水安全保障技术
2	大气污染控制技术	1.煤燃烧污染防治技术 2.机动车排放控制技术 3.工业可挥发性有机污染物防治技术 4.局部环境空气质量提高与污染防治技术 5.其他重污染行业空气污染防治技术
3	固体废弃物的处理与综合利用技术	1.危险固体废弃物的处置技术 2.工业固体废弃物的资源综合利用技术 3.有机固体废弃物的处理和资源化技术
4	环境监测技术	1.在线连续自动监测技术 2.应急监测技术 3.生态环境监测技术
5	生态环境建设与保护技术	1.地下水污染防治技术 2.土壤污染修复技术 3.石漠化治理技术
6	清洁生产与循环经济技术	1.重点行业污染减排和"零排放"关键技术 2.污水和固体废弃物回收利用技术 3.清洁生产关键技术 4.绿色制造关键技术

（8）高新技术改造传统产业。高新技术改造传统产业主要涵盖 3 个二级目录，14 个三级目录，具体如表 4-8 所示。

表 4-8 高新技术改造传统产业具体领域内容

序号	二级目录 具体领域	三级目录具体领域
1	工业生产过程控制系统	1.现场总线及工业以太网技术 2.可编程序控制器（PLC）3.基于 PC 的控制系统 4.新一代的工业控制计算机
2	高性能、智能化仪器仪表	1.新型自动化仪表技术 2.面向行业的传感器技术 3.新型传感器技术 4.科学分析仪器、检测仪器技术 5.精确制造中的测控仪器技术
3	先进制造技术	1.先进制造系统及数控加工技术 2.机器人技术 3.激光加工技术 4.电力电子技术 5.纺织及轻工行业专用设备技术

以上八大领域就是企业能不能进行高新技术申报的关键所在，如果企业不是以上八个领域里面的，就无法申报高新技术企业。

3.高新技术企业的八个认定条件

根据《认定办法》规定，认定为高新技术企业须同时满足以下八个条件。

（1）企业申请认定时须注册成立一年以上。

（2）企业通过自主研发、受让、受赠、并购等方式，获得对其主要产品（服务）在技术上发挥核心支持作用的知识产权的所有权。

（3）对企业主要产品（服务）发挥核心支持作用的技术属于《国家重点支持的高新技术领域》规定的范围。

（4）企业从事研发和相关技术创新活动的科技人员占企业当年职工总数的比例不低于10%。

（5）企业近三个会计年度（实际经营期不满三年的按实际经营时间计算，下同）的研究开发费用总额占同期销售收入总额的比例符合如下要求：①最近一年销售收入小于5 000万元（含）的企业，比例不低于5%；②最近一年销售收入在5 000万元至2亿元（含）的企业，比例不低于4%；③最近一年销售收入在2亿元以上的企业，比例不低于3%。其中，企业在中国境内发生的研究开发费用总额占全部研究开发费用总额的比例不低于60%。

（6）近一年高新技术产品（服务）收入占企业同期总收入的比例不低于60%。

（7）企业创新能力评价应达到相应要求。

（8）企业申请认定前一年内未发生重大安全、重大质量事故或严重环境违法行为。

4.高新技术企业八个认定流程

高新技术企业认定流程如图4-16所示。

（1）发布通知。科技主管部门发布当年度高新技术企业认定通知。

（2）自我评价。企业应对照《认定办法》和《工作指引》进行自我评价。认为符合认定条件的，企业可向认定机构提出认定申请。

（3）注册登记。企业登录"高新技术企业认定管理工作网"（www.innocom.gov.cn），按要求填写《企业注册登记表》，并通过网络系统提交至认定机构。认定机构核对企业注册信息，在网络系统上确认激活后，企业可以开展后续申报工作。

（4）提交材料。企业登录"高新技术企业认定

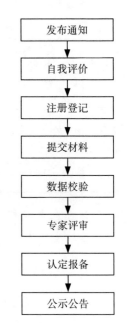

图4-16　高新技术企业
认定流程图

管理工作网"，按要求填写《高新技术企业认定申请书》，通过网络系统提交至认定机构，并向认定机构提交下列书面材料：

1）《高新技术企业认定申请书》（在线打印并签名、加盖企业公章）；

2）证明企业依法成立的《营业执照》等相关注册登记证件的复印件；

3）知识产权相关材料（知识产权证书及反映技术水平的证明材料、参与制定标准情况等）、科研项目立项证明（已验收或结题项目需附验收或结题报告）、科技成果转化（总体情况与转化形式、应用成效的逐项说明）、研究开发组织管理（总体情况与四项指标符合情况的具体说明）等相关材料；

4）企业高新技术产品（服务）的关键技术和技术指标的具体说明，相关的生产批文、认证认可和资质证书、产品质量检验报告等材料；

5）企业职工和科技人员情况说明材料，包括在职、兼职和临时聘用人员人数，人员学历结构，科技人员名单及其工作岗位等；

6）具有资质并符合《工作指引》相关条件的中介机构出具的企业近三个会计年度（实际年限不足三年的按实际经营年限计算，下同）研究开发费用、近一个会计年度高新技术产品（服务）收入专项审计或鉴证报告，并附研究开发活动说明材料；

7）具有资质的中介机构鉴证的企业近三个会计年度的财务会计报告（包括会计报表、会计报表附注和财务情况说明书）；

8）近三个会计年度企业所得税年度纳税申报表（包括主表及附表）。

涉密企业须将申请认定高新技术企业的申报材料做脱密处理，确保涉密信息安全。

（5）**数据校验**。各地市政府部门会对申报认定高新技术企业具体情况进行现场核查。

（6）**专家评审**。认定机构收到企业申请材料后，根据企业主营产品（服务）的核心技术所属技术领域在符合评审要求的专家中，随机抽取专家组成专家组，且每个企业的评审专家不少于5人（其中技术专家不少于60%，并至少有1名财务专家，一般情况下是3名技术专家、2名财务专家）。每名技术专家单独填写《高新技术企业认定技术专家评价表》，每名财务专家单独填写《高新技术企业认定财务专家评价表》（附件4），专家组长汇总各位专家分数，按分数平均值填写《高新技术企业认定专家组综合评价表》。具备条件的地区可进行网络评审。

（7）认定报备。认定机构结合专家组评审意见，对申请企业申报材料进行综合审查（可视情况对部分企业进行实地核查），提出认定意见，确定认定高新技术企业名单，报全国高新技术企业认定管理工作领导小组办公室（简称"领导小组办公室"）备案，报送时间不得晚于每年 11 月底。

（8）公示公告。经认定报备的企业名单，由领导小组办公室在"高新技术企业认定管理工作网"公示 10 个工作日。无异议的，领导小组办公室予以备案，认定时间以公示时间为准，核发证书编号，并在"高新技术企业认定管理工作网"上公告企业名单，由认定机构向企业颁发统一印制的"高新技术企业证书"(加盖认定机构科技、财政、税务部门公章)；有异议的，提出异议的有关人员须以书面形式实名向领导小组办公室提出，由认定机构核实处理。领导小组办公室对报备企业可进行随机抽查，对存在问题的企业交由认定机构核实情况并提出处理建议。

5. 高新技术企业申请享受税收政策

自认定当年起，企业可持"高新技术企业"证书及其复印件，按照《中华人民共和国企业所得税法》《中华人民共和国企业所得税法实施条例》《中华人民共和国税收征收管理法》（以下称《税收征管法》)、《中华人民共和国税收征收管理法实施细则》(以下称《实施细则》)、《认定办法》和《工作指引》等有关规定，到主管税务机关办理相关手续，享受税收优惠。

未取得高新技术企业资格或不符合《中华人民共和国企业所得税法》《中华人民共和国企业所得税法实施条例》《税收征管法》《实施细则》《认定办法》等有关规定条件的企业，不得享受高新技术企业税收优惠。

高新技术企业资格期满当年内，在通过重新认定前，其企业所得税暂按 15% 的税率预缴，在年度汇算清缴前未取得高新技术企业资格的，应按规定补缴税款。

6. 高新技术企业的信息变更

（1）更名及重大变化事项。高新技术企业发生名称变更或与认定条件有关的重大变化（如分立、合并、重组以及经营业务发生变化等），应在发生之日起三个月内向认定机构报告，在"高新技术企业认定管理工作网"上提交《高新技术企业名称变更申请表》，并将打印出的《高新技术企业名称变更申请表》与相关证明材料上报认定机构，由认定机构负责审核企业是否仍符合高新技术企业条件。

企业仅发生名称变更，不涉及重大变化，符合高新技术企业认定条件的，由认定机构在本地区公示 10 个工作日，无异议的，由认定机构重新核发认定证书，编号与有效期不变，并在"高新技术企业认定管理工作网"上公告；有异议的或有重大变化的（无论名称变更与否），由认定机构按高新技术企业认定条件（即《认定办法》第十一条内容）进行核实处理，不符合认定条件的，自更名或条件变化年度起取消其高新技术企业资格，并在"高新技术企业认定管理工作网"上公告。

（2）异地搬迁。跨认定机构管理区域整体迁移的高新技术企业，在其高新技术企业资格有效期内完成迁移的，其资格继续有效；跨认定机构管理区域部分搬迁的，由迁入地认定机构按照本办法重新认定。根据《认定办法》第十八条内容，高新技术企业的整体迁移是指符合《中华人民共和国公司登记管理条例》第二十九条所述情况。

1）跨认定机构管理区域整体迁移的高新技术企业须向迁入地认定机构提交有效期内的《高新技术企业证书》及迁入地工商等登记管理机关核发的完成迁入的相关证明材料。

2）完成整体迁移的，其高新技术企业资格和《高新技术企业证书》继续有效，编号与有效期不变，由迁入地认定机构给企业出具证明材料，并在"高新技术企业认定管理工作网"上公告。

中华人民共和国公司登记管理条例（2016 修订）

第二十九条　公司变更住所的，应当在迁入新住所前申请变更登记，并提交新住所使用证明。

公司变更住所跨公司登记机关辖区的，应当在迁入新住所前向迁入地公司登记机关申请变更登记；迁入地公司登记机关受理的，由原公司登记机关将公司登记档案移送迁入地公司登记机关。

---

7. 高新技术企业的监督管理与资格取消

（1）企业年报。企业获得高新技术企业资格后，在其资格有效期内应每年 5 月底前通过"高新技术企业认定管理工作网"，报送上一年度知识产权、科技人员、研发费用、经营收入等年度发展情况报表。在同一高新技术企业资格有效期内，企业累计两年未按规定时限报送年度发展情况报表的，由认定机构取消其高新技术企业资格，在"高新技术企业认定管理工作网"上公告。认定机构应提醒、督促企业及时填报年度发展情况报表，并协助企业处理填报过程中的相关问题。

（2）复核。对已认定的高新技术企业，有关部门在日常管理过程中发现其不符合认定条件的，应以书面形式提请认定机构复核。复核后确认不符合认定条件的，由认定机构取消其高新技术企业资格，并通知税务机关追缴其不符合认定条件年度起已享受的税收优惠。

（3）高新技术企业资格取消。有以下三种行为之一的企业，自行为发生之日所属年度起取消其高新技术企业资格，并在"高新技术企业认定管理工作网"上公告：

1）在申请认定过程中存在严重弄虚作假行为的；

2）发生重大安全、重大质量事故或有严重环境违法行为的；

3）未按期报告与认定条件有关重大变化情况，或累计两年未填报年度发展情况报表的。

认定机构应依据有关部门根据相关法律法规出具的意见对"重大安全、重大质量事故或有严重环境违法行为"进行判定处理。已认定的高新技术企业，无论出于何种原因被取消高新技术企业资格，当年不得再次申请高新技术企业认定。对被取消高新技术企业资格的企业，由认定机构通知税务机关按《税收征管法》及有关规定，追缴其自发生上述行为之日所属年度起已享受的高新技术企业税收优惠。

8. 研究开发活动确认与研究开发费用归集

（1）企业研究开发活动确定。

1）企业研究开发活动概念。

研究开发活动是指，为获得科学与技术（不包括社会科学、艺术或人文学）新知识，创造性运用科学技术新知识，或实质性改进技术、产品（服务）、工艺而持续进行的具有明确目标的活动。不包括企业对产品（服务）的常规性升级或对某项科研成果直接应用等活动（直接采用新的材料、装置、产品、服务、工艺或知识）。

企业应按照研究开发活动的定义填写《高新技术企业认定申请书》中的 "4.企业研究开发活动情况表"。

2）判断依据和方法。

①行业标准判断法。若国家有关部门、全国（世界）性行业协会等具备相应资质的机构提供了测定科技 "新知识" "创造性运用科学技术新知识" 或 "具有实质性改进的技术、产品（服务）、工艺" 等技术参数（标准），企业则优先按此参数（标准）来判断企业所进行项目是否为研究开发活动。

②专家判断法。如果企业所在行业中没有发布公认的研究开发活动测度标准，企业则通过本行业专家进行判断。获得新知识、创造性运用新知识以及技术的实质性改进，应当是被同行业专家认可的、有价值的创新成果，对本地区相关行业的技术进步具有推动作用。

③目标或结果判定法。在采用行业标准判断法和专家判断法不易判断企业是否发生了研究开发活动时，企业可以本方法作为辅助来重点了解研究开发活动的目的、创新性、投入资源（预算），以及是否取得了最终成果或中间成果（如专利等知识产权或其他形式的科技成果）。

（2）研究开发费用归集。

企业的研究开发费用是以单个研发活动为基本单位分别进行测度并加总计算的。企业应对直接研究开发活动和可以计入的间接研究开发活动所发生的费用进行归集，并填写《高新技术企业认定申请书》中的 "企业年度研究开发费用结构明细表"。企业应正确归集研究开发费用，由具有资质并符合《工作指引》相关条件的中介机构进行专项审计或鉴证。

1）企业研究开发费用的核算。

企业应按照 "企业年度研究开发费用结构明细表" 设置高新技术企业认定专用研究开发费用辅助核算账目，提供相关凭证及明细表，并按《工作指引》要求进行核算。

2）研究开发费用的归集范围。

①人员人工费用。此项费用包括企业科技人员的工资薪金、基本养老保险费、基本医疗保险费、失业保险费、工伤保险费、生育保险费和住房公积金，以及外聘科技人员的劳务费用。

②直接投入费用。直接投入费用是指企业为实施研究开发活动而实际

发生的相关支出。此项费用具体包括直接消耗的材料、燃料和动力费用；用于中间试验和产品试制的模具、工艺装备开发及制造费，不构成固定资产的样品、样机及一般测试手段购置费，试制产品的检验费；用于研究开发活动的仪器、设备的运行维护、调整、检验、检测、维修等费用；用于研究开发活动并以经营租赁方式租入的固定资产租赁费。

③折旧费用与长期待摊费用。折旧费用是指用于研究开发活动的仪器、设备和在用建筑物的折旧费。长期待摊费用是指研究开发设施的改建、改装、装修和修理过程中发生的长期待摊费用。

④无形资产摊销费用。无形资产摊销费用是指用于研究开发活动的软件、知识产权、非专利技术（专有技术、许可证、设计和计算方法等）的摊销费用。

⑤设计费用。设计费用是指为新产品和新工艺进行构思、开发和制造，进行工序、技术规范、规程制定、操作特性方面的设计等发生的费用。此项费用包括为获得创新性、创意性、突破性产品进行的创意设计活动发生的相关费用。

⑥装备调试费用与试验费用。装备调试费用是指工装准备过程中的研究开发活动所发生的费用，包括研制特殊、专用的生产机器，改变生产和质量控制程序，或制定新方法及标准等活动所发生的费用。此外，为大规模批量化和商业化生产所进行的常规性工装准备和工业工程发生的费用不能计入归集范围。试验费用包括新药研制的临床试验费、勘探开发技术的现场试验费、田间试验费等。

⑦委托外部研究开发费用。委托外部研究开发费用是指企业委托境内外其他机构或个人进行研究开发活动所发生的费用（研究开发活动成果为委托方企业拥有，且与该企业的主要经营业务紧密相关）。委托外部研究开发费用的实际发生额应按照独立交易原则确定，按照实际发生额的80%计入委托方研究开发费用总额。

⑧其他费用。其他费用是指上述费用之外与研究开发活动直接相关的其他费用，包括技术图书资料费、资料翻译费、专家咨询费、高新科技研究开发保险费，研究开发成果的检索、论证、评审、鉴定、验收费用，知识产权的申请费、注册费、代理费，会议费、差旅费、通信费等。此项费用一般不得超过研究开发总费用的20%，另有规定的除外。

3）企业在中国境内发生的研究开发费用。

企业在中国境内发生的研究开发费用，是指企业内部研究开发活动实际支出的全部费用与委托境内其他机构或个人进行的研究开发活动所支出的费用之和，不包括委托境外机构或个人完成的研究开发活动所发生的费用。受托研究开发的境外机构是指依照外国和地区法律成立的企业和其他取得收入的组织；受托研究开发的境外个人是指外籍个人。

9. 高新技术企业指标评价

（1）评价方法。

高新技术企业的创新能力主要从知识产权、科技成果转化能力、研究开发组织管理水平、企业成长性等四项指标进行评价。各项指标均按整数打分，满分为 100 分，综合得分达到 70 分以上（不含 70 分）为符合认定要求。认定条件及要求详见表 4-9。

表 4-9　高新技术企业认定条件及要求一览表

序号	指标	评分	性质
1	产品（服务）属于《国家重点支持的高新技术领域》规定的范围	一票否决	定性
2	科技研发人员占比：10%		定量
3	近三个会计年度的研究开发费用总额占销售收入总额的比例（上年度销售 5 000 万 ~ 20 000 万：5%/4%/3%）		定性 + 定量
4	高新技术产品（服务）收入占企业当年总收入的 60% 以上		定性 + 定量
5	核心技术拥有自主知识产权（30 分）	一票否决（70 分以下，不含 70 分）	定性
	科技成果转化能力（30 分）		定性
	企业研究开发组织管理水平（20 分）		定性
	销售与净资产成长性（10 分 +10 分）		定量

（2）指标计算与赋值说明。

1）知识产权（30 分）。由技术专家对企业申报的知识产权是否符合《认定办法》和《工作指引》要求，进行定性与定量相结合的评价，具体指标详见表 4-10。

表 4-10　高新技术企业认定知识产权相关评价指标

序号	知识产权相关评价指标	分值（分）
1	技术的先进程度	≤ 8

（续）

序号	知识产权相关评价指标	分值（分）
2	对主要产品（服务）在技术上发挥核心支持作用	≤8
3	知识产权数量	≤8
4	知识产权获得方式	≤6
5	企业参与编制国家标准、行业标准、检测方法、技术规范的情况（作为附加分，最多加2分，但总分不得超过30分）	≤2

2）科技成果转化能力（30分）。依照《中华人民共和国促进科技成果转化法》，科技成果是指通过科学研究与技术开发所产生的具有实用价值的成果（专利、版权、集成电路布图设计等）。科技成果转化是指为提高生产力水平而对科技成果进行的后续试验、开发、应用、推广直至形成新产品、新工艺、新材料，发展新产业等活动。

科技成果转化形式包括：自行投资实施转化；向他人转让该技术成果；许可他人使用该科技成果；以该科技成果作为合作条件，与他人共同实施转化；以该科技成果作价投资、折算股份或者出资比例；其他协商确定的方式。

技术专家根据企业科技成果转化总体情况和近三年内科技成果转化的年平均数进行综合评价。同一科技成果分别在国内外转化的，或转化为多个产品、服务、工艺、样品、样机等的，只计为一项。具体指标详见表4-11。

表4-11　高新技术企业认定科技成果转化能力相关评价指标

科技成果转化能力相关评价指标	分值（分）
转化能力强，≥5项	25～30
转化能力较强，≥4项	19～24
转化能力一般，≥3项	13～18
转化能力较弱，≥2项	7～12
转化能力弱，≥1项	1～6
转化能力无，0项	0

3）研究开发组织管理水平（20分）。技术专家根据企业研究开发与技术创新组织管理的总体情况，结合以下四项评价指标，进行综合打分。具体指标详见表4-12。

表4-12　高新技术企业认定研究开发组织管理水平相关评价指标

序号	知识产权相关评价指标	分值（分）
1	制定了企业研究开发的组织管理制度，建立了研发投入核算体系，编制了研究开发费用辅助账	≤6

（续）

序号	知识产权相关评价指标	分值（分）
2	设立了内部科学技术研究开发机构并具备相应的科研条件，与国内外研究开发机构开展多种形式的产学研合作	≤6
3	建立了科技成果转化的组织实施与激励奖励制度，建立了开放式的创新创业平台	≤4
4	建立了科技人员的培养进修、职工技能培训、优秀人才引进，以及人才绩效评价奖励制度	≤4

4）企业成长性（20分）。由财务专家选取企业净资产增长率、销售收入增长率等指标对企业成长性进行评价。企业实际经营期不满三年的，按实际经营时间计算。具体计算方法如下。

$$净资产增长率 = \frac{1}{2} \times \left(\frac{第二年年末净资产}{第一年年末净资产} + \frac{第三年年末净资产}{第二年年末净资产} \right) - 1 ^{\ominus}$$

$$销售收入增长率 = \frac{1}{2} \times \left(\frac{第二年销售收入}{第一年销售收入} + \frac{第三年销售收入}{第二年销售收入} \right) - 1$$

企业净资产增长率或销售收入增长率为负的，按0分计算。第一年年末净资产或销售收入为0的，按后两年计算；第二年年末净资产或销售收入为0的，按0分计算。以上两个指标分别对照表4-13评价档次（A，B，C，D，E，F）得出分值，两项得分相加后可计算出企业成长性指标综合得分。具体指标详见表4-13。

表4-13　高新技术企业认定企业成长性相关评价指标

成长性得分	指标赋值	分　数					
		≥35%	≥25%	≥15%	≥5%	>0	≤0
≤20分	净资产增长率赋值≤10分	A	B	C	D	E	F
	销售收入增长率赋值≤10分	9～10分	7～8分	5～6分	3～4分	1～2分	0分

资料来源：

1.《科技部　财政部　国家税务总局关于修订印发〈高新技术企业认定管理办法〉的通知》（国科发火〔2016〕32号）。

2.《科技部　财政部　国家税务总局关于修订印发〈高新技术企业认定管理工作指引〉的通知》（国科发火〔2016〕195号）。

⊖　净资产 = 资产总额 − 负债总额；资产总额、负债总额应以具有资质的中介机构鉴证的企业会计报表期末数为准。

第 5 章
如何撰写项目申报材料

开篇
导语

烽火海洋网络设备有限公司申报的项目成功立项

烽火海洋网络设备有限公司牵头申报的广东省重点领域研发计划"超长跨距大容量海洋光传输系统研究与应用示范"项目，经专家组质询与讨论，获得成功立项。该项目针对面向超长跨距海洋网的应用场景开展研究，提出信息量较大化调制编码、高增益放大与光传输链路设计等关键技术，立足于自主研发的核心光电子器件和自主研制适用于海洋网的光传输设备，预期通过超长跨距大容量海洋光传输关键理论与技术研究、超长跨距大容量海洋光传输系统设备研制以及超长跨距大容量海洋光传输网络工程应用示范三个方面，解决目前海洋网建设面临的"光纤信道的单跨传输距离与容量提升"重大科学问题。该项目提出将采用自主研发的核心芯片、器件实现超长单跨距光传输系统容量不低于10Tb/s的突破，以填补国内超长跨距大容量海洋光传输系统应用的空白。同时，该项目还将通过在广东等沿海区域建设海洋网络应用示范工程，提升广东省在海洋通信网络的整体能力，从而进一步支撑我国"海洋强国"国家战略的实施，引领新一代海洋通信网络的发展。对于企业而言，如何申报政府资助项目并让项目成功立项是一件值得重视的事。本章着重分析项目申报书的构成、申报表及可行性报告撰写技巧、专家评审规则与要点等，为企业申报政府资助项目提供参考。

5.1　项目申报材料的构成

政府资助项目申报材料一般包括项目申报表、项目可行性报告和附件材料。该部分以广东省科技计划项目为例，对项目申报表、项目可行性报告和附件材料进行详细拆解分析。

5.1.1　项目申报表

项目申报表是概述申请项目基本情况的书面材料，由项目主管单位根据项目实际设定，项目申请单位应按照广东省科技厅通知的要求具体填写。目前，广东省科技计划项目一般通过在线形式申请，项目申报表一般通过线上系统展现，项目申请单位通过线上填报即可。项目申报表的特点有三个：一是要求明确，对具体填写的内容基本都有明确的要求；二是信息齐全，涵盖所有信息，包括基本信息、项目申报内容等；三是篇幅有限，各个模块基本都有字数要求，不能超出规定的字数限制。

5.1.2　项目可行性报告

项目可行性报告又称可研报告、可行性分析报告，是一种格式比较固定的、用于向各级政府部门进行项目立项申报的商务文书，主要用来阐述项目在各个层面上的可行性与必要性，对于项目审核通过、获取资金支持、理清项目方向、规划抗风险策略都有着相当重要的作用。以广东省科技计划项目可行性报告为例，其是在科研项目计划的前期，通过全面的调查研究，分析论证某项科研项目切实可行而提出的一种书面材料。项目可行性报告的专业性强，其质量直接影响该科技计划项目的立项与否。[26] 广东省科技计划项目可行性报告编写提纲如图 5-1 所示。

附 2　可行性报告

　　注意： 内容凡是涉及 "申报人姓名""参与人姓名""申报人所在单位名称""参与人所在单位名称" 的，分别以 "申报人""参与人""申报单位""参与单位" 代替。多个参与人与参与单位的名称，以 "参与人 1""参与单位 1""参与人 2""参与单位 2" 等代替。

图 5-1　广东省科技计划项目可行性报告编写提纲

一、立项背景（限500字）

二、项目实施方案（限2500字）

（一）主要内容；

（二）解决的关键问题；

（三）建设指标及实施绩效；

（四）计划进度安排；

（五）合作机制及任务分工；

（六）经费预算合理性评估（采购设备清单、人员费用预算评估、调研计划支出预算等）。

三、前期工作基础（限500字）

（一）获得国家和省科技计划等支持情况；

（二）取得的阶段性研究成果；

（三）与项目相关的知识产权情况（所有单位）。

图 5-1 （续）

5.1.3 附件材料

附件材料一般包括申报单位上年度资产负债表、上年度损益表（收入支出表）及企业营业执照等。不同技术领域的专题要求也不同，申报单位应根据项目申报指南、项目申报系统的要求，准备相关材料，并以附件形式上传。广东省科技计划项目的附件材料在上传系统的过程中对文件的数量多少、文件大小、文件格式等都有具体的要求。下面以2020年粤港澳联合创新领域附件列表要求为例予以说明。

重要提示

1. 需按照本专题指南附件2《××专题证明材料清单》要求上传材料。材料不齐的项目不能进入评审环节，原则上不再另行通知申报单位补齐材料。

2. 材料要求原件扫描上传，并确保清晰可见。

附件添加操作说明

1. 单击"增加新附件"按钮进行附件添加。

2. 单击"上移"或"下移"按钮进行附件排列调整。

---

3. 单击"删除"按钮进行附件删除。

4. 附件名称栏为上传附件的补充说明。例如上传合作协议，且分开多个附件上传时，输入"合作协议 1""合作协议 2"；若仅为一个文件，可直接输入"合作协议"。

5. 附件限传 20 个以内；上传文件大小不能超过 3M，若文件超大，建议分几部分上传；允许上传文件类型：JPG，PDF。

6. 请联系单位科研管理员在"单位信息维护"中更新"上年度资产负债表、上年度损益表（收入支出表）"附件。

7. 申报单位需对申报材料真实性负责，并提供申报材料真实性承诺函。点击下载"申报材料真实性承诺函参考模板"。

8. 必须上传项目参与各方就合作项目签订合作协议。

9. 内地企业作为牵头单位或参与单位申报本专题，须提供自筹经费，并上传自筹经费承诺函。点击下载"自筹经费承诺函模板"。建议上传上一年度审计报告原件。

10. 申报本专题必须上传项目负责人职称或博士学位证明。

11. 申报本专题必须上传项目负责人在职证明或劳动合同。

5.2 项目申报表撰写技巧

项目申报表是审评专家评判企业申报项目是否符合要求的唯一资料，因此申报表的质量成为项目申请过程中至关重要的环节。简单来说，一个好的项目申请应该是"写出来要让人家能欣赏"，而不是"写出来的项目让人家看不懂"。企业在申报高水平、高级别项目的过程中要做到求新、求奇、设立有限目标、有所为有所不为。具体来说，项目申报表要体现信息准确、表达精练、具备闪光点的特点。企业应以"创新"和"效益"为核心，凝练项目攻关目标，围绕创新点制定研究内容，设定先进、可及的技术指标。同时，企业申请经费预算要具体，申请依据要合理，人、财、物要有保障，要以事实为依据，用佐证材料和数据说话。

5.2.1 项目基本信息表

项目基本信息表是反映项目申报单位基本状况和信息的表格，企业在填写过程中应该确保信息要"思路清晰、一脉相承",应具体做到"选对专题、起好题目、精写摘要、凝练关键词、明确领域和成果形式、写好说明"。

1. 选对专题

项目专题资金类别决定受理处室、评审分组,是申请材料形式审查重点之一。当前,广东省科技计划项目在增加新的申请书时,便会确定专题资金类别、业务类型、专题批次和名称,这就要求项目申报单位在填写项目申报书时,一定要选对所填写的项目申报书,其他政府部门的项目在申请时,还存在填写指南编码或者项目编号的情况,因此,项目申报单位一定要按《×××项目申请书》要求归类填写,定位要准确,避免在一开始的时候就出现乌龙。

2. 起好题目

作为项目对外的一个标识和门面,项目名称是非常重要的,一个好的项目名称能给项目起到锦上添花的作用。概括起来,项目名称应准确、简洁、有特色,突出创新特点,能简明扼要地反映项目主要目标,能高度概括出项目的主要研发内容,还要符合项目申报指南。因此,项目负责人要充分理解项目申报指南,在仔细研究该申报计划的历年公示名单,结合公司业务领域和拟开展的科研项目计划后再综合确定申报的项目名称。项目负责人要避免题目太大太虚,与研究内容不相匹配,还要避免使用华丽、空泛、有歧义的词语,例如高级、新型、环保、先进等。项目负责人要尽可能地使用科普语言,兼顾专家认知和管理人员的兴趣,并使语言尽量简洁精炼。

在具体的编写形式上,本书建议采取"最主要创新点+成果形式(项目目标)",例如:名优花卉产业化核心技术集成+示范与推广;重盐碱地生物改良技术+示范与推广;乌龙茶产业关键技术+优化升级与示范推广。

3. 精写摘要

项目摘要是评审专家看到的有关项目的最初说明。在评审过程中,评审专家把摘要作为整个申请文件的指南,他们对摘要的印象非常关键。一个有说服力且激动人心的摘要会吸引评审专家的注意力和兴趣。另外,评审专家要在较短的时间内对很多项目申请书做出评判,而企业在项目摘要部分所写的简短、准确、令人印象深刻的话语会使企业的申请脱颖而出。具体来说,摘要是展现申请项目特色的地方，是对整个项目精髓的提炼，是项目申请书的核心。摘要的撰写要做到字斟句酌，在有限的空间内言简意赅地表述整个申请书的精华。

摘要是项目申请书的第一部分，也是最简短的部分，很多项目申请书中的研究内容摘要都有限 200 字内的要求，特别值得提醒的一点是，这 200 字包含空格和标点符号。摘要部分要让评审专家在最短的时间内清晰知道项目核心的 5 个方面要素：该选题的必要性和创新性如何；该课题的科学问题和科学假说是什么；核心研究内容有哪些；预期研究结果和目的如何；拟开展的工作将产生什么样的科学意义和应用前景。因此，摘要最基本的特征就是准确反映项目中最重要的元素，简明扼要地描述项目目的、意义和主要创新点，以最简洁的语言描述项目简介，能够让评审专家在第一时间就能够清楚、明白项目研究的主要内容。一份精炼简明、条理清晰、结构严谨的摘要，一般来说都会通过以下 4 个步骤来回应项目最核心的 5 个方面要素，具体如表 5-1 所示。

表 5-1　摘要撰写的 4 个步骤及其注意方向

序号	具体步骤	注意方向	文字篇幅占摘要的比例
1	科学问题及其重要性的陈述	开门见山地找出研究现状中存在的问题与不足，指出本课题关注的科学问题，并适当说明所研究的问题在该研究领域中的重要性	1/5
2	科学假说的论证与提出	用最简洁的语言介绍一定的研究背景和前期研究的新发现，提出课题的科学假说	1/5
3	验证科学假说的核心研究内容及其目的	明确陈述从哪几个方面进行研究以验证假说，核心的研究内容有哪些，这些研究内容预期要达到的研究目的，应尽量详细撰写，还要清晰地展现出研究思路	2/5
4	拟开展的工作预期取得的研究成果及其科学意义	陈述将会产生的相应产出，说明拟开展的工作将对企业所在的研究领域发展的潜在影响。注意不要谈与工作不相关的问题，着重指出工作中显著的、富有创新性或独特性的科学意义	1/5

4. 凝练关键词

摘要与题目的一致性是通过关键词的重复来实现的。因此，关键词的科学提炼非常重要，而且企业也要仔细把握和斟酌关键词与题目、摘要之间的关系。企业在凝练关键词时，应让关键词出现在题目和摘要中。一般来说，摘要的第一句话与项目主题关系紧密。题名是为了吊起评审专家的胃口，评审专家期望从摘要中更多地了解题名的内容。因此，企业应该尽量在摘要中提供更多精确的内容，以满足评审专家的期望，让题目中的关键词出现在摘要中。否则，摘要会给人感觉背景太长且失去简洁性。此外，企业还应该注意，如果题目中的关键词没有出现在摘要中，那说明题目中的关键词并不重要，如果是这样，申请者应当把它从题目中删除，以增加题目的简洁性。如果题目中的关键词确实非常重要，又确实没有出现在摘要中，这时申请者就应该在摘要中补充有关这个关键词的内容。由此可见，题目、摘要、关键词三者之间存在相互嵌合的关系，申请者应慎重考虑，决不能随意为之。

5.明确领域和成果形式

企业要结合前文中摘要的主要研究内容，合理选择项目研究阶段、技术来源、研究活动类型、技术领域、行业领域和学科。对应指标及具体内容如表 5-2 所示。

表 5-2　项目领域一览表

序号	指标	具体内容
1	项目研究阶段	前期研究、小试、中试、产业化
2	技术来源	自有技术，引进技术本单位消化创新，省内高校、省内科研机构、省内其他单位、省外高校、省外科研机构、省外其他单位、港澳台技术、国外技术
3	研究活动类型	应用研究、实验发展、研究与实验发展成果应用、科技服务、生产性活动
4	技术领域	计算机与软件技术、网络通信与多媒体技术、电子设备及元器件、LED技术、先进制造、高端装备、新材料、新能源汽车、新能源、节能环保、生物医药与医疗器械、临床医学、疾病防治、人口健康、农业技术、海洋技术、公共安全、现代服务业、财务、金融、经济、管理、软科学（科技政策法规类）、国际合作管理、法律
5	行业领域	农林牧渔业，采矿业，制造业，电力、热力、燃气及水生产和供应业，建筑业，批发和零售业，交通运输、仓储和邮政业，住宿和餐饮业，信息传输、软件和信息技术服务业，金融业，房地产业，租赁和商务服务业，科学研究和技术服务业，水利、环境和公共设施管理业，居民服务、修理和其他服务业，教育，卫生和社会工作，文化、体育和娱乐业，公共管理、社会保障和社会组织，国际组织
6	学科	数理综合处、化学综合处、生命综合处、地球综合处、工材综合处、信息综合处、管理综合处、医学部综合处

除此之外，企业在项目申请书填写过程中，应结合项目预期完成目标，选择预期成果形式，值得注意的是，预期成果形式与后续项目实施绩效中选择和填写的内容应保持一致。

6. 写好说明

对于项目已受财政资金资助情况中的"简要说明"和"其他需要说明的问题",有些企业在填写申报书时为了减少工作量,直接在这两栏内填写"无"。虽然这两栏内的内容填写有明确的字数限制,但确实是企业重申申请项目资金必要性和重要性的好机会。企业可以进一步说明项目的创新性和立项的必要性,这有助于评审专家在短时间内加深对项目的认知度,增加项目立项的可行性。包含以上相关内容的界面如图 5-2 所示。

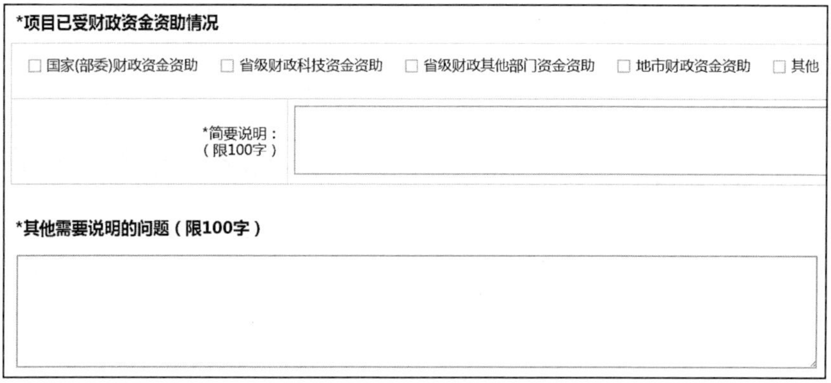

图 5-2　项目已受财政资金资助情况和其他需要说明的问题

5.2.2　项目内容

项目内容主要负责阐述清楚项目立项的背景和意义、研发内容和关键技术,论述清楚国内外相关研究情况概述及结论,说明具体的组织实施方式和保障措施,评估好项目风向,并且对项目前期工作基础、项目实施绩效、项目计划进度等进行具体的论述。项目内容应具体做到"利于发展、凝练重点、精准对标、综述条件、严控风险、基础可靠、指标量化、进度合理"。

1. 利于发展

项目背景和意义一般由技术背景、市场背景、项目必要性等内容构成,其中,申报项目技术的国内外发展现状是项目背景的重要组成部分,企业需要进行重点描述,突出现有技术存在的不足以及未来发展趋势,对项目产品和国内外竞争产品进行对比分析,突出国内外市场存在的差距,阐明产业链上下游发展对项目产品的需求情况，强调项目立项的必要性和重要性。企业在该部分还应该突出项目对科技、经济和社会发展的作用，尤其要写明项目对本地区发展的作用与意义。

2. 凝练重点

研究内容和关键技术部分包括主要研究内容、拟解决的关键问题及技术路线、创新点三个方面。该部分内容可以说是项目申报书的重中之重，也是篇幅最大的部分。由于涵盖的内容相对较多，所以申报者在填写该部分内容的时候，最好能够列出提纲，分自然段进行编写。如果申报者直接在系统中填写，不易分段、分节，则申报者可以先行下载 Word 版本的申报书模板，进行试填写之后再填写项目申报系统。

提纲模板可参考以下内容。

---

1. 主要研究内容

重点研究 ×××

2. 拟解决的关键问题及技术路线

主要采取 ×× 方式，重点解决如下三个问题：一是 ××；二是 ××；三是 ××

3. 创新点

重点写明项目的创新性、先进性和独特性

主要研究内容：详细论述项目各个组成部分的内容或功能以及技术实现的方法，要逐条列出研究开发内容，但不是工作流水账，应注意提炼要重点攻关解决的共性技术、关键性技术。

拟解决的关键问题及技术路线：对于项目关键技术，尤其要重视项目关键技术的提炼和阐释，写出技术的高精尖和创新之处，如提供知识产权等支撑材料则更能体现项目技术的先进性。

创新点：要突出独创性，明确提出项目创新点，突出具有自主知识产权的独创性技术。主要创新点与研究开发内容要相互呼应。有条件的企业可以在附件清单中附上科技查新报告。

3. 精准对标

国内外相关研究情况概述及结论部分的作用是说明申报项目目前在国内外

研究中所处的位置。企业编写时要围绕着创新点来取舍国内外同类研究的浩瀚资料，归纳梳理并引述具有权威性的参考文献。同时，项目研究国内外竞争情况及产业化前景的目的主要是对竞争对手的同类研究进行分析，并与行业先进水平进行主要技术、经济指标比较。企业最好提供重要数据的出处。

4. 综述条件

评审专家较为重视项目实施的人员、设备、场地、技术积累等方面的成熟度情况，因此企业可以从团队条件、设备设施条件、技术条件、市场条件等多个方面进行组织实施方式和保障措施的论述。具体来说，团队条件部分，企业可着重写出企业研发人员的比例、专业领域和技术背景，详细介绍项目负责人和技术骨干的技术实力；设备设施部分，企业可列明企业已经购置和即将采购的与所申报项目直接相关的研发设备、生产设备、测试仪器的名称、型号、数量和性能等，阐明研发和生产基础坚实；技术条件部分，企业可从企业承担的项目、内部立项情况来说明单位的技术积累情况和行业水平，再结合已获得的知识产权、荣誉证书、认证证书等情况，说明企业在技术方面的雄厚实力；市场条件部分，企业可从企业市场开拓情况、销售渠道、市场业绩等方面阐明项目产品的市场渠道的畅通水平，确保项目成果转化的可行性。

5. 严控风险

项目风险主要包括政策风险、技术风险、资金风险、市场风险、人员风险等，采用定性和定量相结合的方法进行深入分析，继而提出有针对性的、可实现的控制策略，使评审专家相信即使项目存在一定的风险也是可控的。

6. 基础可靠

对于现有研究开发基础和已具备的条件，企业要写明已有的、前期的科研基础和承担项目任务已具备的人、财、物支撑条件，包括技术负责人的业务资历、技术经验与背景、科研团队的组成与素质、单位的财务状况、试验场所、设备、仪器等，最好能提供佐证材料，如阶段成果鉴定证书、样品检测报告以及用户试用报告等，这也是项目立项评审依据重点之一。

7. 指标量化

项目的关键指标应反映项目特征（创新点），要突出反映因经过创新而提升的对比指标，以此体现项目的先进性。合同指标应该逐条列出，涵盖主要研究内容。项目指标应该尽可能是量化的、可考核的、可检测的指标或功能。对于项目立项，技术和经济指标将成为项目合同标的内容，企业应实事求是地慎重填写，并明确项目成果提供形式。相关项目成果指标见表5-3。

表 5-3 项目成果指标一览表

（七）项目实施绩效（单位：项数）

1. 主要成果指标

成果形式	成果数量		成果形式		成果数量
专利发明	申请		引进人才（人）		
	授权		培养人才（人）		
实用新型专利	申请		科技人才奖励（人）		
	授权		技术标准制定	牵头（个）	
外观设计专利	申请			参与（个）	
	授权		科技报告（篇）		
国际专利	PCT 受理		软件著作权（项）		
	授权		论文论著（篇）		
获得国家级奖项（项）			被收录论义数（篇）	SCI	
获得省级奖项（项）				EI	
新服务（项）				ISIP	
新产品（或新材料、新装备、新品种）			新工艺（或新方法、新模式、新技术）		
创新载体项目必填	技术服务数量				
	服务企业数量				
院士工作站项目必填	引进院士及其团队科技成果转化数量				
	院士开展的战略咨询和技术指导次数				
	院士年进站次数				
	院士及院士团队年进站时间				
科技金融项目必填	开展培训宣讲活动场次（次）				
	服务企业数量（家）				
	帮助企业融资（万元）				
	引进专业机构（家）				
软科学项目必填	决策参考报告（份）				
其他将提供的研究开发成果及形式（创新特色、成果宣传推介措施等）					

2. 本项目完成后预计经济效益情况

累计新增产值（万元）	

（续）

累计新增利税（万元）	
累计新增出口创汇（万美元）	
累计新增销售值（万元）	
3. 本项目完成后预计社会效益情况	
4. 其他主要技术经济指标及社会效益说明	

8. 进度合理

项目实施期一般不超过 3 年，可分年度（或半年度或分阶段）进行考核验收。项目的每一个阶段都以它的某种可交付成果的完成为标志。阶段目标应是总目标的分解，阶段目标要与研究内容相对应。

5.2.3 经费信息表

经费支出预算是立项合同的重要部分，也是财务审计工作的检查依据，企业要严格遵循科技经费列支范围。项目经费包括直接费用和间接费用两个部分，项目承担单位可按照本单位科研规律和项目特点，参照国家和省的有关规定，研究制定符合本单位科研活动实际的各类费用支出标准。其中直接费用是指在项目研究过程中发生的与之直接相关的费用，具体包括如下若干项费用。

1. 设备费

在项目研究过程中购置或试制专用仪器设备，对现有仪器设备进行升级改造，以及租赁外单位仪器设备而发生的费用。

2. 材料费

在项目研究过程中消耗的各种原材料、辅助材料、低值易耗品的采购、运输、装卸、整理以及回收处理费用。

3. 测试化验加工费

在项目研究过程中支付给外单位或依托单位内部检测机构的检验、测试、化验及加工费用，非独立核算的内部检测机构应按规定明确检测费用标准。

4. 燃料动力费

在项目研究过程中相关大型仪器设备、专用科学装置运行发生的可以单独计量的水、电、气、燃料消耗费用。

5. 差旅费、会议费、国际合作交流费

在项目研究过程中开展科学实验、科学考察、业务调研、学术交流、业务培训所发生的外埠差旅费、市内交通费用；组织开展学术研讨、咨询以及协调项目研究工作而发生的会议费用；项目研究人员出国、外国专家来华；项目研究人员赴港澳台、港澳台专家来内地工作以及开展学术交流的费用。本科目预算不超过直接费用 10% 的，不需要提供预算测算依据，可统筹使用。

6. 出版、文献、信息传播、知识产权事务费

在项目研究过程中，需要支付的出版费、资料费、专用软件购买费、文献检索费、专业通信费、专利申请及其他知识产权事务费用。

7. 劳务费

在项目研究过程中支付给参与项目研究的承担单位编制外研究生、博士后、访问学者、项目聘用的研究人员和科研辅助人员的劳务费用。项目聘用人员的劳务费开支标准，参照当地科学研究和技术服务业从业人员平均工资水平，根据其在项目研究中承担的工作任务确定，其社会保险补助纳入劳务费科目列支。劳务费预算不单设比例限制，由项目承担单位和科研人员据实编制。项目聘用的研究人员和科研辅助人员依法与项目承担单位签订合同（协议）。参与项目研究并与项目承担单位签订劳动合同的编制外人员的工资性支出在劳务费中列支，不具备签订合同或协议条件的人员可按规定提供相关佐证材料。

8. 人员费

项目承担单位属科研事业单位的，可从直接费用中开支参与项目研究的在编人员工资性支出，用于补足财政补助标准与本单位实际发放水平之间的差额，并纳入单位工资总额限额管理。对全职承担省重点领域研发计划的团队负责人（领衔科学家、首席科学家、技术总师、型号总师、总指挥、总负责人）以及引进的高端人才，可实行年薪制管理。年薪所需经费在项目经费中单独核定，在本单位绩效工资总量中单列，并相应地增加单位当年绩效工资总量。

9. 专家咨询费

在项目研究过程中支付给临时聘请的咨询专家的费用。专家咨询费不得支付给参与项目管理的相关工作人员。

10. 直接费用中的其他支出

项目研究过程中发生的除上述费用之外的其他支出以及不可预见支出，项目承担单位在申请预算时应单独列示、单独核定。

其中，项目承担单位需要明确的是劳务费和人员费列支应结合相关人员参与项目的全时工作时间等因素来合理确定。对于团队负责人、高端人才的年薪，项目承担单位应在项目申报时向项目主管部门确定人员名单和年薪标准，实行一项一策、清单式管理，并报省科技厅、人力资源和社会保障厅、财政厅备案。项目承担单位应按照实事求是、精简高效、厉行节约的原则，合理确定差旅、会议、国际合作交流费、专家咨询费的开支范围、标准等，并简化相关手续。

间接费用是指项目承担单位在组织实施项目过程中发生的无法直接列支的相关费用，主要用于补偿项目承担单位为了项目研究而提供的现有仪器设备及房屋，水、电、气、暖消耗，有关提高科研管理、服务能力等费用，以及绩效支出。项目承担单位在统筹安排间接费用时，应合理分摊间接成本以及对科研及相关人员的绩效支出。绩效支出安排应与科研人员在项目工作中的实际贡献挂钩，适当向一线科研人员倾斜。绩效支出不单设比例限制，纳入单位奖励性绩效单列管理，不计入单位绩效工资总量调控基数。项目承担单位从省重点领域研发计划项目间接费用中提取的绩效支出，应向承担任务的中青年科研骨干倾斜。

间接费用按照不超过项目直接费用扣除设备购置费后的一定比例核定，与项目承担单位信用等级挂钩，并实行总额控制。具体比例如下（间接费用比例应根据国家最新政策做出相应调整）。

（1）科技研究类项目。500 万元及以下的部分为不超过 20%；500 万元至 1 000 万元的部分为不超过 15%；1 000 万元以上的部分为不超过 13%。

（2）试验设备依赖程度低和实验材料耗费少的基础研究、软件开发、集成电路设计、科研咨询、科技服务、软科学研究、智库等智力密集型项目。500 万元以下的部分为不超过 30%；500 万元至 1 000 万元的部分为不超过 25%；1 000 万元以上的部分为不超过 20%。对数学等纯理论基础研究项目，项目承担单位可进一步根据实际情况适当调整间接费用比例。

间接费用由项目承担单位统筹管理使用，并向创新绩效突出的团队和个人倾斜。项目承担单位应在充分征求意见的基础上研究制定间接费用管理办法，合规合理地使用间接费用，并建立间接费用开支台账，进行单独核算。科研项目由多个单位承担的，间接费用在总额范围内由牵头单位与参与单位协商分配。项目承担单位不得在核定的间接费用以外再以任何名义在项目资金中重复提取、列支相关费用。

5.2.4 项目组人员情况

1. 项目负责人

项目负责人和项目组成员求精不求多。在广东省科技计划项目中，项目负责人最多可以添加三人。如果有可能，三名项目负责人之间最好能够相互配合，有所侧重。项目负责人的部分信息添加内容见图 5-3。

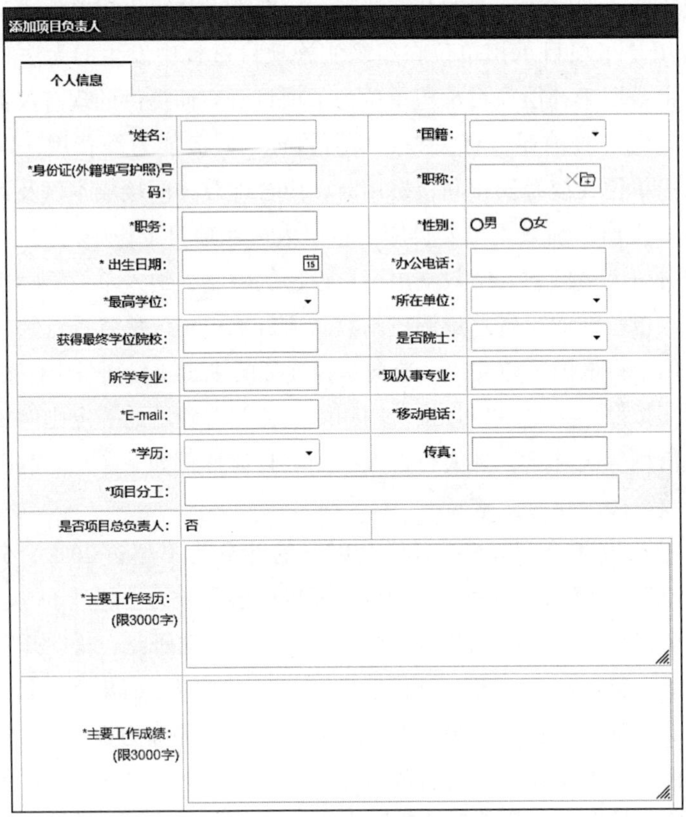

添加项目负责人

个人信息

*姓名：		*国籍：	
*身份证(外籍填写护照)号码：		*职称：	
*职务：		*性别：	○男 ○女
* 出生日期：		*办公电话：	
*最高学位：		*所在单位：	
获得最终学位院校：		是否院士：	
所学专业：		*现从事专业：	
*E-mail：		*移动电话：	
*学历：		传真：	
*项目分工：			
是否项目总负责人：	否		
*主要工作经历：(限3000字)			
*主要工作成绩：(限3000字)			

图 5-3　添加项目负责人

2. 项目主要参与人员

项目主要参与人员的专业学科、年龄结构、专职兼职要搭配互补、协调合理，并保证一定的工作时间。企业可以展现项目整体研发团队的人员结构和专业能力，使评审专家有理由相信申报单位的团队有能力完成申报项目。纸质申请材料必须经项目组成员本人签字或盖章。主要参与人员的部分信息添加内容见图 5-4。

图 5-4　添加主要参与人员

5.2.5　申报项目的附件清单

附件材料不是可有可无的，附件有佐证创新性、说明前期研究进展、证明准入资质等作用，也是专家和管理者评审的重要依据。因此，项目负责人应该将本项目所需要的附件与自己准备好的材料一一核对，填写每一类附件数量，方便评审专家核对和查阅。切勿出现佐证材料不能相互印证甚至相互矛盾的情况。特别值得提醒的两点如下。

1. 附件类型和附件名称的编写

附件类型主要包括组织机构代码证或统一社会信用代码证，合作协议，企业营业执照，上年度资产负债表，高新技术企业证书，科学技术成果鉴定证书，专利证书，各类获奖证书，列入国家计划文件或证书，环保证明，用户意见，单位法人证书，上年度利润表，检测报告，查新证明，新药证书，通信电力入网证，生物新品种、农产品、农药登记证，特殊产品生产许可证，企业各出资方意见，实验动物使用需求情况表，申报材料真实性承诺函，项目关键技术进展表，项目技术指标表，合作协议，自筹经费承诺函，项目负责人职称证明。项目申报者需要按照申报指南要求上传附件，在编写附件名称的时候最好要清晰明确，例如上传各类获奖证书时，项目申报者不要将其直接命名为各类获奖证书，而是要在标题中直接列明是什么奖项，这样便于评审专家在最短的时间内获取最多的信息。

2. 上传附件要求

阳光政务平台内一般项目附件上传数量限制为 20 个；上传文件大小不能超过 3M，若文件过大，建议分几部分上传；该平台允许上传文件类型为 JPEG 和 PDF 格式。项目申报单位最好提前根据需要按要求准备好附件材料。

5.3 可行性报告撰写

项目可行性报告是一种格式比较固定的、用于向各级政府部门进行项目立项申报的商务文书。该报告主要用来阐述项目在各个层面上的可行性与必要性，对于项目审核通过、获取资金支持、理清项目方向、规划抗风险策略都有着相当重要的作用。

5.3.1 可行性报告撰写要求

1. 报告要求匿名编写

为推行双向匿名评审，保证评审工作的公平、公正，广东省科技计划项目的《可行性报告》内容中要求凡是涉及"申报人姓名""参与人姓名""申报人所在单位名称""参与人所在单位名称"的，分别以"申报人""参与人""申报单位""参与单位"代替。多个参与人与参与单位的名称，以"参与人 1""参与单位 1""参与人 2""参与单位 2"等代替。凡涉及可推测出"申报人姓名""参与人姓名""申报人所在单位名称""参与人所在单位名称"的缩写，也需要分别以"申报人""参与人""申报单位""参与单位"代替或用 × × × 替代须匿名的字段。

2. 报告有字数限制

为了能够使项目申报者有所侧重地在一定篇幅内阐明项目基本情况，报告一般都会对各部分的内容有字数和篇幅的限制。根据以往的经验，可行性报告的字数限制比起项目申报书来说会宽松一点，因此，即使项目申报者为了完整地表述出项目的意图而导致报告稍微超出限制字数要求的情况发生，只要不是特别突出，就不会给项目申报带来影响。从某种角度来说，可行性报告可以说是项目申报书的扩充版，因此，写好可行性报告对于凝练出项目申报书来说必不可少。

3. 注意排版美化

文字排版是可行性报告的外在表现，规范、整齐的文字排版和清晰明了的目录有利于专家快速找到报告的内容。一般来说，政府部门提供的项目可行性报告模板只是给出了框架，并没有限定具体的排版格式，这就要求项目申报者在排版报告时尽量追求整洁和美观。值得一提的是，项目可行性报告中的关键字眼、段落或者数据可以采用黑体加粗、字体变色、加下划线等方式，便于评审专家第一时间就能够被带入到可行性报告中去，并且有助于其快速抓住项目的关键。此外，虽然项目可行性报告没有要求项目申报者拟定目录，但是由于可行性报告多数在 20 ～ 30 页之间，内容相对较多，因此结合框架内容生成目录的方法也更有利于评审专家快速找到相关内容。

此外，为了控制文件大小和乱码情况的产生，一般系统中要求上传可行性报告的 PDF 版本，本书提醒项目申报者一定要上传非加密的 PDF 格式文件，以免因文件无法打开而造成不必要的麻烦，当然有特殊要求的项目可行性报告除外。

5.3.2　可行性报告撰写技巧

可行性研究的成果文件就是可行性报告，一般包括项目研究内容与技术方案、项目前期工作基础、项目组织实施方案、项目实施绩效等。政府部门和评审专家会对申请单位提供的项目可行性报告进行多角度评估和打分，最后根据排名的高低确定资助入围单位名单。编制可行性报告是一项政策性、技术性都很强的综合性咨询服务，因此，申请单位分析并提炼撰写编制技巧和要点，提高可行性报告的质量，是提高科研项目申报通过率的关键。

1. 明确可行性报告框架

广东省科技计划项目可行性报告提纲框架如下所示。

> 一、项目研究内容与技术方案
> （一）立项背景意义
> （二）主要研究内容
> （三）国内外相关研究情况概述及结论
> （四）项目拟解决的关键问题与技术路线
> （五）项目研究内容的创新性
> 二、项目前期工作基础
> （一）申报单位及参与单位现有基础条件与设施
> （二）申报单位及参与单位已有的前期研究基础和成果（需要列举具体知识产权和研究成果清单）
> （三）项目负责人创新水平及科研能力（包括近三年主要研究成果）
> （四）研究团队构成（包括合作方负责人近三年主要研究成果）
> （五）近三年直接获得国家、省、市科技部门资助的相关项目情况
> 三、项目组织实施方案
> （一）项目计划进度安排与任务分工（含时间节点及合作各方任务分工）
> （二）项目组织实施方式（含项目组织方式与保障措施）
> （三）经费预算合理性评估（含采购设备清单、人员费用预算评估、调研计划支出预算等）
> （四）项目风险分析及应对措施（包括技术方案、组织实施方案、知识产权归属可能遇到的各类风险）
> 四、项目实施绩效
> （一）预期科技成果
> （二）预期培养或引进人才情况
> （三）预期社会经济效益

2. 做好可行性报告编制准备

（1）全面搜集资料。全面、准确了解和掌握可行性报告的资料数据是基本要求，主要资料数据有国家和地方的经济和社会发展规划、行业部门的发展规划、相关规范、标准、定额、市场信息资料、技术资料等。部分资料可通过中国知网、政府网站、行业协会网站、研究机构网站、国家统计局网站等渠道获得，技术资料、市场资料、财务资料则必须和技术、市场、财务等部门充分沟通获得。

（2）善于利用政策语言和行业用语。申请单位在可行性报告的编写过程中要善于利用科技创新政策语言和行业用语阐述项目内容，仔细研究项目申报指南，领会指南精神，确定所申报的项目符合当年申报指南，根据指南精神和要求来撰写项目内容。申请单位要尽可能使用行业用语描述项目，这样容易获得评审专家的认可。然而，由于目前有些项目是大同行评审，申请单位在使用行业专业用语的同时也要尽量地采用科普化的行业用语，以便更多的专家了解项目研究方向和内容。

（3）善于利用数字。对于项目的经济指标、技术性能指标、市场状况、市场容量、竞争对比、财务分析的数据分析，申请单位一定要善用量化的数字，尽量避免使用"一定的""较多""可能"等模糊的字眼，以免引起评审专家反感和对报告专业性的质疑。

（4）善于利用图表。相对于大篇幅的文字材料来说，图表在一定程度上能够让评审专家更加直观地看到项目申报者的数据，能够比文字更简洁地描述出项目申报者想要表达的内容。同时，项目申报者可以通过图表很好地将一些事物中隐藏的关系进行关联，使得评审专家能够发现众多数据中的关系，而不仅仅只是看到一堆杂乱无章的数字。图表的使用还能够让可行性报告的内容更加严谨，使得数据可信度更高。可行性报告中可能会涉及技术路线图、工艺路线图、投资规划表、设备方案表、成本分析表、损益分析表、现金流量分析表等图表。申请单位要善于利用图表，这样会给可行性报告增添色彩，提高可行性报告的专业度和可读性，同时也便于评审专家清晰了解项目技术路线。

（5）报告逻辑清晰。一份好的可行性研究报告必须逻辑清晰、层次分明。完整的可行性报告由不同的部分或模块组成，每个模板之间都是具有逻辑关系的，是前后呼应的，申请单位在撰写时要注意形成提出问题、分析问题、解决问题的思路。

（6）分工负责撰写报告。可行性报告是一份综合性报告，技术、市场、财务等人员各自负责板块的一部分。科研管理人员要把控报告编制的总体进度并进行报告的整合、优化和排版，这样可以发挥各业务部门的专业特长，最大化地提升可行性报告的专业度。相对于专人编制的可行性报告，采取分工合作方式形成的报告整体质量会更高，但整合优化的难度相对来说也会更大，申请单位要避免形成每个部分单拎出来都很完整，组合在一起却不合适的情况。

（7）邀请专业人士把关。项目评审流程的核心是同行评议，同行评议是"由科学系统中的同行专家组成的群体根据一定的标准，对提交的申请项目进行评议"。在可行性报告提交申报系统之前，申请单位可以邀请行业专家、之前参加过评审的专家等资深专业人士帮忙把关指导，尽管他们可能不是本次专项的评审专家，但他们可以站在专家的角度对可行性报告的立意高度、可行性、技术热点、先进性与创新性等方面进行专业指导。这么做可以避免出现一些申报领域不符合、框架不完整、预算不符合申报指南等原则性问题。

3. 可行性报告各模块编写技巧

（1）项目研究内容与技术方案。该部分是可行性报告的首要部分，主要是阐明项目立项背景意义、主要研究内容、国内外相关研究情况概述及结论、项目拟解决的关键问题与技术路线、项目研究内容的创新性等五个部分。在撰写时，申报单位的立项依据需要符合国家、省市发展纲要或产业政策的要求。

1）项目立项背景意义。该部分从根本上来说需要项目申报者回答为什么要立这个项目，这个项目为什么要研究，研究它有什么价值。项目申报者可以先从现实需要方面去论述，指出现实当中存在这个问题，需要去研究解决，阐述研究有什么实际价值，然后撰写课题的理论和学术价值。以上内容要写得具体和有针对性，要避免"宏大"、空洞、不着边际、泛泛而谈。在撰写项目立项背景意义时，项目申报者一定要结合所申报专题的项目申报指南的要求，同时关注最新的专项主管部门的政策导向，一般来说，项目申报指南中所列明的条件或要求蕴含了项目立项的背景和意义。

2）主要研究内容。该部分则需要项目申报者回答项目主要是做什么的。项目申报者在编制该部分时，首先要根据企业的实际情况，思考要做什么，能做什么，同时去思考界定所需要做的事情范围，范围大小为多少是合适的。在能够清晰地回答上述问题之后，项目申报者便可以围绕这一思路深入解读申报指南，深入查阅相关文献、核心文章和发明专利，并结合前期工作，总结、归纳、提炼出主要研究内容。一般来说，项目申报者在撰写该部分时可以重点介绍主要涉及的方向、技术以及具体采用的方法等，同时可以从整体到局部，分层次阐述预期目标。

3）国内外相关研究情况概述及结论。该部分则需要项目申报者回答这个项目其他人做得怎么样。该部分的重点是介绍"国内外研究现状和发展趋势"，特别是要分析出技术差距和企业申报立项的意义。同时，这也是非常有智慧的一部分，目的是通过对国内外现状及趋势的分析，让评审专家了解申报团队所在申报技术领域的行业地位，技术水平和对业务需求的了解程度。该部分隐含说明了申报团队在专业技术领域的综合感知能力，对行业发展的判断能力，对技术先进性、前瞻性的把控能力，对产品应用的掌控能力。项目申报者要在实事求是的基础上突出团队的技术优势和行业地位，为后期队伍建制、技术选择、研究目标和内容打下伏笔和铺垫。

4）项目拟解决的关键问题与技术路线。项目拟解决的关键问题与技术路线是整个材料最重要的部分之一。该部分主要需要项目申报者回答项目立项后我该怎么做。项目申报者在撰写拟解决的关键问题时应仔细分析在申报项目实施过程中的潜在技术问题、研究过程中对预期目标有重要影响的因素、为达预期目标所必须掌握的关键技术或研究手段等。申报者的表述应条理清晰，分点罗列。该部分由于涉及拟解决的关键问题和技术路径，因此在论述上须详尽且严谨，必须对整个项目进行逻辑严密的顶层设计，建造合理的体系架构，展现清晰明确的实施思路，突出课题中的关键技术和课题间的关联目标。对于技术路线图，申报者则最好能将解决的问题、方式方法、时间步骤等清晰列出。

5）项目研究内容的创新性。项目研究内容和创新之处是项目申报书的重点，也是评审专家评分的重要依据。该部分主要需要项目申报者明确项目要做什么，与他人项目有何不同。项目研究内容部分的撰写应采用最简洁的语言凝练出研究包括哪些具体内容，每部分研究要达到什么效果。各部分内容一般紧密联系，相互构成完整的统一整体。需要注意的是，创新点应具有必要性和可行性，不可为创新而创新。同时，创新点不宜过多，一般为 2～4 点，创新点过多会失去真实性，且评审专家更有可能认为该申报项目实施难度太高，无法顺利推行项目落地。另外，创新点既要切合实际，又要有所发挥，措辞严谨，语气肯定，需指出申报项目在国内外技术研发与应用研究中的先进性和创新性，突出理论意义和现实意义。

（2）项目前期工作基础。该部分属于可行性报告的重要内容，也是彰显项目申报者实力的环节，需尽可能进行详细分析，可以从申报单位研究积累、技术实力、项目负责人创新水平及科研能力、研究团队组成、已取得的阶段性成果、技术研发活动必备的设备等方面进行阐述，如获得国家和省科技计划等支持情况，取得的阶段性研究成果及以往科技成果转化情况，与项目相关的知识产权情况，已发表的与项目相关的主要论文、专著情况等。

1）申报单位及参与单位现有基础条件与设施。基础条件是证明申报单位具备承担项目的能力，保障措施是提供延续的可能。所以，该部分要重点说明项目申报单位及合作单位完成该项目已经具备哪些基础条件，比如实验平台和大型仪器设备、基础数据资料等。如果拥有国家（重点）实验室、国家工程（技术）中心、国家重大科研基础设施（含大型仪器设备）等，申报单位一定要注明具体的数量和影响。同时，此部分还可以列明通过项目研究还需要增加哪些新的关键设施。

2）申报单位及参与单位已有的前期研究基础和成果。这里是指项目承担单位在相关研究方面的工作基础和取得的代表性研究成果。成果可以是专利、论文以及获得政府部门立项的相应科技计划项目。该部分需要列举具体知识产权和研究成果清单。由于已经在国内外现状和趋势分析的表中做了铺垫，所以该部分要前后呼应出团队的行业地位、工作基础和研究成果，要淋漓尽致地展示团队的技术优势。

3）项目负责人的创新水平及科研能力。项目负责人是项目能否顺利推进的灵魂，其创新水平及科研能力直接决定了项目的完成程度。因此，项目申报者需要将项目负责人近三年主要研究成果，尤其是与所申报项目相关的研究成果按照相关度进行综述。在项目申报书撰写技巧中，本书提到过，在广东省科技计划项目中，项目负责人最多可以添加三人，因此三名负责人之间最好能够相互配合，有所侧重。当然，项目负责人简介要突出所在申报项目领域的科研水平和科研成果，在突出项目和课题负责人学术能力的同时，要展现项目负责人的组织能力、管理能力和资源调动能力。

4）研究团队构成。研发人员是研发过程中最重要的因素，高层次、高素质、高学历的研究团队更加能够保证完成高技术、高质量、高规格的项目。该部分可通过展现项目研究团队的人员结构和专业素质，彰显申报单位的研究团队实力，增加评委专家的认可度。团队成员会涉及每个可行性报告，内容主要包括单位及团队的组成和合作基础；项目主要骨干成员简历及代表性成果，包括论文、政府部门已立项的科技项目和知识产权。值得一提的是，研究团队职能必须全面合理，设计指导者、主要操作者和必要的辅助人员缺一不可，而且团队成员之间分工必须明确，工作互不重复。研究团队的组成结构要形成合理梯队，包括职称结构、年龄结构和知识结构等。该部分在突出参与单位技术优势的同时，可以强调团队的优势互补，从产学研用一体化研发链条去描述团队建设，也可以结合实际业务特点描述团队组建优势。

5）近三年直接获得国家、省、市科技部门资助的相关项目情况。企业要罗列出获得国家、省、市科技部门资助的项目情况，特别是要写出项目和课题承担单位的 973 计划、863 计划、国家科技支撑计划、国际科技合作与交流专项、产业技术研究与开发基金和公益性行业科研专项项目、课题的承担情况和成果转化情况。如果企业尚未获得过任何政府资助项目，建议如实表述，但同时企业也应该将内设相关研究项目的立项情况予以说明，增加评审专家对该项目的了解度。

（3）项目组织实施方案。项目组织实施方案可以从项目计划进度安排与任务分工、项目组织实施方式、经费预算合理性评估、项目风险分析及应对措施等方面阐述。

1）项目计划进度安排与任务分工。计划进度安排要避免项目实施周期太长或太短，严格控制在 2～3 年范围内。按照计划生命年度研究目标计划的实施时，企业要注意操作、实施的可行性，同时要说明阶段目标。涉及合作单位的，一定要明确各方任务分工，避免在后续项目立项后产生责任纠纷。

2）项目组织实施方式。项目组织实施方式是一个项目能否完成的基石，采用怎样的研究方法、组织方式在一定程度上决定了项目的研究质量。为了更好地落实项目承担单位的管理职责，企业需要在项目申报阶段建立项目和课题的内部组织管理方式及协调机制。同时，企业要充分利用信息化技术所带来的组织和管理模式创新，明确项目、课题和子任务间的权、责、利，按照有关政策法规加强管理，保护各方权益，加强知识产权保护和应用转化，建立如微信平台、邮件平台、简报制度等高效沟通渠道，同时要对项目研发过程中可能存在的风险进行预评估，并给出防范措施，做到防患于未然。

3）经费预算合理性评估。该部分主要说明经费使用情况，含采购设备清单、人员费用预算评估、调研计划支出预算等。项目申报负责人在填报经费结构时应符合申报指南有关要求，严格按照相关管理规定填写，合理规划经费数额，注重经费结构合理性，对本项目各科目支出主要用途，与项目研发的相关性、必要性及测算方法、测算依据进行详细说明。对于部分金额较大的支出以及可能有争议的费用，可以提供财务的核算办法以及依据。

4）项目风险分析及应对措施。该部分要对项目实施过程中遇到的各类风险进行评估，包括对技术方案、组织实施方案、知识产权归属等可能遇到的各类风险，突出本项目的风险可控性。申报单位可通过风险防控等手段保障项目顺利完成。

（4）项目实施绩效。该部分主要回答资助的回报是什么。研究结果是研究目标的结论性论述，一方面，可以以成果形式表达，如理论成果、专利申请、成果和获奖情况、论文发表、人才培养。另一方面，研究结果也可以以其他可考核的指标进行衡量，如结合申报单位的规模、产能、销售收入等实际状况，把握项目实施后带来的经济效益和社会效益。因此，申报单位要科学合理地制定项目实施绩效，列明项目立项后预期科技成果、预期培养或引进人才情况和预期社会经济效益分别是什么。

需要特别注意的是，预期研究成果应是可量化可考核的指标，申报单位在对科技成果尤其是技术专利、产品专利等进行描述时要实事求是，避免预期研究结果脱离实际，盲目夸大，给项目验收增加难度，同时也应避免过于容易实现，造成项目难以立项。

综上所述，在如今政府资助项目申请难度愈来愈大的情况下，可行性报告的质量对科研项目的申报成功与否起着举足轻重的作用，编制一份优秀的可行性报告需要做到资料齐全、逻辑清晰、技术方案详尽、技术手段创新、实施计划可行、财务分析准确。申报单位掌握相应的报告编制技巧可以事半功倍。项目申报者要研究申报政策指南，掌握可行性报告编制技能，提升文字驾驭能力，全面系统地阐述项目内容，编制出高质量的可行性报告，提高科研项目申报的成功率，提升国家科技创新政策实施的效率和效益。

5.4 专家评审规则与要点

一份高质量的项目申报材料，应当与专家评审规则与要点相吻合。准确把握专家评审规则与要点，是撰写高质量申报材料的基础。以广东省重点领域研发计划重点专项项目为例，专家评审规则与要点主要包括如下方面。

5.4.1　评分结构

对于项目申报人员而言，了解项目申报评审的评分结构，是撰写一份高质量申报书的关键。从广东省重点研发计划专家评分结构看，技术情况方面是重点考察的指标，主要考察项目的技术开发基础、技术先进性、技术创新性、技术研发方案的可行性等方面。从总结的评分结构看，项目评审总分 100 分，一般技术情况占比 70%，财务情况占比 15%，知识产权情况占比 15%。虽然项目技术就绪度情况不占分值比例，但项目技术就绪度评价结果是项目是否立项的重要判定标准。

5.4.2　专家构成

项目评审专家的构成、水平、评审方式是影响项目评审立项的最核心因素之一。专家水平过硬、组成结构合理、专业素养高，能够科学、客观、公正地对项目进行评审，是决定优质项目在项目立项评审中脱颖而出的关键。对项目申报材料撰写人员而言，了解评审专家的构成有利于促使其在申报材料撰写过程中不夸大、不臆造相关技术和成果指标，因为造假难以逃过资深专家的法眼。同时，广东省重点研发计划一般都是以"双盲"形式评审的，也就是在项目评审前，专家不知道项目申报人信息，项目申报人甚至项目评审组织方也不知道专家信息，这样有利于更好地做到项目评审信息保密，最大限度地避免发生项目申报人在评审前向专家"打招呼"等违纪行为。项目申报人员应该将精力放在撰写好申报书上，而不是琢磨着怎样"走后门"向专家打招呼。从专家的具体构成看，项目评审专家一般要求副高以上职称，包括技术专家、财务专家、科技管理专家，专家总数一般为奇数，人数为 5 名以上。更重要的一点是，评审专家一般有 60% 以上来源于省外相关单位，这样做可以避免因受省内专家"圈子"影响而失去项目评审的公正性，也可以更好地避免"打招呼"现象的发生。

5.4.3　技术专家评审要点

技术专家评审一般考虑以下五个方面。一是技术研发方向是否与项目申报指南对应专题的定位相吻合，也就是省科技主管部门设立该研发专项的目标是什么，通过支持所申报的项目开展研发，是否有助于该专项目标的实现。二是技术方案情况，包括申报项目采取的技术方案的先进性、创新性、可行性。三是技术研发单位的研究能力，包括项目研发依托单位的研发能力、项目研发单位的设备设施情况、项目研发团队实力情况等。四是预期研究成果，主要评价项目申报单位通过项目实施，预期是否能产生标志性成果，是否有助于省重点研发计划专项目标的实现。五是经费合理性，主要由技术专家判定项目研究开发活动的各个环节，所需要的经费是否合理。以上五个方面，占技术专家评分总分的80%，另外20%比重的分值，主要考虑以下三个方面。一是项目是否能解决"卡脖子"问题，形成标志性研究成果。二是项目研发是否有企业参与，评审组会结合参与企业研发实力情况评分，龙头骨干企业、大型科技企业有助于项目顺利实施，评分一般也会相对较高。三是产学研合作质量，主要评价项目承担单位是否开展实质性的产学研活动。

5.4.4　财务专家评审要点

财务专家评审主要包括以下八个方面：一是项目承担单位的财务实力；二是项目承担单位的科研投入情况；三是项目承担单位的财务管理制度情况；四是项目承担单位的财务报告完整性和真实性；五是项目自筹经费配套情况，其中企业牵头的项目，项目配套经费投入不低于项目总经费的50%，非企业牵头的项目，项目配套经费投入不低于项目总经费的40%；六是项目经费预算情况，包括预算安排的合理性、投入强度与研究开发活动是否匹配、项目经费支出是否合理等；七是项目研发融资情况，这主要针对研发实力较强、发展前景较好的科技企业，基于企业当前财务实力有限，通过融资保障项目研发资金需求，也可获得相应评价得分；八是项目预算评审，主要由财务专家根据研发活动的资金需求，核减相应环节的研发投入预算，保障项目资金使用的合理性。其中，第八点的项目预算评审，不作为财务专家的评分点，但专家可以提出核减项目研发预算的建议与依据，供项目主管部门决策参考。

5.4.5　知识产权评价

知识产权评价方面的分值占项目评审总分值的15%，评价的内容主要包括四个方面：一是项目承担单位自有知识产权情况；二是项目承担单位专利风险情况，专利风险越小，得分相应越高；三是项目团队主要成员的知识产权情况，一般指项目团队排名前五名的专家拥有的知识产权情况；四是项目承担单位的知识产权管理能力，比如是否贯标企业，贯标企业指的是企业贯彻了《企业知识产权管理规范》国家标准。企业知识产权管理规范的国家标准由国家知识产权局制订，经由国家市场监督管理总局批准颁布，于 2013 年 3 月 1 日起实施，标准号是 GB/T 29490-2013。

5.4.6　技术就绪度水平

虽然技术就绪度情况不作为专家评分指标，但也同样十分重要，是项目能否成功立项的关键。第三方机构对项目承担单位现有的技术水平进行技术就绪度评价，只有项目就绪度情况达到最低要求，才能成功立项。技术就绪度评价方法根据科研项目的研发规律，把从发现基本原理到实现产业化应用的研发过程划分为 9 个标准化等级，每个等级制定量化的评价细则，对科研项目关键技术的成熟程度进行定量评价。[27] 技术就绪度评价标准如表 5-4 所示。

表 5-4　技术就绪度评价标准（一般）

等级	等级描述	等级评价标准	评价依据
1	发现基本原理	基本原理清晰，通过研究，证明基本理论是有效的	核心论文、专著等 1～2 篇（部）
2	形成技术方案	提出技术方案，明确应用领域	较完整的技术方案
3	方案通过验证	技术方案的关键技术、功能通过验证	召开的技术方案论证会及有关结论
4	形成单元并验证	形成了功能性单元并证明可行	功能性单元检测或运行测试结果或有关证明
5	形成分系统并验证	形成了功能性分系统并通过验证	功能性分系统检测或运行测试结果或有关证明
6	形成原型并验证	形成原型（样品、样机、方法、工艺、转基因生物新材料、诊疗方案等）并证明可行	研发原型检测或运行测试结果或有关证明
7	现实环境的应用验证	原型在现实环境下验证、改进，形成真实成品	研发原型的应用证明
8	用户验证认可	成品经用户充分使用，证明可行	成品用户证明
9	得到推广应用	成品形成批量、广泛应用	批量服务、销售、纳税证据

资料来源：广东省科学技术厅网站（http://gdstc.gd.gov.cn/attachment/0/373/373401/2588961.pdf）。

5.5 常见问题、注意事项及几点建议

5.5.1 常见问题

申报单位在撰写申报书和可行性报告时，通常会出现以下问题。

（1）申报书的内容填写过于简单，研究内容、技术路线不明确。

（2）经费结构安排不合理。

（3）项目实施周期太长或太短。

（4）项目验收指标不明确，缺少量化标准，指标设定得过高或过低。

（5）佐证材料说服力不强，不能相互印证，甚至互相矛盾。

5.5.2 注意事项

申报单位在撰写申报书和可行性报告时，有以下事项需要注意。

（1）申报负责人撰写申报书和可行性报告时需紧扣申报指南。

（2）申报负责人要确保申报项目结构和内容的完整性，提交的材料包括申报书、可行性报告和附件材料。

（3）申报单位要严格按照申报时间节点要求完成申报，务必在截止时间前提交申报指南规定的全部材料。

5.5.3 几点建议

1. 坚持原则

千万别把申报书扔到一边，广东省科技计划项目正式立项后，项目合同书直接由申报书生成。项目和课题承担单位、负责人不能变，申请经费金额不能变，指南规定的成果和考核指标不能变，申报的原则不能变。

2. 换位思考

站在评委的角度上组织材料的编写，思路清晰，任务明确，言之有物，重点突出。

3. 承上启下

既要与申报书相互对应，又为答辩做好准备。

4. 善用技巧

网上上传时表格内容是计算字数的，建议把表格做成图片上传，找到文件大小和清晰度的平衡点。

5. 理性分析

分析项目申报的优势和劣势，就答辩潜在的风险进行预评估，并有针对性地制定防范措施。

6. 有所体现

企业要向评委展现出深刻的社会责任感，开拓的科技创新思维，精湛的科学技术水平和严密的组织管理实施。

本章小结

了解项目申报材料构成、申报书及可行性报告撰写要点、专家评审规则、常见问题和注意事项，是企业申报项目成功的关键。本章主要分析了申报书的构成、申报表及可行性报告撰写技巧、专家评审规则与要点等，手把手指导申报人如何申报项目。在分析申报书构成中，本书以科技计划项目申报书为模板，以分析介绍和截图展示的形式，详细介绍了申报书的完整构成。然后，本书重点分析了申报书和可行性报告的撰写技巧。这两部分是本章的重点，其不仅详尽分析了如何撰写一份高质量的申报书，还将撰写的技巧、关键得分点等做了详细的介绍。这不仅对初次撰写项目申报书的人员有较大的指导意义，还对资深申报人员有一定的参考价值。专家评审规则与要点一直都是申报人员关心的重点问题，因此本部分对项目评审的流程，以及评分结构、专家构成、技术专家评审要点、财务专家评审要点、知识产权评价、技术就绪度水平等环节进行了详细的介绍，通过学习本部分内容，申报人基本能够了解广东省重点领域研发计划项目的专家评审流程、关注点等，这对于申报人树立成功申报的信心有较大帮助。此外，本章还简要介绍了撰写项目申报材料过程中的常见问题和注意事项，并提出了几点建议。最后，本书以广东省重点领域研发计划污染防治技术研发与应用专题为例，进行了详细的案例分析。

实操案例

广东省重点领域研发计划的重点专项项目申报

关键核心技术是国之重器，对推动我国经济高质量发展、保障国家安全具有十分重要的意义。为加快解决广东产业发展"缺芯少核"和核心技术、关键零部件、重大装备受制于人的瓶颈问题，将"大国重器"牢牢掌握在自己手中，推动广东加快建成国家科技产业创新中心和科技创新强省，2018年，广东省人民政府出台《广东省重点领域研发计划实施方案》，拟在以问题为导向、以需求为牵引，大力创新项目遴选方式和形成机制，强化企业创新对核心技术的主导作用，广泛吸收相关部门、行业、地方以及产业界、科技界、社会公众的意见，科学凝练重点领域研发课题，扭转"发指南、广撒网、等申报"的项目征集被动局面，推动重点领域研发项目往高端、往深处、往前沿发展。广东省科技厅通过需求调研、分析诊断、广泛征集、初步筛选、专家论证等程序，系统梳理产业技术发展瓶颈、技术创新需求以及相关创新基础，重点瞄准新一代信息技术、高端装备制造、绿色低碳、生物医药、数字经济、新材料、海洋经济、现代种业和精准农业、现代工程技术九大方向和领域加强技术研发，分批次、分步骤启动实施，并根据实际情况动态优化调整。2018～2020年广东省财政共投入100亿元，包括新增预算资金70亿元，以及统筹相关部门归口专项资金30亿元，用来支持重点领域研发计划的组织实施。

饮用水水源地的生态保护是人民群众身体健康和经济社会可持续发展的重要保障，也是水污染防治攻坚战的重点任务。广东省微生物所长期致力于水生态环境保护与修复工作，其牵头申报的广东省重点领域研发计划"污染防治与修复"重点专项的"珠江流域饮用水水源地水生态保护与修复关键技术及应用"项目已经顺利立项。广东省微生物所将借助牵头组织该项目的契机，为保护广东省饮用水水源地水生态安全与健康、提升饮用水水源质量方面做出更大贡献。下面以广东省重点领域研发计划"污染防治与修复"重点专项项目为例，具体拆解如何撰写项目申报材料。

1. 项目申报要求

读懂项目申报要求，是撰写项目申报材料的第一步。广东省重点领域研发计划重点专项项目不同于其他的科技计划项目，在申报上有特殊的要求。具体要求如下。

一是申报单位性质和所在地要求。项目申报单位（包括科研院所、高校、企业、其他事业单位和行业组织等）应注重产学研结合、整合省内外优势资源。申报单位为省外地区的，项目评审与广东省内单位平等对待，港澳地区高校院所按照《广东省科学技术厅 广东省财政厅关于香港特别行政区、澳门特别行政区高等院校和科研机构参与广东省财政科技计划（专项、基金等）组织实施的若干规定（试行）》文件精神纳入相应范围。省外单位牵头申报的，经竞争性评审，择优纳入科技计划项目库管理。入库项目在满足科研机构、科研活动、主要团队到广东落地，且项目知识产权在广东申报、项目成果在广东转化等条件后，给予立项支持。

二是申报项目是否具有自筹经费投入。坚持需求导向和应用导向。鼓励产学研联合申报，牵头企业原则上应为高新技术企业或龙头骨干企业，建有研发机构，在本领域拥有国家级、省部级重大创新平台，且以本领域领军人物或中青年创新人才作为项目负责人。申报项目必须有自筹经费投入，企业牵头申报的，项目总投入中自筹经费原则上不少于70%；非企业牵头申报的，项目总投入中自筹经费原则上不少于50%。

三是牵头单位问题。省重点领域研发计划申报单位总体不受在研项目数的限项申报约束，项目应依托在该领域具有显著优势的单位，加强资源统筹和要素整合，集中力量开展技术攻关。不鼓励同一研究团队或同一单位分散力量，在申报同一专项（或专题）时，同一研究团队原则上只允许牵头或参与1项，同一法人单位原则上只允许牵头及参与不超过3项，否则纳入科研诚信档案并进行相应处理。

四是项目负责人是否实质参与项目工作。项目负责人应起到统筹领导作用，能实质性参与项目的组织实施，防止出现本领域高端知名专家挂名现象。

五是项目内容真实性问题。项目内容须真实可信，不得夸大自身实力与技术、经济指标。各申报单位须对申报材料的真实性负责，要落实《关于进一步加强科研诚信建设的若干意见》要求，加强对申报材料审核把关，杜绝夸大不实，甚至弄虚作假。各申报单位、项目负责人须签署《申报材料真实性承诺函》（模板可在阳光政务平台系统下载，须加盖单位公章）。项目一经立项，技术、产品、经济等考核指标无正当理由不予修改调整。

六是经费预算问题。申报单位应认真做好经费预算，按实申报，且应符合申报指南有关要求。牵头承担单位应具备较强的研究开发实力或资源整合能力，承担项目的核心研究组织任务，分配相应合理的资金份额。

七是不得进行申报或通过资格审查的情况。1.项目负责人有广东省级科技计划项目3项以上（含3项）未完成结题或有项目逾期1年未结题（平台类、普惠性政策类、后补助类项目除外）；2.项目负责人有在研广东省重大科技专项项目、重点领域研发计划项目未完成验收结题（此类情形下该负责人还可作为参与人员参与项目团队）；3.在省级财政专项资金审计、检查过程中发现重大违规行为；4.同一项目通过变换课题名称等方式进行多头或重复申报；5.项目主要内容已由该单位单独或联合其他单位申报并已获得省科技计划立项；6.省内单位项目未经科技主管部门组织推荐；7.有尚在惩戒执行期内的科研严重失信行为记录和相关社会领域信用"黑名单"记录；8.违背科研伦理道德。

八是申报项目还须符合申报指南各专题方向的具体申报条件。如鼓励产学研联合申报；申报须覆盖全部研究内容及考核指标；实施地点须在广东省内；须由相关行政主管部门出具申报推荐函（须以申报书附件形式提供）。

2. 申报表的填写

《2020年度广东省重点领域研发计划"污染防治与修复"重点专项申报指南》中列明该专项主要包括水污染防治技术研发与应用、大气污染防治技术研发与应用、土壤污染防治技术研发与应用3个专题，11个方向。申报通知中规定同一指南中的同一项目方向，原则上只支持1项，在申报项目评审结果相近且技术路线明显不同时，可予以并行支持。本书中只以水污染防治技术研发与应用专题中的方向1"珠江三角洲感潮河网区溶解氧滚动预报与低溶解氧调控关键技术集成及应用示范"为例，阐述项目申请表填写技巧。

（1）项目基本信息表。

项目基本信息表如图5-5所示，主要包括基础信息和项目核心内容介绍两大部分。

　　1）基础信息。基础信息要认真填写，保证准确无误。基础信息可以真实客观地反映申报单位的申报项目、牵头单位、人员素质、经营情况、管理水平等基本信息。同时，企业在填写的过程中一定要注意项目名称和可行性报告的项目名称要保持一致，项目周期节点，项目牵头单位的基本信息，包括单位名称、单位性质、单位所在地、统一社会信用代码、银行账号、法定代表人姓名等信息也要与后文的项目进度与阶段目标，承担、参与单位工作分工及经费分配情况表格中所需要填写的内容保持一致，避免低级错误的出现。

项目基本信息表

项目名称				
项目编号				
专项名称				
专题名称		单位总数		
经费预算	总投入　　　万元，其中拟申请财政资金　　　万元			
项目周期节点	起始时间	年 月 日	结束时间	年 月 日
	实施周期	共 个月	预计中期时间点	
项目牵头承担单位	单位名称		单位性质	
	单位所在地		统一社会信用代码	
	通信地址		邮政编码	
	银行账号		法定代表人姓名	
	单位开户名称			
	开户银行（全称）			

图 5-5　项目基本信息表

　　2）项目核心内容介绍。该部分按照内容要求和字数要求从项目整体情况概述、预期标准性成果和与国外先进技术水平对标情况 3 个部分加以阐述。对于项目整体情况概述，申报单位应围绕"珠江三角洲感潮河网区溶解氧滚动预报与低溶解氧调控关键技术集成及应用示范"主题，紧扣要求，高度概括申报单位的项目整体情况，表达准确，简明扼要地填写。对于预期标准性成果，申报单位要做到语言精练、条理清楚，着重突出本项目在污染防治与修复方面的成果亮点和重点突破。对于与国外先进技术水平对标情况，申报单位要与国外污染防治与修复的技术水平对比，突出本项目在该领域的核心技术水平。

项目核心内容如图 5-6 所示。

项目核心内容介绍	项目整体情况阐述	（主要包括项目前期基础、团队组成情况、拟突破核心关键技术、拟采取技术路线、拟获得技术成果及经济效益等，总字数不超过 200 字）
	预期标志性成果	（预期获得的新理论、新原理、新产品、新技术、新方法、新品种、新药证书、关键部件、数据库、软件、应用解决方案、实验装置 / 系统、临床指南 / 规范、工程 / 工艺等，特别是能产生什么亮点，实现何种突破，总字数不超过 200 字）
	与国外先进技术水平对标情况	（围绕该项目拟突破的核心关键技术，重点阐述申报团队掌握的技术水平情况，国内目前技术水平情况，国外先进技术水平情况等，总字数不超过 200 字）

图 5-6　项目核心内容

（2）项目申报的具体信息。

1）项目实施的合同指标要求。包括技术及成果指标、项目经济指标及社会效益、项目其他经济指标及社会效益说明，以及攻克核心关键技术及"卡脖子"技术、阶段性成果评价等部分内容，需要体现项目验收指标的量化标准，保证验收指标的可行性，切勿将指标定制得过高或过低。

①技术及成果指标。该部分要按照申请书具体要求和注意事项填写，突出申报单位"珠江三角洲感潮河网区溶解氧滚动预报与低溶解氧调控关键技术集成及应用示范"项目的技术及成果情况，如拟申请发明专利情况、技术就绪度提升情况、形成的科技报告等。其中，《2020 年度广东省重点领

域研发计划"污染防治与修复"重点专项申报指南》对技术就绪度和知识产权等进行了专业化评估，具体要求为："（1）技术就绪度与先进性评估。本专项主要支持目前技术就绪度为 3～6 级的项目，原则上项目完成后技术就绪度应有 3 级以上提高，各申报单位应在可行性报告中按要求对此进行阐述并提供必要的佐证支撑材料。（2）查重及技术先进性分析。将利用大数据分析技术，对照国家科技部科技计划历年资助项目与广东省科技计划历年资助项目，对拟立项项目进行查重和先进性等分析。（3）知识产权分析评议。项目研究成果一般应有高质量的知识产权，请各申报单位按照高质量知识产权分析评议指引的有关要求，加强本单位知识产权管理，提出项目的高质量知识产权目标，在可行性报告中按要求对此进行阐述并提供必要的佐证支撑材料，切勿简单以专利数量、论文数量作为项目目标。"广东省科学技术厅提供的《技术就绪度评价标准及细则》《高质量知识产权分析评议指引》可供参考。

②经济效益和社会效益指标。申请单位针对申请项目的预期情况，运用科学的方法评估并报告该项目产生的经济效益和社会效益，如累计新增销售收入和累计新增利税。需要注意，经济效益目标不可盲目贪大，必要时需要财务人员根据所能达到的产能对销售收入、纳税情况进行客观估计。同时，申请单位还需要重点阐述项目其他经济指标和社会效益说明，如申请项目在"珠江三角洲感潮河网区溶解氧滚动预报与低溶解氧调控关键技术集成及应用示范"领域所攻克的核心关键技术和"卡脖子"技术等内容，以及该申报项目在支撑和服务其他重大科研、经济、社会发展、生态环境、科学普及需求等方面的直接和间接效益。另外，申请单位根据自身情况和项目实施进度，自行填报阶段性成果评价，作为中期评估及结题验收的重要参考依据。

3. 项目研究内容

申报指南中将"珠江三角洲感潮河网区溶解氧滚动预报与低溶解氧调控关键技术集成及应用示范"方向的研究内容限定为研究适用于感潮河网区的耗氧物质源解析技术，解析不同类别污染源强对环境水体中耗氧物质的响应值和贡献率；开展感潮河网区重点河段水文、水质、底质和生物长时间序列原位观测实验，感潮河口区沉积物耗氧调查与研究，以及不同物理、化学、生物过程对氧平衡影响机理室内试验，形成适用于珠江三角洲感潮河网区氧平衡机理关键参数本地化技术；研发复杂感潮河网区溶解氧实时预报技术，建立珠江三角洲典型感潮河网区溶解氧滚动预报系统；研究面源污染控制的调蓄回用、内源污染负荷削减、水资源优化调配、内河闸坝优化调度与水系连通等溶解氧动态调控技术。形成珠江三角洲感潮河流溶解氧实时报告、滚动预报与低溶解氧综合调控技术体系，在珠江三角洲典型感潮河网区开展示范应用。因此，申请单位在撰写项目研究内容时需要注意申报项目研究内容是否在申报指南所限定的研究内容范围内。

项目研究内容是项目申报书的重点内容，包括立项的背景和意义、项目拟解决的关键问题、项目的主要研究内容、项目采取的研究方法及技术路线、主要创新点五个部分。

一是立项的背景和意义。立项的背景要把握我国"污染防治与修复"的大方向，从领域层面阐明"水污染防治技术研发与应用"的现状和问题，紧扣"珠江三角洲感潮河网区溶解氧滚动预报与低溶解氧调控关键技术集成及应用示范"主题，从需求导向和应用导向提出本项目在"水污染防治技术研发与应用"领域的研究意义。概括而言，项目实施的背景和意义需围绕项目主题，重点阐述申请项目的需求性、先进性、重要性、可行性、效益性及在行业发展中的地位和作用。

二是项目拟解决的关键问题。这部分反映申请单位对"水污染防治技术研发与应用"课题总体目标实现的深刻理解和统筹解决的能力。

三是项目的主要研究内容。申请单位应主要围绕"珠江三角洲感潮河网区溶解氧滚动预报与低溶解氧调控关键技术集成及应用示范"主题，将研究内容与研究目标相对应，阐明研究内容的理由，研究内容所要回答的问题。同时，所有研究内容在逻辑上必须通顺，结构层次清楚，叙述详略得当，抓住关键，重点突出，力求创新，切忌雷同。

四是项目采取的研究方法及技术路线。在撰写技术路线时，应阐明申请单位在推进"珠江三角洲感潮河网区溶解氧滚动预报与低溶解氧调控关键技术集成及应用示范"项目所采取的研究方法、完成的研究内容、拟解决的关键问题以及拟达到的预期目标，着重突出申报企业在"珠江三角洲感潮河网区溶解氧滚动预报与低溶解氧调控关键技术集成及应用示范"领域的技术、途径等创新点，凸显技术路线的创新性。同时，申请单位要注意技术路线的主线是否清晰、具体步骤是否详细、逻辑关系是否清楚。

五是主要创新点。创新点应具有必要性和可行性，用词要恰当，在撰写时要着重于与其他项目研究的主要不同之处，以及本项目在水污染防治技术研发与应用的创新。

4. 项目进度和阶段目标

《2020 年度广东省重点领域研发计划"污染防治与修复"重点专项申报指南》规定珠江三角洲感潮河网区溶解氧滚动预报与低溶解氧调控关键技术集成及应用示范方向的项目实施周期为 2～3 年，因此项目申报负责人要注意项目实施周期问题，不能太长或太短，控制在规定的实施周期内。另外，项目申报负责人还需要注意项目操作和实施的可行性，每一阶段的目标预测要合理，要以目前的数据和成熟性、可靠性为依据，并说明预期目标的成果形式。项目进度和阶段目标如图 5-7 所示。

三、项目进度和阶段目标			
（一）项目起止时间：　　年　　月　　日　—　　年　　月　　日			
（二）项目实施进度及阶段主要目标（建议以 1 年或 6 个月为一阶段）			
开始日期—结束日期	主要工作内容（每条限 500 字）	预期目标	成果形式
…			

图 5-7　项目进度和阶段目标

5. 项目的知识产权对策、成果管理及合作权益分配

《广东省科学技术厅广东省生态环境厅关于组织申报 2020 年度广东省重点领域研发计划"污染防治与修复"重点专项项目的通知》提供的《高质量知识产权分析评议指引》附件中提道："将研发成果转化为知识产权的能力，决定了科技研发项目的创新成果能否获得有效的运用、保护和管理，直接影响科技研发项目的效益。申报单位或申报人应尽快建立或具有较完

善的知识产权管理制度和专职人员，并具备对于研发获得的创新成果进行有效的运用、保护和管理的能力。"申请负责人撰写此部分内容应明确具体，一方面可体现申报单位知识产权转化和管理能力，另一方面也可保护本申报项目的知识产权，避免日后出现关于项目成果的权属纠纷。

6. 参与人员信息

该部分需要准确填写项目负责人和主要研究开发人员的信息，着重体现项目负责人在"珠江三角洲感潮河网区溶解氧滚动预报与低溶解氧调控关键技术集成及应用示范"方向的主要工作经历和主要工作成绩，表明项目主要负责人的能力。同时该部分可以展现项目整体研发团队的人员结构和专业能力，使评审专家有理由相信申报单位的团队有能力完成申报项目。参与人员信息如图 5-8 所示。

项目负责人一：

姓名	性别	年龄	职务	职称	学位	在项目中承担的任务	所在单位

身份证（外籍填写护照）号码				
是否项目总负责人	1、是　2、否	是否院士	1、是　2、否
主要工作经历	（限 500 字）			
主要工作成绩	（限 500 字）			
签名				

图 5-8　参与人员信息

7. 承担、参与单位工作分工及经费分配情况

申报单位按照实际情况进行填写，注重真实性和合理性。一般来说，主承担单位的工作分工和总经费分摊比例应在 50% 以上。工作分工及经费分配情况见图 5-9。

8. 项目总经费及省财政科技经费预算

项目经费预算包括直接费用、间接费用和其他支出费用三部分的支出

预算。项目经费预算必须符合国家、省相关财政科技经费结构要求，按照《广东省自主创新促进条例》《关于印发〈广东省财政厅　广东省审计厅关于省级财政科研项目资金的管理监督办法〉的通知》(粤财规〔2019〕5号)的要求填报。比如，《关于印发〈广东省财政厅　广东省审计厅关于省级财政科研项目资金的管理监督办法〉的通知》(粤财规〔2019〕5号)对直接费用的11项具体科目有明确的范围规定："(1)设备费。在项目研究过程中购置或试制专用仪器设备，对现有仪器设备进行升级改造，以及租赁外单位仪器设备而发生的费用。"该文件对间接费用也有明确规定："间接费用按照不超过项目直接费用扣除设备购置费后的一定比例核定，与项目承担单位信用等级挂钩，并实行总额控制。"

承担/参与单位名称（盖章）	工作分工	总经费分摊（万元）	财政经费分配（万元）
…			
	合计		

图 5-9　承担、参与单位工作分工及经费分配情况

经费结构应该严格遵守相关管理规定的费用项目范围和具体要求，申报负责人对规定的直接费用科目、间接费用、其他支出费用填写预算时不得增加或减少科目。需要注意的是，第一，申报负责人要按照依据标准认真测算，不得指定标准或超标准预算；第二，如果采用市场价格计算费用，申报负责人需依照市场公允价值进行测算，不得高估支出费用；第三，申报负责人填写经费数额的措辞要简要准确，不使用"大约""大概"等模棱两可的词语。第四，申报负责人预算各支出科目要保证其经费预算信息的可

靠性、科学性和合理性。取费标准要合理，计算数据要准确，不可凭空捏造，每一笔经费预算应该有理可依，有迹可循，每一笔经费要真正用在"刀刃"上。

9. 项目承担单位与参与单位基本情况表

该部分按具体要求据实填写，主要体现项目承担单位与参与单位完成"珠江三角洲感潮河网区溶解氧滚动预报与低溶解氧调控关键技术集成及应用示范"项目的经济能力和科研实力，增加申报项目成功的概率。基本情况表如图 5-10 所示。

（一）项目牵头承担单位—基本情况表					
单位基本信息					
单位名称			统一社会信用代码		
注册资金		所在地区	银行信用等级		
单位性质		所属行业	单位级别		
职工总人数			人	研究人员数	人
上年度销售额			万元	上年利税	万元
上年研发经费总额			万元	研发经费占销售额比例	
近三年承担科技计划项目数量					
	国家级		省部级		其他
项目数（项）					
项目总经费（万元）					
建立的科研平台（每类平台按最高级单选）					
平台类型	国家级		省级		无
1.省重点实验室	○		○		○
2.工程中心	○		○		○
3.企业技术中心	○		○		○
其他（请注明）					
（可补充）					
企业资质情况					
企业认定情况	□高新技术企业 □双软认证企业 □其他				
其他认定或认证情况（请说明）	（限100字）				

单位拥有知识产权情况											
最近三年知识产权总数										近五年牵头或参与标准制定（个）	
发明专利（件）		实用新型专利（件）		外观设计专利（件）		国际专利（件）		软件著作权（个）	集成电路布图设计（个）		
申请	授权	申请	授权	申请	授权	申请	授权				

图 5-10 项目承担单位与参与单位基本情况表

10. 承担单位与参与单位合作协议

该部分应在字数限制内以简洁语言撰写。该部分内容可以从源头上避免承担单位或参与单位日后因合作协议不明确而产生纠纷，间接保证了申报项目推行的可行性。

11. 重大信息披露情况

项目负责人须按具体要求据实填写本项目的重大信息情况，并对填写内容负责，不得隐瞒或填报虚假信息。重大信息披露情况如图 5-11 所示。

本项目（或其主要内容）是否同时申报了国家级科技计划项目并获得立项： □是　□否				
名称或主要内容与本项目相同的项目	业务类别	申报人	申报单位	申请金额(万元)
可添加行				

本项目（或其主要内容）是否同时申报了其他省份或国外科技计划项目并获得立项： □是　□否				
名称或主要内容与本项目相同的项目	业务类别	申报人	申报单位	申请金额(万元)
可添加行				

本项目负责人在该年度，以项目负责人身份获得立项或在研的其他国家、省级科技计划项目：					
项目名称	计划类别	项目编号	立项年度	立项金额(万元)	完成情况
可添加行					

注：项目负责人须对填写的重大信息情况负责，如隐瞒或填报虚假信息，经查证后将按照有关法律法规进行严肃处理。

图 5-11　重大信息披露情况

12. 本申请项目所附附件清单

附件清单是申报项目的佐证材料。项目负责人按照本项目所需要的附件与该表一一对照，填写每一类附件数量，方便评审专家核对和查阅。切勿出现佐证材料不能相互印证，甚至相互矛盾的情况。附件清单如图 5-12 所示。

附件名称（*由单位管理员统一管理上传，自动关联）	数量
1. 企业营业执照*	
2. 单位法人证书*	
3. 组织机构代码证*	
4. 上年度资产负债表*	
5. 上年度损益表（收入支出表）*	
6. 高新技术企业证书*	
7. 科学技术成果鉴定证书	
8. 专利证书	
9. 检测报告	
10. 查新证明	
11. 新药证书	
12. 电力入网证	
13. 生物新品种、农产品、农药登记证	
14. 特殊产品生产许可证	
15. 企业各出资方意见	
16. 各类获奖证书	
17. 列入国家计划文件或证书	
18. 环保证明	
19. 用户意见	
20. 合作协议	
21. 其他	
说明：指南要求的必须上传，其他自行选择上传。	

图 5-12　本申请项目所附附件清单

13. 审核意见

项目负责人按要求征求所需单位和部门的审核意见，完善信息，保证申请项目的合规性。审核意见如图 5-13 所示。

<table>
<tr><td rowspan="7">承担单
位意见</td><td colspan="2">承诺书</td></tr>
<tr><td colspan="2">我单位承诺提交的全部申报材料真实可靠,并保证不违反有关科技计划项目管理的纪律规定,严肃查处或全力配合相关机构调查处理各种失信行为。</td></tr>
<tr><td colspan="2">如我单位有不履行上述承诺或有弄虚作假行为,一经发现,广东省科技厅有权追回项目经费,情节严重的,愿意承担法律责任。</td></tr>
<tr><td colspan="2">其他内容:</td></tr>
<tr><td colspan="2">项目负责人（签字）:
　　　　　　年　月　日</td></tr>
<tr><td colspan="2">二级部门:</td></tr>
<tr><td>单位法定代表人（签字）:
　　　　年　月　日</td><td>单位盖章:
　　　　年　月　日</td></tr>
</table>

图 5-13　审核意见

14. 可行性报告的撰写

"珠江三角洲感潮河网区溶解氧滚动预报与低溶解氧调控关键技术集成及应用示范"方向的项目可行性报告主要包括立项依据、项目简述、项目的实施方案、项目风险评估和项目前期准备五个方面。

（1）立项依据。

一般包括项目实施的必要性和研究意义、国内外研究现状、当前需要解决的主要问题、主要参考文献出处及分布。首先,申报单位的立项依据要符合国家、省市发展纲要或产业政策的要求。其次,申报项目要衔接《2020 年度广东省重点领域研发计划"污染防治与修复"重点专项项目申报指南》选定的研究方向,阐述我国"珠江三角洲感潮河网区溶解氧滚动预报与低溶解氧调控关键技术集成及应用示范"方向当前要解决的主要问题。再次,按照"问题导向、分类实施、重点凝练、精准突破"的总体要求,申报项目要突出该研究项目的必要性和重要性。最后,立项依据要紧扣"珠江三角洲感潮河网区溶解氧滚动预报与低溶解氧调控关键技术集成及应用示范"的研究主题,结合申报单位科研人员掌握的环保行业动态和现有研究文献分层次阐述国内外研究动态。综上形成"珠江三角洲感潮河网区溶解氧滚动预报与低溶解氧调控关键技术集成及应用示范"项目层层递进、面面俱到的立项依据。

（2）项目简述。

1）研究目标。项目负责人基于"珠江三角洲感潮河网区溶解氧滚动预报与低溶解氧调控关键技术集成及应用示范"项目的立项依据，科学合理地制定技术目标、经济目标和理论目标。第一，技术目标是指项目研发达到的技术参数。技术目标代表申请项目在技术层面上的创新和突破，能够填补国家、广东省或环保行业领域的技术空白，达到领先水平。第二，经济目标指申报单位的生产能力，销售收入完成情况和对该地区税收的贡献，以及增加就业等方面。经济目标需要申报单位财务部门根据申报单位的具体经营运作情况进行客观估计，避免盲目夸大经济效益。第三，理论目标是指通过该项目完成以后申报单位科研人员发表的论文数量、申请的专利数量或者申报单位获得的生产批文、行业标准修订等。需要特别注意的是，在对技术专利、产品专利等描述时要实事求是，不能夸大，避免给项目验收增加难度。

2）拟解决的关键问题。拟解决的关键问题应是当前"珠江三角洲感潮河网区溶解氧滚动预报与低溶解氧调控关键技术集成及应用示范"领域尚未突破的瓶颈，要与研究目的中的技术目标相呼应。申报单位在撰写拟解决的关键问题时应仔细分析在申报项目实施过程中的潜在技术问题、研究过程中对预期目标有重要影响的因素、为达到预期目标所必须掌握的关键技术或研究手段等。申报单位撰写拟解决的关键问题的表述应条理清晰，分点罗列。

3）预期研究结果。《广东省科学技术厅广东省生态环境厅关于组织申报2020年度广东省重点领域研发计划"污染防治与修复"重点专项项目的通知》规定："项目研究成果一般应有高质量的知识产权，请各申报单位按照高质量知识产权分析评议指引的有关要求，加强本单位知识产权管理，提出项目的高质量知识产权目标，在可行性报告中按要求对此进行阐述并提供必要的佐证支撑材料，切勿简单以专利数量、论文数量作为项目目标。"此外，研究结果也可以用其他可考核的指标进行衡量，如结合申报单位的规模、产能、销售收入等实际状况，把握项目实施后带来的经济效益和社会效益。预期研究成果应是可量化可考核的指标，避免预期研究结果脱离实际或过于容易实现。值得注意的是，为了在后期验收过程中避免出现申报材料与验收时财务数据不一致的情况，在申报过程中可由财务人员根据公司实际情况进行估计，避免出现前后出入太大的现象。

4）项目特色和创新点。项目特色方面，申报负责人在撰写"珠江三角洲感潮河网区溶解氧滚动预报与低溶解氧调控关键技术集成及应用示范"方向的项目特色时，应注重阐述本申报项目与其他申报项目或前人研究成果的主要不同之处，突出本申报项目的自身特点。创新点方面，在"珠江三角洲感潮河网区溶解氧滚动预报与低溶解氧调控关键技术集成及应用示范"方向的项目中采用新材料，应用新方法、新工艺、新技术，创造新产品，这样的项目才能体现创新性，可以用专利、技术标准等加以佐证，并对项目的科技产品或技术与同行类似产品和技术进行效用、性能方面的对比，分析新产品、新技术的优势和可能为申报单位带来的经济和社会效益。需要注意的是，第一，创新点应具有必要性和可行性，不可为创新而创新；第二，创新点不宜过多，一般为 2～4 点，创新点过多会失去真实性，且评审专家更有可能认为该申报项目实施难度太高，无法顺利推行项目落地；第三，创新点既要切合实际，又要有所发挥，措辞严谨，语气肯定，需指出申报项目在国内外水污染防治技术研发与应用研究的先进性和创新性，点明理论意义和现实意义，切实可行地改善水污染问题。

（3）**项目的实施方案。**

项目的实施方案可以从研究方案、研究团队构成、产学研合作机制及任务分工、计划进度安排及阶段目标、经费预算合理性评估等方面阐述。

1）研究方案。第一，研究内容是可行性报告的核心部分，可以重点阐述。申请单位撰写研究内容时要具体明确，突出申请单位在"珠江三角洲感潮河网区溶解氧滚动预报与低溶解氧调控关键技术集成及应用示范"方面有几项研究内容，以及每项研究内容的具体研究任务，在与研究经费匹配的同时，紧扣《2020 年度广东省重点领域研发计划"污染防治与修复"重点专项项目申报指南》的考核指标，如"珠江三角洲感潮河网区溶解氧滚动预报与低溶解氧调控关键技术集成及应用示范"方向的考核指标有"（1）研究珠江三角洲感潮河段氧亏机理及主控驱动因子，开发珠江三角洲感潮河流耗氧物质源解析技术 1 项，形成适用于珠江三角洲感潮河网区氧平衡机理关键参数本地化技术 1 项。（2）研发复杂感潮河网区溶解氧实时预报技术，建立珠江三角洲典型感潮河网区溶解氧滚动预报预警系统 1 套，可提前 7 天对重要断面溶解氧进行滚动预报和实时报告，枯水期、丰水期等典型水期预报与实测日平均溶解氧误差 <20%。（3）开发适合于珠江三角洲感潮河网区的溶解氧实时预报与动态调控协同技术，包括面源污染控制调蓄回用技术、内源污染负荷削减技术 1 项，水资源优化调配、内河闸坝群优化调度与水系连通技术 1 项，形成感潮河网区低溶解氧综合调控技术指南 1 项。（4）开展珠江三角洲感潮河网区溶解氧综合调控技术集成与应用示范，建立示范工程不少于 1 个，示范河段长度不少于 5km，流域面积不少于 100km²，示范河段考核断面溶解氧指标稳定达到地表水环境功能区目标要求。"项目申报负责人根据申报项目的具体研究内容，选取对应的考核指标进行表述。需要注意的是，项目申报负责人要简明扼要地说明具体的研究内容、可执行的工作方案和流程、各研究内容的相互联系和互补以及应用方法的标注和统一。考虑到文字表达的困难与繁复，负责人在简要的文字说明后，可以用流程图表示。第二，研究方法要基于申请单位现有人才团队、机器设备、技术条件等实际情况，采取科学合理的研究方法，达成设定的研究目标。其中，技术方法是指开展本项目研究开发活动所采用的相关技术。重点突出技术的先进性和可行性。必要时，申请单位可与研究能力较强的研究机构合作研发，使评委相信承担单位可以顺利完成课题。第三，此部分还需要撰写技术路线，对项目从开始到完成的进程整体设计进行说明，具体需要阐明整个过程中采用的研究方法，完成的研究内容，解决的关键问题以及达到的预期目标，突出技术、途径以及在拟解决问题上的创新点，凸显技术路线的创新性。研究方法、技术路线、实验方案要具体，但不用太细化。

2）研究团队构成。研发人员是研发过程中最重要的因素，高层次、高素质、高学历的研究团队更加能够保证完成高技术、高质量、高规格的项目。该部分可通过展现项目研究团队的人员结构和专业素质，彰显申请单位的研究团队实力，增加评委专家的认可度。

首先，项目负责人的岗位要让水污染防治技术研发与应用领域的领军人物或中青年创新人才担任，负责人应起到统筹领导作用，能实质性参与项目的组织实施并防止出现本领域高端知名专家挂名现象。其次，研究团队在水污染防治技术研发与应用领域有相关的工作经历或学术成果、获取的专利。再次，研究团队职能必须全面合理，设计指导者、主要操作者和必要的辅助人员缺一不可。团队成员之间分工必须明确，工作互不重复。最后，研究团队的组成结构要形成合理梯队，包括职称结构、年龄结构和知识结构等。[28]

3）产学研合作机制及任务分工。《2020年度广东省重点领域研发计划"污染防治与修复"重点专项项目申报要求》中提到"鼓励产学研联合申报，牵头企业原则上应为高新技术企业或龙头骨干企业，建有研发机构，在本领域拥有国家级、省部级重大创新平台，且以本领域领军人物或中青年创新人才作为项目负责人。"企业应进一步体现产学研合作机制的科学性，合理安排各参与单位的任务分工，实现相互间的协同效应，通力合作完成申请项目设定的目标。

4）计划进度安排及阶段目标。《2020年度广东省重点领域研发计划"污染防治与修复"重点专项申报指南》规定"珠江三角洲感潮河网区溶解氧滚动预报与低溶解氧调控关键技术集成及应用示范"方向的项目实施周期为2～3年，因此计划进度安排要避免项目实施周期太长或太短，严格控制在2～3年范围内。按照计划生命年度研究目标计划的实施，要注意操作、实施的可行性，同时要说明阶段目标。

5）经费预算合理性评估。《2020年度广东省重点领域研发计划"污染防治与修复"重点专项申报指南》规定"珠江三角洲感潮河网区溶解氧滚动预报与低溶解氧调控关键技术集成及应用示范"方向的项目支持经费为1 500万元左右，因此项目申报负责人在填报经费结构时应符合申报指南有关要求，严格按照相关管理规定填写，合理规划经费数额，注重经费结构合理性。

（4）项目风险评估。

该部分要对"珠江三角洲感潮河网区溶解氧滚动预报与低溶解氧调控关键技术集成及应用示范"项目实施过程中遇到的各类风险进行评估，突出本项目的风险可控性，申请单位可通过风险防控等手段保障项目顺利完成。

（5）项目前期准备。

该部分属于可行性报告的重要内容，需尽可能进行详细分析，可以从申请单位在"珠江三角洲感潮河网区溶解氧滚动预报与低溶解氧调控关键技术集成及应用示范"方向的研究积累、技术实力、已取得的阶段性成果、技术研究开发活动必备的设备等方面进行阐述，如获得国家和省科技计划等支持情况、取得的阶段性研究成果及以往科技成果转化情况、与项目相关的知识产权情况、已发表的与项目相关的主要论文、专著情况等。

第 6 章

如何提高项目申报成功率

| 开篇 |
| 导语 |

多家上市公司成功获得政府财政补助

政府向企业发放财政补助是我国实现产业升级的重要抓手之一，在扶持和发展较为薄弱且具有战略意义的行业上发挥了重要作用。所有广东上市公司中获得政府资助的企业占比近九成。2021 年 3 月 10 日，佛塑科技发布公告称，2020 年公司及子公司获得政府补助共计 3 611.87 万元。总体上来说，各级政府扶持政策种类高达几百种，每年每一项政府资助项目都会有成百上千的企业去申报争取，可以说企业申报政府资助项目相当于千军万马过独木桥，绝大多数企业最终都会被淘汰。因此，企业只有在获悉政府资助资讯的基础上，真正读懂政府资助政策内容，有针对性地结合企业自身实际情况，提前做好项目的申报准备工作，合理筛选能够与自身企业匹配的政府资助项目，并根据各级政府部门对专项项目的申报要求起草项目申报书，才能够提高项目申报成功率，获得政府项目资助。本章将结合前五章的分析，从企业生命周期理论视角出发，有针对性地提出企业提高项目申报成功概率的建议。

6.1　了解企业的实际情况

国家政策扶持资金贯穿企业生命周期的绝大部分，从开始研发资助到企业建立研发平台、获得相关资质，再到项目产品产业化以及走出国门开拓市场，都可以获得国家不同类型的政府资助。企业的定位问题主要是申报项目选择问题。一般来说，申报的项目应与企业的规模大小相匹配。申报的项目可以先小后大，循序渐进，对于中小微企业而言，参与国家大项目的竞争就比较困难，获得成功的可能性也较小。相反，如果积极去申报一些切合企业产业和技术发展实际的省市级项目，这些企业获得成功的可能性就比较大。

6.1.1　定位企业所处生命周期阶段

1. 企业生命周期理论 [29]

生命周期原是生物学术语，指一个生物体从生到死的全部过程。1959 年，马森·海尔瑞最早将企业生命周期运用到企业中，强调企业的发展符合生物体成长轨迹，历经出生、发展、繁盛、衰弱、死亡等阶段，每个阶段都有不同的组织特点。[30] 1972 年，格雷纳首次提出"企业生命周期"这一概念，认为正在成长的组织需要经过创立期、指导期、分权期、协调期与合作期，每个阶段都有一个相对平静的发展时期，这个时期又会因一次次管理危机而走向终点。[31] 企业生命周期的概念提出后，国内外很多学者对此进行了深化研究，对如何划分企业生命周期阶段以及如何将企业生命周期理论应用于企业管理实践提出了自己的观点。虽然不同的学者根据不同的标准划分出了不同的生命周期阶段，但大都认为企业会经历初创期、成长期、成熟期和衰退期（转型期），也都一致认为在企业发展的不同阶段，企业经营特点、政府资源的需求存在显著差异。企业生命周期图如图 6-1 所示。

（1）初创期。企业在工商局进行注册登记，获得营业执照后，便正式进入企业的初创阶段。企业在初创期，由于成立时间不长，人、财、物等各种生产要素比较缺乏，组织结构比较简单，在生产经营管理上还处于摸索阶段，缺乏健全的管理制度，管理水平较低。受企业规模和生产能力的限制，此时企业生产的产品种类一般较少，企业的盈利水平较低，在市场上也处于弱势地位，受外部环境影响较大，对政府部门的依赖较大，一旦外部环境发生不利变化又得不到政府援助的话，将随时面临破产风险。为了能迅速在市场上站稳脚跟，该阶段企业非常关注目标客户的需求，他们的目标就是生产客户需要的产品，这也导致该阶段的企业产品方向不稳定，随客户喜好而变。该阶段企业的优点在于具有较强的创新精神，经营战略灵活，能够以新制胜。

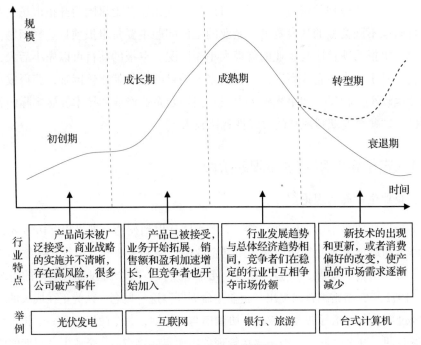

图 6-1　企业生命周期图

（2）成长期。企业在进入成长期后，基本已度过危险期，企业管理者也掌握了一套适合本企业文化的管理方法，管理方面也更加规范，员工数量大幅度增加，企业技术水平也较初创期有了大幅度提高，产品在市场上得到认可，资金来源渠道也有所增多，企业实力大大增强。这一时期企业最大的特点是发展迅速，其成长性在所有阶段里是最好的。

（3）成熟期。成熟期企业逐渐向集约经营、内涵式发展转变，企业规模已经很大，这个阶段的企业虽然发展速度放缓，销售收入增长率也不如成长期，但是整体效益却非常高。成熟期企业借助自己良好的品牌优势和资源优势，丰富现有产品种类，使产品更加多样化。这一阶段企业由于在市场上具有一定的垄断地位，市场份额较高，资金雄厚，外在压力比较小，导致企业整体缺乏创新精神。

（4）衰退期（转型期）。衰退期的企业由于不能有效应对技术变革，产品不再为消费者所喜爱，所以在市场上的优势逐渐消失殆尽，经营状况不稳定，财务风险大。企业如果想要实现可持续发展，在衰退期到来之前就要未雨绸缪，通过其他途径为企业注入新的生命力，通过不断地注入新鲜血液让企业重新焕发生机，企业则会由原本的衰退期转至转型期，开启下一阶段的成长发展之路。

2. 合理确定企业所处生命周期阶段

企业生命周期理论认为企业在不同的生命周期阶段都有其各自的发展特征，其资源基础、经营状况、发展目标等均表现出明显的不同，不同阶段企业进行研发的动力和开展研发的能力也会不同，这也会影响政府资助所带来的效果。不同生命周期阶段的企业可能会对政府部门的资助产生不同的反应并在研发投入决策、政府资助获取上做出不同的选择。因此，企业要定位能够申报哪些政府扶持项目。首先企业要对所处的发展阶段进行定位。对于一个特定的企业来说，它所拥有的技术也并非一种，产品也有很多种，因此企业可以根据其不同的产品、技术阶段来定位企业在生命周期中所处的阶段，揭示企业在各个发展阶段中存在的问题，并有针对性地提出企业可获取的政府资助，实现企业发展的平稳过渡。

6.1.2　合理选择企业可申报的政府资助项目

1. 合理匹配生命周期阶段与重点关注的政府资助项目

从企业及拟申报项目所处生命周期阶段出发，将企业的技术、产品等众多因素进行组合，会有很多种组合方案，每一个组合方案也都具备自己的特点和特性。对于某一个具体的政府扶持政策来说，企业要从这些具有不同特性的技术、产品以及定位方案中做出选择，拿出一个最具优势的方案来申报政府某一扶持政策。这样企业就可以做到有的放矢，提高申报扶持政策的成功率。如果企业选择的方案不能有效地挖掘出公司申报扶持政策的最大优势，就会出现好项目连初审都没有通过的现象。因此，建议企业在成长的过程中，注意资质和第三方证明材料的积累，以保障在申请资金扶持类项目的过程中起到辅助加分的作用，从而提高项目的通过率。资质和第三方证明材料包括高新技术企业证书、高新技术新产品证书、质量体系认证、信用等级证书。企业生命周期阶段与重点关注的政府资助项目匹配表如表 6-1 所示。

表 6-1　企业生命周期阶段与重点关注的政府资助项目匹配表

序号	生命周期阶段	重点关注的政府资助项目
1	初创期	1. 创新基金、专利成果转化、信息化发展项目、中小企业发展专项资金等资金补助类或贷款贴息补助类政策
		2. 科技型中小企业入库、技术合同登记、研发费用加计扣除等税收减免类政策

（续）

序号	生命周期阶段	重点关注的政府资助项目
2	成长期	1. 成果转化奖励类政策、研发环境提升或研发投入补贴类政策、新三板上市扶持政策 2. 高新技术企业认定、技术合同登记、研发费用加计扣除等税收减免类政策
3	成熟期	1. 申报国家级科技计划课题或选择申报国家级专项资金或科学技术奖 2. 申请各级企业技术中心、工程技术研究中心或重点实验室、企业研发机构等资质，以及企业上市补贴等 3. 参与行业标准、国家标准的制定，著名、驰名商标的申请等 4. 成果转化奖励类政策、研发环境提升或研发投入补贴类政策 5. 技术合同登记、研发费用加计扣除等税收减免类政策
4	衰退期	1. 成果转化奖励类政策、技术改造提升类或研发投入补贴类政策 2. 技术合同登记、研发费用加计扣除等税收减免类普惠政策

（1）初创期阶段企业。该阶段企业没有足够资金以及资源，可以根据自身的行业领域、资产规模、成本投入情况、知识产权情况及销售情况等选择支持企业技术研发、技术服务、成果产业化、信息化建设、固定资产投资建设等资金补助类或贷款贴息补助类政策。企业一般可选择创新基金、专利成果转化、信息化发展项目、知识产权奖励、中小企业发展专项资金等，如部分省市的"专精特新"中小企业认定奖励等。另外，企业还可以关注税收减免类政策，如科技型中小企业入库、技术合同登记、研发费用加计扣除等。

（2）成长期阶段企业。该阶段企业出于市场占有率上升、市场竞争力逐步增强、企业规模逐渐增加、企业资质渐渐提升等原因，开始在行业及各大竞争对手中崭露头角。如果企业在这一阶段重视完善自身各方面体系建设和持续技术创新，那么将会为其今后发展和更好地享受政策资金支持打下坚实基础。这一阶段的企业可以多关注成果转化奖励类政策、研发环境提升或研发投入补贴类政策、新三板上市扶持政策和税收减免类政策。除了国家级和省市级政策之外，企业还可以多关注区县内的扶持政策，如"新认定及重新认定的高新技术企业奖励"、新增"小升规"企业奖励和"新三板"挂牌奖励等申报项目。

（3）成熟期阶段企业。该阶段企业的规模、产品的销量、利润和市场占有率都达到了最佳状态，企业的营销能力、生产能力以及研发能力也处于鼎盛时期，企业及其产品的社会知名度很高。企业到达这一阶段标志着企业形象上升到了一定高度，这一时期企业可以根据自身技术积累、团队优势等承担一些国家级科技计划课题或选择申报国家级专项资金或科学技术奖。另外，在资质方面可以选择申请各级企业技术中心、各级工程技术研究中心或重点实验室、企业研发机构等资质，以及企业上市补贴等，同时可以积极参与行业标准、国家标准的制定，著名、驰名商标的申请等。

（4）衰退期（转型期）阶段企业。企业在经历了发展、成长、成熟三个阶段以后，可能都将面临衰退，这是市场的必然规律。要想改变这一状况，就需要通过技术改造、产品升级、经营模式重塑等多种方式引导企业转型升级。政府也通常采用多种方式支持企业转变生产经营模式、商业模式、盈利模式以及产品形态，鼓励高能耗产业退出或进行技术改造，并设立专项资金给予支持。转型期的企业可以多关注此类政策信息。

2.吃透企业和政府资助项目方向之间的契合点

对于已经合理确定了自身企业所处的生命周期，并且具有多项技术和产品的企业来讲，在选择申报政府资助项目时也需要进行慎重且周密的考虑。企业可以结合以下几个方面进行考虑。

一是充分吃透扶持政策的基本要求，确定该政府资助政策扶持的具体行业领域、技术或产品阶段。

二是针对政府资助扶持政策扶持方式（一般有无偿资助、贷款贴息、投资入股等）要求的条件，准确选择申报资金方式。

三是深入了解政府资助扶持政策所关注的关键点或者申报项目的闪光点。

四是针对政府资助扶持政策中要求的支持项目（技术）阶段、支持方式以及关注点来选择企业的技术、产品、与扶持政策相匹配的支持阶段、市场定位以及合理投资预算的项目，认真准备申报材料，力争把项目优势凸现出来。

企业通过将现实状况与扶持政策的要求条件进行匹配，然后把这些匹配点、关键点等在可行性报告中全部体现出来，就可以提高申报成功率。所以，对于多数企业来讲，选择合理的政府资助扶持政策的申报方向非常重要，在申报国家部委项目、地方政府项目、区县资金配套的同时，还要统筹计划好各个项目的衔接和支持的范围，既不能重叠，也不能遗漏，只有这样才能最大限度地利用好政府补贴资金。

6.2 做好申报的前期准备

大多数政策有效期都是三到五年，这意味着在政策出台的三到五年中，企业每年都会申报同样的项目，而且条件基本完全一致。如果企业早了解政府部门上年度支持项目的条件、资质和大概申报时间，提前着手准备工作，申报成功的可能性就比较大。

6.2.1 做好申报政府资助项目的条件评估

1. 评估项目市场前景

可以通过市场调研，了解市场占有现状；分析行业发展历史与背景，推测市场前景；进行项目成果性价比分析，判断应用前景；了解国家产业、技术政策，是鼓励还是限制；提前规划申报单位的项目申报工作，把握申报机会。

2. 评估行业竞争对手

通过科技查新检索、查阅文献资料、向同行专家咨询等方式，摸清国内外同类技术或产品的研究现状，技术是否处于国内先进水平或以上，是否有竞争优势，从中比较出创新性。

3. 评估自身能力与条件

能力与条件包括人才、技术、资金、设备、仪器、场所等可整合的内部资源和可争取到的外部条件。企业若认为具有市场前景，有望形成竞争优势，又有能力承担项目任务，可考虑申请科技计划项目。

准备工作还包括做好企业的自身建设工作，例如，全面详细了解本企业拥有的核心技术、产品、市场等方面的优劣势和发展潜力；分析企业如何把财务发展状况和内在价值展示出来；注重企业无形资产的累积，譬如专利证书、高新技术企业认定、软件著作权、著名商标等，这些报告或证书都可以作为申报项目的旁证材料，有的甚至是项目要求不可缺少的附件。

6.2.2 筛选可申报的政府资助项目范围

1. 合理确定项目所处阶段

企业项目阶段是指一个具体的项目从概念到完成所经过的所有阶段。所有项目都可分成若干阶段，且所有项目无论大小，都有一个类似的生命周期结构。其最简单的形式主要由四个主要阶段构成：研发阶段、中试阶段、小批量生产阶段和批量产业化阶段。阶段数量并非固定不变，而是取决于项目复杂程度和所处行业，每个阶段还可再分解成更小的阶段。[32] 企业项目生命周期图如图 6-2 所示。

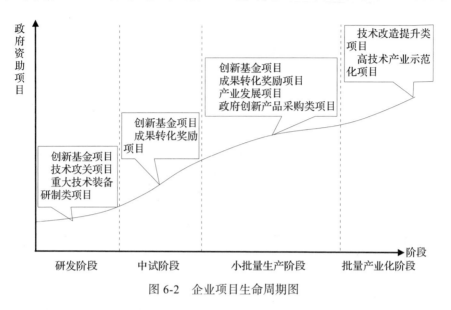

图 6-2　企业项目生命周期图

2. 选择合适的科技计划

通过政策资讯的查找技巧，企业可以查找并收集各级政府部门发布的各类科技计划项目，根据计划的任务、支持领域和对象，选择适合项目特点的科技计划，进而查询到当年度该项计划的申报指南（通知或申报要求）。

3. 读透申报指南

申报指南是申报科技计划项目的纲领性文件。明确各类支持的范围和资助重点，是申报单位准备申报材料的重要依据，是各级科技部门组织项目申报并进行初选的重要依据，是专家评审项目的重要依据，也是立项审查的重要要求。申报单位可以通过申报指南了解单位申报条件、项目负责人资格、申请项目的程序和年度重点方向，严格对照申报要求的具体内容，检阅申报单位是否符合全部要求条件。

4. 信息匹配和准备

申报单位应核实基本性指标是否符合申报项目指南的要求，竞争性指标是否满足情况，并从项目技术前沿性、单位的研究积累和团队实力等方面和潜在竞争对手进行对比，分析项目立项的可能性，从而评估项目申报的成功率。

6.3 确定合理的项目选题

由于国家各部门职能之间有很多重叠，因此导致很多政府资助支持的领域、支持的阶段相似，这就给了同一家企业同一个项目获得多个部门扶持的机会。当然，企业不能违反同一个项目申报同一级财政资金的原则。为此，企业可以在符合相关政策规定的前提下，尽可能争取多个政府部门扶持政策。

6.3.1 对可申报政府资助项目情况进行整体策划

1. 建立政府资助项目申报台账

企业根据所处生命周期阶段以及企业自身需求，建立一套完整的政府扶持政策申报台账，列明与企业自身相关的政府资助扶持政策指南发布时间、政策依据、主管部门、申报时间、申报要求、申报网址等内容，就能够从整体上进行把握，做到心中有数。

企业在建立政府资助项目申报台账时，可以选择两种方式：一是以政府资助项目类别的方式来列明政府资助项目申报台账；二是从政府资助主管部门的角度来列明政府资助项目申报台账，具体如图 6-3 所示。如果企业对于申报项目有特别的注意事项需要说明，可以增加备注栏。

2. 合理策划企业可申报的政府资助项目选题

建立企业政府资助项目申报台账之后，企业可以根据项目所处阶段确定申报的政府资助项目。一般来说，政府扶持政策往往会根据项目所处阶段给予不同的支持，如有些政策规定项目只要立项就给予扶持，有些政策规定项目必须完全完工才给予扶持。企业要根据项目所处阶段，结合整体策划方案，合理进行扶持政策的选择。

2021年××企业政府资助项目申报台账图

类别	序号	项目来源	主管部门	申报时间	申报要求	网址	备注
资质评定类	1						
	2						
	3						
推广带动类	1						
	2						
	3						
技术先进类	1						
	2						
	3						
产业化类	1						
	2						
	3						
标准和知识产权奖励类	1						
	2						
	3						
财政补贴类	1						
	2						
	3						
税收减免类	1						
	2						
	3						

2021年××企业政府资助项目申报台账图

主管部门	序号	项目来源	项目类别	申报时间	申报要求	网址	备注
科技部门	1						
	2						
	3						
发改部门	1						
	2						
	3						
工信部门	1						
	2						
	3						
财政部门	1						
	2						
	3						
税务部门	1						
	2						
	3						
农业部门	1						
	2						
	3						
经贸部门	1						
	2						
	3						

图 6-3　政府资助项目申报台账图

6.3.2　合理选择政府资助项目的申报路径

1. 确定企业申报政府资助项目的申报路径

建立政府资助项目申报台账后，企业有两条选择扶持政策的申报路径：一是企业和项目发展阶段的申报线，根据企业和项目（课题）所处的研发、中试、成果转化、产业化等发展阶段确定要申报的扶持政策；二是企业和项目所处层次的申报线，根据不同级别的政府和不同部门所出台的扶持政策，分层次、分角度地选择扶持政策进行申报。

2.关注各级政府部门政府资助政策或配套资金

企业还可根据已获得上一级政府的扶持政策的权属，按照部门的管理层级，逐级向下一级政府的管理部门申报扶持政策或配套资金。一般来说，地方政府往往会出台配套资金扶持政策，也就是根据企业获得上一级政府的额度，按照一定比例给予配套资金支持，一般的比例为1∶1或者1∶0.5。此外，特别值得注意的是，针对上一级政府出台的扶持政策，本级政府往往会相应出台本级扶持政策。

企业在政府扶持政策选择方面就可以形成一个全方位、无死角覆盖的网状方案，从而大大提高申报效率。如果操作得当，企业基本上不会错过适合自身申报的政府项目。

6.4 认真编写申报材料

对于需要专家评审的项目，企业需要认真准备材料去争取项目立项。对于核准制政府资助项目，企业要严格按照项目申报要求准备材料，以确保所准备的材料符合标准，避免因申报材料而导致项目未能获得支持。

6.4.1 认真编制项目申报书和可行性报告

根据前面几章的分析可以知道，一般项目的申报材料主要包括资金或计划项目申报书（资金申请书、项目建议书、项目可行性报告等）、企业的证明性材料、项目技术证明性等相关材料以及企业财务数据。在这些申报材料中，需要企业主要编写的材料有资金申请书、项目建议书或项目可行性报告。项目申报材料内容是否脉络清晰、质量是否优秀往往影响项目评审专家的评分。一般来说，每种类型的扶持政策都有评审分数的要求，只有高于某一分数，项目才可能进入资金审批部门的审议阶段。所以，打铁还需自身硬，申报材料编制是一个非常关键并影响项目申报能否成功的重要因素，这个因素直接关系到企业是否能够拿到政府补贴资金。项目申报材料的书写要求格式规范、条理清晰，让评审专家能够一目了然，建议由资深的项目申报人员参与编写。

1.自行组织团队编写项目申报材料

有些企业在申报项目的时候，会委托中介机构来编写。从编写技术水平来说，部分有资质的中介机构编写的项目建议书、项目可行性报告等材料水平相对较高，但由于一些企业经营领域的独特性，所以中介机构还不能很好地进行把握，很难重点突出评审专家所关注的关键点，进而影响评审专家的评估打分。企业需要结合自身的实际情况，自行组织团队来编写项目申报材料。

结合工作经验，建议企业在准备申报材料时注意以下几个方面：一是严格根据某个扶持政策的要求或者提供的提纲结构进行编写；二是在编写过程中，重点突出某个扶持政策的关注点，做到条理清晰，一目了然；三是技术介绍全面、重点突出；四是市场定位恰当、预测合理；五是项目实施规划清楚、合理，执行期明确；六是项目每个阶段的各种考核指标明确，方便监理和验收；七是投资预算中的资金预算合理、详细；八是资金应用及来源明确、申请的资金恰当；九是项目实施的经济效果真实以及风险评估全面；十是材料编写语言顺畅、通俗易懂。

2. 按要求编写项目申报书和可行性报告

企业资金申报材料的核心是项目申报书和可行性报告，其在申报过程中起着很关键的作用。项目申报书和可行性报告的质量高低直接关系着评审结果。根据扶持政策申报要求，企业应准备真实、准确、严谨、高质量的申报材料，充分展示出企业在技术、实力等方面的优势，使项目评审专家能在较短时间内抓住重点，并能充分理解、准确把握企业的申报材料所提供的信息点，才能使得企业在激烈竞争中取得优势。

企业在编写项目申报书和可行性报告的过程中要注意以下几点：一是内容上要贴合项目申报指南的要求，同时也要凸显企业特色和优势；二是形式上要凸显重点，可以在可行性报告的排版上采用文字加粗、添加下划线、不同字体、不同颜色等多种方式标注希望引起评审专家重点关注的字眼或段落，但是要注意把握尺度，不要把申报材料标注得太花，否则全文都是重点便没有重点可言。

3. 重视项目申报材料的整体制作

项目申报材料整体制作的好坏在一定程度上反映了项目申请人对项目申报工作的重视程度，也直接影响着政府管理工作人员和项目评审专家对项目的判断。大多数申请人在申报项目时，一般都对项目的选题、设计论证等方面重视程度较高，而往往对申报材料的填写格式、排版、装订等细小环节不加以重视，进而错失立项机会。为此，企业在填写申报材料前，要认真研读申报通知，仔细学习相关管理工作文件，切实了解与掌握在项目申报材料填写、制作等各环节上的具体要求，尽量少出"硬伤"，以免造成一些负面影响，进而影响项目立项成功率。虽然当前大多数政府资助项目已经实现了在线评审，但是对于仍需要提交纸质申报材料的政府资助项目，企业需要注意材料顺序的排放、胶装等问题，避免因部分材料的遗失或凌乱而造成所申报项目的落选。

6.4.2 突出企业研究基础和研究成效

影响项目申报成功率的一个重要因素是企业基础资质的完善，因为企业研究基础的完善与否，是一个企业技术水平和综合实力的集中体现。对于一个政府资助申报的项目，除了企业的基本信息外，企业还需要回答项目的技术从何而来（是自己开发的还是引进的），项目资金从何而来（自筹资金为多少），什么人来做这个项目（是企业人员还是产学研合作人员）以及产品的经济效益如何。在项目申报过程中，企业要申述已有的技术优势、人才队伍情况、市场开拓情况，以及需要政府资助的主要原因。因此，企业在申报材料时需要突出研究基础和研究成效。

1. 合理撰写企业研究基础

当企业申报一个政府资助项目的时候，除非企业能够证明该项目是原创项目，否则所从事的项目必然面临同样或同类项目的竞争。因此，企业在项目申报材料中就需要说明企业技术与同行相比的优势在哪里。企业需要依靠数据和证据来提供依据。具体来说，一是要强调项目开发的背景，明确产品是在什么环境下提出的，市场需求在什么地方，产品是否有较长的产业链；二是突出项目产品特点，通过精练的语言阐明申报项目的优势所在，值得注意的是项目特点是吸引评审专家注意力和最终形成判断的关键所在；三是提供相对权威的技术含量论述证明，一般可通过提供该领域权威专家出具的鉴定报告或者查新报告，以及权威机构或国家和国际的技术标准，并对国内外同类项目或产品的主要技术指标进行比较；四是阐明项目的创新程度和技术风险，明确该项目在工艺流程、产品收益率、成品率、产品性能等技术指标方面是否有突破，是否已经掌握关键技术和工艺，是否已经有产品和样机，能否提供性能水平、产品治理和用户意见并据此论述该项目是否具备规模化生产条件。

2.合理描述项目研究成效

项目申报材料中可以从项目经济效益和社会效益两个方面来说明项目研究成效如何。在经济效益分析方面，企业应在分析市场空间和发展趋势的基础上着重论述产品是否为市场急需产品，产品性能价格能否被用户接受，尽量避免笼统分析和按比例放大等问题。在具体分析上，企业如果能够通过已有用户的使用情况或者产品订单来说明产品的经济效益，效果会更为明显。在社会效益分析方面，企业应着重论述项目技术对行业和整个经济的带动作用，在增加税收、创造就业机会、替代进口产品等方面是否有积极作用。社会效益的分析要避免空洞地论述，要针对项目表述属于该项目的真正意义，最好能够反映出该项目对于行业、地区的带动作用以及对于环境保护、就业机会、综合利用等方面的促进作用。

本章小结

纸上得来终觉浅，绝知此事要躬行。项目申报成功率是多方因素影响叠加的结果，因此企业若想成功使得政府资助项目立项，需要在了解企业实际情况的基础上，提前做好项目申报的前期准备，进而合理地确定项目选题，通过认真编写项目申报材料，并经企业内部或者企业熟识的科技专家、金融专家、法律专家进行把关、多重审核，来确保项目申报的成功。总体上来说，建议企业根据企业自身或拟申报项目的发展进行整体策划，建立一套 3～5 年的完整项目申报计划台账，并在此期间注重国家省市项目的规律性、每项政府资助计划之间的衔接性以及企业产业发展的前瞻性三个方面。同一项目在同一年度可以在不同的主管部门同时申请立项；同一项目在执行期内不得与其他项目再次申请政府资助计划或专项资金；不同项目在同一年度不得以任何方式申请同一部门的同一专项资金或政府资助计划。企业要充分把握好以上三个原则性规定，练好内功，方能厚积薄发。

《广东省省级财政专项资金管理办法（试行）》

广东省人民政府关于印发广东省省级财政
专项资金管理办法（试行）的通知

粤府〔2018〕120号

各地级以上市人民政府，各县（市、区）人民政府，省政府各部门、各直属机构：

现将《广东省省级财政专项资金管理办法（试行）》印发给你们，请认真贯彻执行。执行过程中遇到的问题，请径向省财政厅反映。

广东省人民政府

2018 年 12 月 24 日

广东省省级财政专项资金管理办法（试行）

第一章 总则

第一条 为进一步规范省级财政专项资金管理，根据《中华人民共和国预算法》等法律法规规定和省委、省政府关于深化省级预算编制执行监督管理改革的部署要求，制定本办法。

第二条 本办法所称省级财政专项资金（以下简称专项资金），是指为支持我省经济社会各项事业发展，省财政通过一般公共预算、政府性基金预算、国有资本经营预算安排的，具有专门用途和绩效目标的财政资金。

中央财政补助资金、按照现行财政体制规定对下级政府的返还性支出和一般性转移支付、省财政部门直接按因素法或固定标准分配的财政资金等，不纳入专项资金管理范围，按国家和省有关规定管理。

第三条 专项资金管理遵循以下原则：

（1）集中财力，保障重点。专项资金优先足额保障中央和省部署的重大改革、重要政策和重点项目落实，不留"硬缺口"。加强上下级资金、不同预算体系资金、以往年度资金的统筹使用，集中财力办大事。

（2）规范设立，严控新增。专项资金设立应符合公共财政支出范围，遵循财政事权和支出责任相匹配原则，不得同财政收支规模、增幅或生产总值等挂钩。未按规定程序报批，不得在政策性文件、工作会议及领导讲话中，对专项资金新增设立、增加额度事项作出规定、要求或表述。

（3）提前谋划，储备项目。树立谋事为先的理念，科学合理谋划专项资金支持重点，做实项目前期研究论证，提前入库储备项目，确保资金安排与项目紧密衔接。

（4）绩效优先，目标明确。全面实施预算绩效管理，加强专项资金绩效目标申报、审核和监控，并将绩效管理结果与预算安排和政策调整挂钩。

（5）定期退出，滚动安排。除国家政策要求设立的专项资金外，每项专项资金支持的政策实施期限一般不超过 3 年，最高不超过 5 年。确需继续实施的，在实施期满前一年开展研究论证和绩效评价，并重新按新设专项资金程序申请。属于跨年度支出的，分年度编制预算。

（6）依法公开，强化监督。健全监管机制，全面推进信息公开，主动接受有关部门和社会各界监督，保障专项资金阳光透明运行。

第二章 预算编制

第四条 省业务主管部门要按照省委、省政府决策部署，围绕全省经济社会发展规划和重大专项规划，对照分管行业领域事业发展的目标任务，研究确定专项资金重点支持方向。

第五条 省业务主管部门应通过内部集体研究、实地调研、专家论证、委托第三方专业机构评审等方式，对新增设立专项资金的必要性、科学性、合理性、可行性等进行研究论证。属于国家政策要求和省委、省政府重大部署的，按照有关规定开展研究论证。

第六条 专项资金目录清单分"战略领域""财政事权""政策任务"3 层结构编制（模板见附件 2）。"战略领域"由财政部门根据省委、省政府战略部署统一设置；"财政事权"根据财政事权和支出责任划分改革要求，由省财政部门会同省业务主管部门按部门职责梳理设置，每项"财政事权"资金一般不跨部门管理；"政策任务"不作固化，由省业务主管部门根据每年度需完成的重点工作任务设置。

原则上各项"财政事权"下设"政策任务"不超过10项，省业务主管部门按照轻重缓急原则对"政策任务"进行排序，预算编制不受以往年度基数限制。在不增加"财政事权"总额度的前提下，对"政策任务"进行调整结构或新增额度的，省业务主管部门直接纳入目录清单编报。

省业务主管部门编制的专项资金目录清单，需按"三重一大"要求经部门党组会议或办公会议集体审议，报分管省领导专题研究或审核后，报送省财政部门。省财政部门复核后，汇总报分管财政的副省长核呈省长审批。如因收支平衡需要，压减经批准的专项资金预算，由省级财政部门按程序纳入年度预算草案报批。

第七条　省业务主管部门应在制定专项资金目录清单时同步明确具体项目审批权限。

属于省级财政事权，在全省范围内有改革示范效应、跨地区、跨流域，以及由省规划的重大项目、重大工程等，报分管省领导批准后，可保留由省级审批具体项目。省业务主管部门主要采用项目制方式，通过竞争性分配、专家评审论证、委托第三方专业机构评估、集体研究审核和相关制度规定的其他方法进行分配。

属于直接面向基层、量大面广、由市县或用款单位实施更为便捷有效的资金，原则上应将项目审批权限下放市县或用款单位，实行"大专项＋任务清单"管理模式。省业务主管部门通过集体研究等方式，充分考虑任务量、积极性和用款绩效等情况，采用因素法将专项资金分配到市县或用款单位，由市县和用款单位参照省级做法分配到具体项目。

第八条　专项资金全面实施项目库管理。省业务主管部门、市县按照"谁审批、谁组织申报"的原则做好项目储备，原则上提前一年组织项目研究谋划、评审论证、入库储备和排序择优，具体可委托第三方专业机构组织实施。未纳入项目库的项目，原则上不安排预算。省属企业及中央驻粤企业（单位）可按属地原则在市县申报项目。建立政府投资项目库管理制度。基础建设投资项目应完成项目立项审批程序再安排专项资金。具体按照《广东省省级财政资金项目库管理办法（试行）》等有关规定执行。

第九条　省业务主管部门在编制专项资金目录清单时同步编制各项专项资金"政策任务"的绩效目标。要在省级财政预算绩效指标库选取并设置合适的绩效指标，确保可量化、可评估。

第十条　省业务主管部门、市县可从专项资金中适当安排下一年度项目的前期论证、立项、入库评审等工作经费。前期工作经费计提额度或比例由各项专项资金"财政事权"管理办法具体规定，省级与市县计提总量原则上不得超过该"财政事权"金额的 1%（有其他文件专门作出规定的按规定执行）。

第十一条　省业务主管部门、财政部门在编报预算时，应对存在以下情形的专项资金进行调整、压减或撤销。包括：原设立的目标任务已完成，不必再安排的；审批政策依据等发生变化，不适合再安排的；支出结构不合理，使用分散的；审计、监督检查和绩效管理发现违法违规问题情节严重，或整改无效的；绩效评价结果为中、低、差的；群众满意度低的；预算执行进度缓慢或连年结转结余的。

第十二条　省业务主管部门因新增职责或阶段性重大工作任务，统筹现有资金仍无法解决，确需新设专项资金"财政事权"或增加额度的，应填写申报表（附件 3）、可行性研究报告（编写提纲见附件 4），联合省财政部门呈报分管省领导核呈分管财政的副省长审批。其中，新增总额 1 亿元（含）以上的报省长审批；新增总额 5 亿元（含）以上的，提交省政府常务会议审议。在既定"政策任务"跨年度计划内调整年度间预算额度的，不作为新增预算报批事项。

第十三条　省业务主管部门细化编制专项资金预算时，对保留省级审批项目的，要细化选取具体项目和明确绩效目标；对下放项目审批权限的，要将资金和绩效目标细化分配至市县与用款单位。省财政部门汇总纳入预算草案按规定报批，并办理资金提前下达和预算批复。

专项资金原则上应在年初预算编制环节细化到具体项目和用款单位。除用于应对自然灾害等突发事件，确实无法提前细化分配的资金以外，提前细化分配比例一般不低于 70%，预留年中分配的比例不超过 30%。提前细化分配的专项资金中，属省级预算单位使用的，由省级预算单位编入部门预算；属对市县专项转移支付的，分地区、分项目编列。

第三章　预算执行

第十四条　省人民代表大会批准年度预算后，由省业务主管部门制定预算执行承诺书，征求省财政部门意见后，报分管省领导批准，报省财政部门备案，作为预算执行监督的依据。省业务主管部门要在预算执行过程中，定期对照分析，评估专项资金使用和项目实施情况。

第十五条　严格按照预算法规定时限要求办理资金分配、下达。省业务主管部门按规定将资金分配方案及绩效目标进行公示无异议后，在预算法规定下达时限 7 日前报送省财政部门。其中，省级审批项目的资金分配方案（含提前下达部分）及调整方案应按照"三重一大"要求经部门党组会议或办公会议集体审议后，在公示前报分管省领导审批。省财政部门在收到分配方案后 7 日内发文下达指标。已提前细化纳入预算草案的专项资金按第十三条规定执行。

下放项目审批权限的专项资金，市县应在收到资金和任务清单后 30 日内制订资金分配方案，及时拨付资金，并报省业务主管部门备案，由省业务主管部门汇总提供省财政部门备案。

第十六条　专项资金严格按经批准的预算执行，年度预算执行中一般不新设专项或增加额度；年中经批准出台新增政策的，原则上列入以后年度预算安排。

规范不同"财政事权"间的资金调剂，确需调剂的，省业务主管部门应在预算法和财政部门规定的范围内办理。调剂资金达"财政事权"总额度 10% 及以上的，报分管省领导审批；达到 20% 及以上的，经分管省领导和分管财政的副省长审核后，报省长审批。"政策任务"间的资金调剂报批程序由各项专项资金"财政事权"管理办法具体规定。

第十七条　下放项目审批权限的专项资金，省业务主管部门应在资金下达（含提前下达）时同步下达任务清单（模板见附件 5）。每项"财政事权"需单独制定任务清单，包括约束性任务和指导性任务。省业务主管部门原则上不得在下达任务清单、接受备案等过程中指定具体项目及金额。

市县和用款单位在完成约束性任务的前提下，可在同一"财政事权"内统筹使用剩余资金，并在 15 日内将统筹情况报省业务主管部门备案，由省业务主管部门汇总提供省财政部门备案。

第十八条　专项资金下达后，项目实施单位应加快项目组织实施，按照规定的开支范围加快支出进度。当年未使用完毕的资金按照财政结转结余办法办理。

项目实施完毕后，省业务主管部门、市县主管部门和用款单位要按照"谁审批具体项目，谁验收考评"的原则，自主或委托第三方专业机构组织项目验收或考评，并及时将验收或考评结果报同级财政部门备案。

第十九条　对省业务主管部门无正当理由未按本办法第十五条规定报送资金

分配方案的，省财政部门要及时作出提醒并报告相关分管省领导。经督促后仍未及时作出有效整改，导致未能按预算法规定时限下达资金的，由省财政部门报省政府批准后将资金收回。其中，属于专项转移支付的，转为财力性补助资金分配下达市县；属于省本级支出的，按规定收回统筹使用。

对市县和用款单位未按本办法第十五条规定及时审批项目，未按规定用途使用，不具备实施条件、无法在年底前实际支出，违规提高支出门槛造成沉淀及其他违反相关管理办法的资金，收回省财政统筹使用。

第二十条　省业务主管部门、用款单位、市县业务主管部门对项目验收考评、监督检查、内部审计、绩效管理等工作经费，可从本年度专项资金中列支或按照政府购买服务方式开支。事中事后工作经费计提额度或比例由各项专项资金"财政事权"管理办法具体规定。属于基建、工程、科技类项目的按规定据实列支；其他项目省级与市县计提总量原则上不得超过该"财政事权"金额的1%。

专项资金工作经费安排使用要严格执行中央八项规定和厉行节约的相关要求，除中央和省委、省政府文件规定外，不得将工作经费用于行政事业单位编制内人员工资、津贴补贴、奖金和其他福利支出，楼堂馆所建设、修缮和其他无关支出。

第四章　预算监督

第二十一条　预算执行阶段，省业务主管部门要按照事前支持项目和事后支持项目的不同类型加强专项资金绩效目标监控，对监控中发现与既定绩效目标发生偏离的，及时责成项目单位采取措施予以纠正；情况严重的，调整、暂缓或者停止执行。省财政部门对专项资金绩效目标实现情况与预算执行进度情况进行监控并通报。

第二十二条　预算年度终了及预算执行完毕，由市县主管部门和用款单位开展专项资金使用情况自评。省业务主管部门对部分项目或市县开展绩效评价，形成自评报告报省财政部门备案。省财政部门结合省业务主管部门绩效自评情况和当年工作重点，委托第三方机构对部分专项资金进行重点绩效评价或自评抽查，将绩效评价结果汇总报省政府。

第二十三条　省业务主管部门要加强对专项资金管理关键岗位和重点环节的廉政风险排查和防控，对专项资金预算执行、资金使用效益和财务管理进行跟踪监控。省财政、审计部门要按照预算法及相关规定进行监督检查。

第五章 信息公开

第二十四条 省业务主管部门是本部门分管专项资金信息公开公示的责任主体。项目实施单位要及时以适当方式公开财政资金使用情况。下放项目审批权限的专项资金，由市县业务主管部门、用款单位参照省级做法，对管理过程产生的相关信息进行公开公示。

第二十五条 除涉及保密要求或重大敏感事项不予公开的专项资金信息外，省级财政专项资金的分配、执行和结果等全过程信息按照"谁制定、谁分配、谁使用、谁公开"的原则向社会公开。主要内容包括：

（1）专项资金目录清单。

（2）各项专项资金"财政事权"的具体管理办法。

（3）专项资金申报通知（申报指南），包括申报条件、扶持范围、扶持对象、审批部门、咨询电话等。

（4）项目计划情况，包括申报单位、申请金额、安排金额、绩效目标、项目立项储备等。

（5）资金分配方式、程序和结果，包括资金分配明细项目、金额和分配对象等；完成约束性任务后剩余资金统筹使用情况。

（6）专项资金使用情况。

（7）专项资金绩效评价、监督检查和审计结果，包括项目财务决算报告、项目验收考评情况、绩效自评报告和财政部门反馈的重点评价报告、财政财务监督检查报告、审计结果等。

（8）公开接受和处理投诉情况，包括投诉事项和投诉处理情况以及其他按规定应公开的内容。

第二十六条 省业务主管部门应在相关信息审批生效后 20 日内，通过省级专项资金管理平台、本部门门户网站、相关信息系统等载体向社会进行公开。市县业务主管部门、用款单位应参照省级做法，通过本部门或本级政府、上级主管部门门户网站及其他信息载体进行公开。

第六章 职责分工

第二十七条 省财政部门负责牵头拟定专项资金管理制度；汇总编制专项资金预算，审核省业务主管部门专项资金目录清单、绩效目标、新增事项等；组织总预算执行，办理资金下达和拨付；对预算执行和绩效目标实现情况进行监控通报，组织开展重点绩效评价和抽查等；不直接参与具体项目审批。

第二十八条 省业务主管部门全面负责本部门预算编制和执行，对下达省直用款单位和市县的专项资金执行情况承担指导和监管责任。包括：负责部门项目库管理；申报专项资金预算、目录清单、绩效目标，制定明细分配方案；制订下达任务清单，对分管专项资金预算执行情况进行跟踪监管；负责分管专项资金绩效管理、信息公开；对保留省级审批权限的专项资金，组织项目验收或考评。

第二十九条 市县承担省级下达专项资金的预算执行、绩效目标监控、任务清单实施的主体责任，确保完成省业务主管部门下达的任务清单和绩效目标。包括：将省下达的专项资金纳入市县预算全流程规范管理，做好细化分配或转下达工作；负责市县项目库管理；组织项目实施和监管，加强资金管理，做好信息公开、绩效自评、项目验收考评等工作；接受省级监督检查和绩效评价。

第三十条 用款单位对项目实施和资金使用负责，严格执行专项资金预算，具体组织项目实施，加强财务管理，接受验收考评、监督检查和绩效评价。

第三十一条 省审计部门依法按照"谁主管、谁审批、谁使用、谁负责"原则，对专项资金的管理分配使用实施审计监督，向省政府提出审计结果报告；按规定将审计发现的违法违规案件线索移交纪检监察机关。

第七章 责任追究

第三十二条 对存在以下情形的，追究相关部门、市县、用款单位及责任人责任。

（1）对专项资金预算执行进度慢、效果差的省业务主管部门和市县政府主要领导、分管领导，由省财政部门提请省政府进行约谈。

（2）对负责专项资金管理的省业务主管部门领导、内设部门领导、经办人员，以及其他协管部门、中介机构有关人员和评审专家在专项资金评审、分配、审批过程中存在违法违规行为的，按照"谁审批、谁负责"的原则，视情节轻重追究责任。

（3）申请单位在专项资金申报、管理、使用过程中存在虚报、挤占、挪用等违法违规行为的，依法依规作出严肃处理，追回专项资金，将失信信息纳入社会信用体系实施联合奖惩，并向社会公开。情节严重的，原则上5年内停止其申报专项资金资格。

（4）市县有关部门未按规定将资金拨付到用款单位的，按有关规定进行问责。

（5）涉嫌违法犯罪的，依法移送司法机关处理。

第八章 附则

第三十三条 省财政部门联合省业务主管部门制定各项专项资金"财政事权"的管理办法。省业务主管部门可结合实际需要细化制定各项专项资金"政策任务"的具体实施细则，报省财政部门备案。市、县人民政府可参照本办法制定本地区财政专项资金管理办法。

第三十四条 省财政部门依托"数字政府"建设全省财政管理一体化信息平台，建立专项资金全流程留痕机制，将专项资金分配使用纳入监控范围，并为省业务主管部门和市县管理使用专项资金提供信息技术支撑。

第三十五条 本办法自印发之日起实施，有效期3年。《广东省人民政府关于印发广东省省级财政专项资金管理试行办法的通知》（粤府〔2016〕86号）同时废止。

附件：1. 专项资金预算编制执行流程图

2. 省级财政专项资金目录清单参考模板

3. 省级财政专项资金新增设立申报表

4. 可行性研究报告编写提纲

5. 专项资金任务清单参考模板

附件 1

专项资金预算编制执行流程图

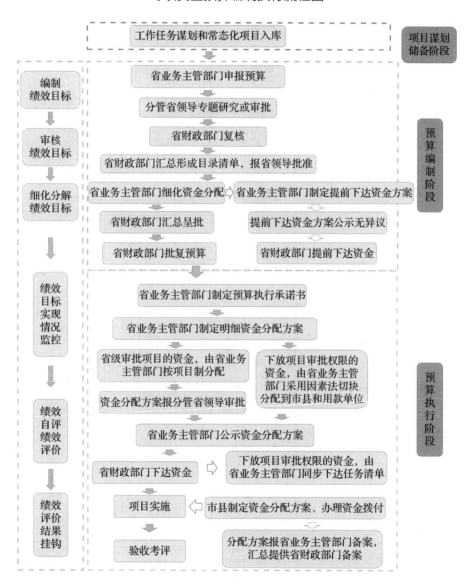

附件 2

省级财政专项资金目录清单参考模板

主管部门：

单位：万元

专项资金名称（战略领域名称）	财政事权	政策任务	主要用途	绩效目标	资金额度	审批权限设置			备注
						保留省级审批	下放用款单位	下放市县	
例如：乡村振兴战略专项资金	例如：水利建设与改革发展	例如：中小河流治理							
	例如：水利建设与改革发展	例如：三江连通工程							
	例如：水利建设与改革发展	例如：特大三防抢险							
	例如：水利建设与改革发展								
	例如：构建现代农业体系资金	例如：新型经营主体培育							
	例如：构建现代农业体系资金	例如：设施农业示范							
	例如：构建现代农业体系资金	例如：农业科技创新							
	例如：构建现代农业体系资金	……							
……		……							

省业务主管部门联系人及电话：

附件 3

省级财政专项资金新增设立申报表

填报日期： （单位盖章） 单位：万元

申报单位		单位编码	
专项资金名称	（对应"财政事权"）	政策任务及设立年限	（对应"政策任务"）
申报责任人		联系电话	
设立依据	（政策文件文号）	新增资金总额	
专项金设立政策背景及原因	（国家和省委、省政府新出台的政策文件、决策部署，设立的必要性、可行性、合理性等）		
年限内每年资金安排计划			
专项资金用途范围			
专项资金绩效目标			
部门审核意见			
省财政厅审核意见			

附件 4

可行性研究报告编写提纲

1. 基本情况

（1）单位基本情况：申报单位名称、地址及邮编、联系电话、法人代表姓名、人员、资产规模、财务收支、上级单位及所隶属的主管部门名称等情况；可行性研究报告编制单位名称、地址及邮编、联系电话、法人代表姓名、资质等级等；参与管理专项资金的单位名称、地址及邮编、联系电话、法人代表姓名等。

（2）专项资金申报负责人基本情况：姓名、性别、职务、职称、专业、联系电话、与专项资金相关的主要情况。

（3）专项资金基本情况：专项资金名称、性质、用款单位及范围、主要工作内容、预期总目标及阶段性目标情况；绩效目标；总投入情况（包括人、财、物等方面）。

2. 必要性与可行性

（1）专项资金设立或变更背景情况：专项资金使用收益范围分析；需求分析；是否符合国家和省的政策，是否属于国家和省政策优先支持的领域和范围。

（2）专项资金设立或变更的必要性：专项资金设立或变更对促进事业发展或完成行政事业性工作任务的意义与作用。

（3）专项资金设立或变更的可行性：专项资金安排的主要工作思路与设想；专项资金预算的合理性及可靠性分析；专项资金绩效目标分析，包括绩效指标分析；与同类项目的对比分析；专项资金预期绩效目标的可持续性分析。

（4）专项资金实施风险与不确定性：实施存在的主要风险与不确定分析；对风险的应对措施分析。

3. 实施条件

（1）人员条件：专项资金协管部门及负责人的组织管理能力；主要用款单位及参加人员的姓名、性别、职务、职称、专业、对使用范围的熟识情况。

（2）资金条件：专项资金投入总额及投入计划；对财政预算资金的需求额；

其他渠道资金的来源及其落实情况。

（3）基础条件：专项资金协管部门、用款单位及合作单位完成目标已经具备的基础条件（重点说明用款单位及合作单位具备的设施条件，需要增加的关键设施）。

（4）其他相关条件。

4. 进度与计划安排

专项资金使用的阶段性目标情况，分阶段实施进度与计划安排情况。

5. 主要结论

附件 5

专项资金任务清单参考模板

序号	"财政事权"名称	"政策任务"名称	任务要求/目标	任务性质	实施方式	实施标准	工作量	完成时限	备注
1	应与专项资金目录清单衔接一致	应与专项资金目录清单衔接一致	反映可量化、可操作、可执行、可检验的任务和目标	选填"约束性任务"或"指导性任务"	反映完成任务和目标应采取的组织实施方式方法	反映完成任务和目标应对照执行的相关标准，如每单位投入应完成的任务量，或者每单位任务量不得超过的投入额度等	反映完成任务和目标的产出	反映完成任务和目标的时间要求	反映其他要求
2									
3									
4									
5									

负面清单：
反映资金不得投入的领域、范围、对象和用途等

说明：

1. 本表仅供参考，各部门可根据不同行业、不同领域的实际情况，修改完善任务清单，各选项结合实际情况选填。

2. 如"财政事权/政策任务"较多的，可以按一个"政策任务"一个表格填列。

《广东省财政厅 广东省审计厅关于省级财政科研项目资金的管理监督办法》

关于印发《广东省财政厅 广东省审计厅
关于省级财政科研项目资金的管理监督办法》的通知

粤财规〔2019〕5号

省直各单位，中直驻粤各单位，省各人民团体：

为贯彻中央和省关于科技领域"放管服"改革精神，规范省级财政科研项目资金管理，落实科研机构和科研人员经费管理自主权，经省人民政府同意，现将《广东省财政厅 广东省审计厅关于省级财政科研项目资金的管理监督办法》印发给你们，请遵照执行。

广东省财政厅 广东省审计厅

2019年6月5日

广东省财政厅 广东省审计厅关于省级财政科研项目资金的管理监督办法

第一章 总 则

第一条 根据党中央、国务院推进科技领域"放管服"改革精神和省委、省政府进一步促进科技创新的要求，依据《中共广东省委办公厅 广东省人民政府办公厅印发〈关于进一步完善省级财政科研项目资金管理等政策的实施意见（试行）〉的通知》（粤委办〔2017〕13号）、《广东省人民政府印发关于进一步促进科技创新若干政策措施的通知》（粤府〔2019〕1号）等规定，为规范省级财政科研项目资金管理，提升科研项目资金绩效，落实科研机构和科研人员经费管理自主权，激发创新活力，特制定本办法。

第二条　本办法适用于以科学研究为目的，涵盖基础研究、应用研究、技术研究与开发、科技条件与平台建设、科技交流与合作等活动，以项目制方式由省直部门立项或项目承担单位自主立项管理的省级财政科研项目资金。

以稳定性支持、后补助等非项目制方式安排的省级财政科研资金，由资金使用单位自主统筹管理使用（国家和省另有规定的除外）。

项目承担单位以市场委托方式取得的横向经费，纳入单位财务统一管理，由项目承担单位按照委托方要求或合同约定自主使用，不适用本办法。

第三条　科研项目资金管理遵循"尊重规律、优化流程，充分放权、明确职责，强化激励、突出绩效，专账核算、规范管理"原则。

第四条　科研项目资金使用应遵照实事求是、精简高效、厉行节约、倡导共享的原则。

第二章　职责分工

第五条　科研项目资金按照"谁使用、谁负责"原则，由项目承担单位和项目负责人自主管理使用。按照"谁立项、谁监管"原则，由省直部门承担政策指导和资金监管责任。

第六条　项目承担单位是科研项目资金管理的责任主体，自主管理使用本单位科研项目资金，具体职责包括：

（1）制定并完善本单位财务、资产、政府采购、绩效评价、成果转化及与此相关的科研、人事、科研诚信及科研伦理等内部管理制度和实施办法。明确本单位科研项目预算调剂、间接费用统筹、劳务费人员费开支管理、绩效支出分配、结题财务审计、结余资金使用、成果转化收益分配、急需科研设备耗材采购等管理权限和审核流程。

（2）负责预算审核把关，规范财务支出行为，建立岗位分离、内部约束的内部风险防控机制，完善项目资金使用监督检查和绩效评价。

（3）负责本单位科研项目资金监管，实行专账核算，定期向项目主管部门报告项目实施、资金使用情况。因故终止或撤销的项目须及时向项目主管部门报批，并按要求退回财政资金。

（4）实行内部公开制度，定期公开科研项目预算、预算调整、资金使用、资金结余、科研成果等项目信息。

（5）建立科研财务助理制度，为科研人员提供专业化服务。

第七条 项目负责人是科研项目资金使用的直接责任人，对项目资金使用的真实性、合法性、合规性和相关性负责，具体职责包括：

（1）据实编制项目预算和绩效目标，组织预算执行，真实编列项目决算。

（2）建立并落实科研项目日志管理制度，据实记录科研项目研究方向和技术路线调整、研究团队人员变动、预算调整、资金使用、设备和耗材使用情况等内容，真实反映科研项目研究过程及资金开支情况。

（3）对因故需终止实施的项目，须提出明确处理意见并及时报告项目承担单位。

第八条 省项目主管部门是本部门科研项目资金的分配和监管主体，具体职责包括：

（1）组织科研项目论证评审，编制资金分配方案和绩效目标。

（2）指导下属单位完善项目管理、内控制度，适时开展项目管理自主权落实情况核查。监督项目承担单位规范管理，提高科研项目绩效。

（3）组织开展项目实施期末综合绩效评价，完善评价结果应用。

（4）对因故需终止实施的项目，核定剩余项目资金并提出明确处理意见报送省财政部门。对需收回省财政统筹使用的，配合省财政部门收回项目财政资金。

（5）落实科研诚信管理和联合惩戒机制，对严重违背科研诚信和科研伦理要求的项目承担单位和科研人员，会同相关部门实施责任追究，联合惩戒。

第九条 省财政部门负责制订省级财政科研项目资金管理办法，根据项目主管部门编制的资金分配方案及时拨付项目资金，不直接参与科研项目审批、管理，具体职责包括：

（1）制订省级财政科研项目资金管理办法。

（2）建立科研项目资金拨付、政府采购绿色通道。

（3）开展资金使用管理情况抽查，指导单位完善资金管理制度。

（4）及时收回经省项目主管部门确认需终止实施的项目财政资金。

第十条 省审计机关依法对省级财政科研项目资金的管理使用和绩效情况进行审计监督，具体职责包括：

（1）依照《中华人民共和国审计法》及其实施条例，根据年度审计计划安排或审计工作需要，开展相关科技创新政策落实以及科研项目资金管理使用和绩效情况的审计或审计调查。

（2）对开展的审计或审计调查事项出具相应的审计结论文书，必要时进行公告。

（3）监督有关部门、项目承担单位或个人及时整改审计发现问题。

第三章　项目资金开支范围

第十一条　项目资金支出是指在项目组织实施过程中与研究活动相关的、由项目资金支付的各项费用支出。项目资金分为直接费用和间接费用。

第十二条　直接费用是指在项目研究过程中发生的与之直接相关的费用，具体包括：

（1）设备费。在项目研究过程中购置或试制专用仪器设备，对现有仪器设备进行升级改造，以及租赁外单位仪器设备而发生的费用。

（2）材料费。在项目研究过程中消耗的各种原材料、辅助材料、低值易耗品等的采购及运输、装卸、整理、回收处理等费用。

（3）测试化验加工费。在项目研究过程中支付给外单位或依托单位内部检测机构的检验、测试、化验及加工等费用，非独立核算的内部检测机构应按规定明确检测费用标准。

（4）燃料动力费。在项目研究过程中相关大型仪器设备、专用科学装置等运行发生的可以单独计量的水、电、气、燃料消耗费用等。

（5）差旅费／会议费／国际合作交流费。在项目研究过程中开展科学实验（试验）、科学考察、业务调研、学术交流、业务培训等所发生的外埠差旅费、市内交通费用；组织开展学术研讨、咨询以及协调项目研究工作等活动而发生的会议费用；项目研究人员出国、赴港澳台、外国专家来华、港澳台专家来内地工作以及开展学术交流的费用等。本科目预算不超过直接费用10%的，不需要提供预算测算依据，可统筹使用。

（6）出版／文献／信息传播／知识产权事务费。在项目研究过程中，需要支付的出版费、资料费、专用软件购买费、文献检索费、专业通信费、专利申请及其他知识产权事务等费用。

（7）劳务费。在项目研究过程中支付给参与项目研究的承担单位编制外研究生、博士后、访问学者、项目聘用的研究人员和科研辅助人员的劳务费用。

项目聘用人员的劳务费开支标准，参照当地科学研究和技术服务业从业人员平均工资水平，根据其在项目研究中承担的工作任务确定，其社会保险补助纳入劳务费科目列支。劳务费预算不单设比例限制，由项目承担单位和科研人员据实编制。

项目聘用的研究人员和科研辅助人员依法与项目承担单位签订合同（协议）。

参与项目研究并与项目承担单位签订劳动合同的编制外人员的工资性支出在劳务费中列支，确不具备签订合同或协议条件的，可按规定提供相关佐证材料。

（8）人员费。项目承担单位属科研事业单位的，可从直接费用中开支参与项目研究的在编人员工资性支出，用于补足财政补助标准与本单位实际发放水平之间的差额，并纳入单位工资总额限额管理。

（9）对全时全职承担我省重点领域研发计划的团队负责人（领衔科学家 / 首席科学家、技术总师、型号总师、总指挥、总负责人等）以及引进的高端人才，可实行年薪制管理。年薪所需经费在项目经费中单独核定，在本单位绩效工资总量中单列，相应增加单位当年绩效工资总量。

（10）专家咨询费。在项目研究过程中支付给临时聘请的咨询专家的费用。专家咨询费不得支付给参与项目管理相关工作人员。

（11）其他支出。项目研究过程中发生的除上述费用之外的其他支出以及不可预见支出，在申请预算时应单独列示，单独核定。

第十三条 项目承担单位可按照本单位科研规律和项目特点，参照国家和省的有关规定，研究制定符合本单位科研活动实际的各类直接费用支出标准。

劳务费和人员费列支应结合相关人员参与项目的全时工作时间等因素合理确定。

对团队负责人、高端人才的年薪，项目承担单位应在项目申报时报项目主管部门确定人员名单和年薪标准，实行一项一策、清单式管理，并报省科技厅、人力资源社会保障厅、财政厅备案。

项目承担单位应按照实事求是、精简高效、厉行节约的原则，合理确定差旅会议与国际合作交流费、专家咨询费的开支范围、标准等，并简化相关手续。

第十四条 间接费用是指项目承担单位在组织实施项目过程中发生的无法直接列支的相关费用，主要用于补偿项目承担单位为了项目研究提供的现有仪器设备及房屋，水、电、气、暖消耗，有关提高科研管理、服务能力等费用，以及绩效支出等。

项目承担单位在统筹安排间接费用时，应合理分摊间接成本以及对科研及相关人员绩效支出。绩效支出安排与科研人员在项目工作中的实际贡献挂钩，适当向一线科研人员倾斜。绩效支出不单设比例限制，纳入单位奖励性绩效单列管理，不计入单位绩效工资总量调控基数。项目承担单位从我省重点领域研发计划项目间接费用中提取的绩效支出，应向承担任务的中青年科研骨干倾斜。

第十五条　间接费用按照不超过项目直接费用扣除设备购置费后的一定比例核定，与项目承担单位信用等级挂钩，并实行总额控制。具体比例如下：

（1）科技研究类项目。

1. 500 万元及以下的部分为不超过 20%；

2. 500 万元至 1000 万元的部分为不超过 15%；

3. 1000 万元以上的部分为不超过 13%。

（2）试验设备依赖程度低和实验材料耗费少的基础研究、软件开发、集成电路设计、科研咨询、科技服务、软科学研究、智库等智力密集型项目。

1. 500 万元以下的部分为不超过 30%；

2. 500 万元至 1000 万元的部分为不超过 25%；

3. 1000 万元以上的部分为不超过 20%。

对数学等纯理论基础研究项目，项目承担单位可进一步根据实际情况适当调整间接经费比例。

第十六条　间接费用由项目承担单位统筹管理使用，并向创新绩效突出的团队和个人倾斜。项目承担单位应在充分征求意见基础上研究制定间接费用管理办法，合规合理使用间接费用，并建立间接费用开支台账，进行单独核算。

科研项目由多个单位承担的，间接费用在总额范围内由牵头单位与参与单位协商分配。

项目承担单位不得在核定的间接费用以外再以任何名义在项目资金中重复提取、列支相关费用。

第四章　预算编制

第十七条　项目负责人根据目标相关性、政策相符性和经济合理性原则，编制项目收入预算和支出预算。收入预算按照从各种不同渠道获得的资金总额填列，包括省级财政资助的资金以及从项目承担单位和其他渠道获得的资金。

支出预算根据项目需求，按照资金开支范围和不同资金来源编列。项目直接费用中除设备费外，其他费用可只提供基本测算说明，不提供明细。仪器设备购置，应对拟购置设备的必要性、现有同类设备的利用情况以及购置设备的开放共享方案等进行单独说明。合作研究资金应对合作研究单位资质及拟外拨资金进行重点说明。

第十八条 项目承担单位组织科研和财务管理部门对项目预算进行审核。由多个单位共同承担同一项目的，项目承担单位的项目负责人和合作研究单位参与者根据各自承担的研究任务分别编报资金预算，经所在单位科研、财务部门审核并签署意见后，由项目负责人汇总编制。

第十九条 省项目主管部门组织专家或择优遴选第三方机构对项目和资金预算进行评审，根据项目实际需求，结合专家评审意见，参考同类项目确定项目资助额度。

第二十条 项目承担单位组织项目负责人根据批准的项目资助额度调整项目预算，并在收到资助通知之日起 30 日内完成审核，报省项目主管部门备案。

第五章 预算执行与决算

第二十一条 省级财政科研资金可根据项目承担单位申请，通过其他直接支付方式直接拨付至单位账户。

第二十二条 项目承担单位应在单位账户下设省级科研项目资金子账户，对拨付至单位账户的科研项目资金实行专账管理，单独核算，专款专用，并对科研项目资金支出的真实性、合法性、完整性负责。

由多个单位共同承担同一项目的，项目主承担单位应及时按预算和合同转拨合作研究单位资金，并加强对转拨资金的监督管理。

因项目负责人调动等因素导致项目主承担单位变更，原主承担单位应与变更后的主承担单位签订有关协议，明确责任义务，在报经省项目主管部门审批、省财政部门备案后，可由原主承担单位直接将经费拨付至变更后的主承担单位。

第二十三条 资助香港、澳门特区高校、科研机构的省科研项目经费，应按照国库集中支付的有关规定和向境外支付的有关要求，由项目主管部门及时组织拨付至港澳特区高校、科研机构。其中，港澳特区高校、科研机构与省内单位联合承担的项目，项目经费可分别拨付至港澳特区高校、科研机构和省内单位。

第二十四条 项目负责人应按项目预算执行。在科研项目实施期间，项目负责人可以在研究方向不变、不降低申报指标的前提下，自主调整研究方案、技术路线和科研团队人员。涉及重大调整事项，项目承担单位应及时报省项目主管部门备案。

第二十五条 项目承担单位应建立健全科研财务助理制度，为科研人员在项目预算编制和预算调整、资金开支、财务决算和验收方面提供专业化服务，有关费用纳入科研项目经费直接费用开支。

第二十六条　科研项目实施过程中，直接费用中各项费用的预算调整可由项目承担单位自主办理，提高办理效率。项目承担单位应制定本单位科研项目预算调整管理办法，规范预算调整行为。

（1）项目负责人根据科研活动的实际需要，经项目承担单位批准后对直接费用中各项费用进行调剂。

（2）项目间接费用不得调增。

（3）项目预算总额不变，合作研究单位之间发生预算调剂，或者由于合作研究单位增加（减少）发生预算调剂的，应协商一致并重新签订合作协议后办理，并报省项目主管部门备案。

（4）预算调整情况应在结题验收报告中予以说明，并在项目承担单位内部公开。

第二十七条　项目预算执行中有以下情况需要预算调整的，由项目负责人提出申请，经项目承担单位审核同意后，报省项目主管部门审批。

（1）由于研究内容或者研究计划作出重大调整等原因，需要增加或减少项目预算总额；

（2）原项目预算未列示外拨资金，需要增列。

第二十八条　科研资金支出原则上应当通过银行转账、公务卡、支票等非现金方式结算。

对于不具备非现金方式结算条件、但科研工作实际需要发生的支出，报经单位内部核准后，可以现金结算。

项目承担单位应制定相关实施细则，明确不具备非现金方式结算条件情形下的财务审批程序和报销手续，从严控制现金支出事项，减少现金提取和使用。

第二十九条　项目负责人应严格按照资金开支范围和标准开支项目经费。不得擅自调整外拨资金，不得利用虚假票据套取资金，不得通过编造虚假劳务合同、虚构人员名单等方式虚报冒领劳务费和专家咨询费，不得通过虚构测试化验内容、提高测试化验支出标准等方式违规开支测试化验加工费。严禁使用项目资金支付各种罚款、捐款、赞助、投资等。

第三十条　对因故被终止实施的项目，以及因故被撤销的项目，省项目主管部门应及时通知省财政部门收回项目财政资金。项目承担单位应在接到有关通知后 30 日内退回财政资金。

第三十一条 项目实施期间，年度剩余资金可结转下一年度继续使用。项目完成任务目标并通过验收后，结余资金留归项目承担单位使用，由项目承担单位统筹安排用于科研活动的直接支出。

第三十二条 项目研究结束后，项目负责人应会同科研、财务、资产等管理部门及时清理账目与资产，如实编制项目资金决算，不得随意调账变动支出、随意修改记账凭证。行政事业单位使用项目资金形成的资产，由项目承担单位按照国有资产管理规定管理使用。

有多个单位共同承担一个项目的，项目承担单位的项目负责人和合作研究单位的参与者应分别编报项目资金决算，经所在单位科研、财务管理部门审核并签署意见后，由项目承担单位的项目负责人汇总编制。

项目承担单位应组织其科研、财务等管理部门审核项目资金决算，并签署意见后报省项目主管部门。

第三十三条 项目承担单位属于高校和科研院所的，可自行采购科研仪器设备，自行选择科研仪器设备评审专家。高校和科研院所应简化科研仪器设备采购流程，对科研急需的设备和耗材，经项目承担单位负责人批准，采用特事特办、随到随办的采购机制，可不进行招投标程序，缩短采购周期。对于独家代理或生产的仪器设备，可按规定程序确定采取单一来源采购等方式，增强采购灵活性和便利性。

第六章 监督管理

第三十四条 省项目主管部门应建立健全对项目承担单位开展科研活动和科研资金管理的事中和事后监督机制，合理制定科研项目年度监督检查计划，在相对集中时间联合相关部门开展联合检查和抽查，避免重复检查、多头检查。

制定年度监督检查计划时，应统筹考虑其他部门的检查计划，充分利用大数据等信息技术提高监督检查效率，实行监督检查结果信息共享和互认。

项目承担单位和项目负责人应主动配合省有关部门的检查与监督，对于在项目实施期内已开展同类检查和审计活动的，及时提供检查结果和结论。对审计机关开展的各项审计项目，应及时提供相关数据资料（含电子数据资料）。

第三十五条 项目承担单位应监督项目负责人建立科研管理日志制度，据实记录科研活动和过程管理。科研项目管理日志的记录情况纳入项目承担单位对项目负责人的管理考评范围。

项目承担单位应在项目实施期末自主选择具有资质的第三方中介机构进行结题财务审计。

项目承担单位必须在单位内部实行项目公开制度，公开项目预算、预算调整、项目决算、资金使用（重点是间接费用中的绩效支出、外拨资金、委托服务、结余资金使用）、研究成果等项目信息，接受社会监督。

第三十六条　省财政部门对不按规定编制项目资金预算、不按规定使用资金、不按规定进行会计核算、不按规定报送年度收支报告、不按规定编报项目决算的，按照《中华人民共和国预算法》《广东省自主创新促进条例》《会计法》和《财政违法行为处罚处分条例》等法律法规处理。

对截留、挪用、侵占、虚报冒领项目资金的直接负责主管人员和其他直接责任人员，移送有关主管机关、单位处理；涉嫌犯罪的，依法移送司法机关处理。

第三十七条　省审计机关开展相关审计或审计调查时，可根据审计工作需要依法对社会审计机构出具的科研项目结题财务审计报告和其他相关审计报告进行核查或抽查，如发现社会审计机构存在违反法律、法规或者职业准则等情况的，移送有关主管机关依法追究责任。

对审计中发现的违反国家规定的财政收支、财务收支行为，在法定职权范围内作出处理、处罚决定或移送有关主管部门处理；涉嫌违纪违法的，移送有关机关、单位依纪依法追究责任。

第三十八条　严格执行省级财政科研项目严重失信行为记录与惩戒有关规定，省科技主管部门会同相关部门对严重违背科研诚信要求的行为实行终身追责。对严重违背科研诚信要求的相关科研人员、项目负责人及违反职业规范、职业道德的第三方中介机构采取联合惩戒措施，按照科研项目管理相关规定记入诚信档案，并纳入科研活动黑名单。

第三十九条　任何单位和个人发现科研项目资金在使用和管理过程中或第三方中介机构在开展财务审计、项目申报咨询等活动中有违法违规行为的，有权检举和举报。

第七章　绩效评价

第四十条　项目承担单位应建立项目资金的绩效管理制度，明确项目整体绩效目标和阶段性绩效目标，并选择可衡量的绩效指标，对项目负责人开展定期跟踪监督，以及日常绩效目标运行跟踪管理。

第四十一条 省项目主管部门可委托项目管理专业机构或具有资质的第三方中介机构，严格依据任务书在项目实施期末进行一次性综合绩效评价。

第四十二条 绩效评价结果作为项目调整、后续支持的重要依据，以及对相关研发、管理人员和项目承担单位、项目管理专业机构业绩考核的参考依据。

项目承担单位在评定职称、制定收入分配制度等工作中，应注重运用科研项目绩效评价结果。

合理区分因科研不确定性未能完成项目目标和因科研态度不端导致项目失败，鼓励大胆创新，严惩弄虚作假。

第八章 附 则

第四十三条 本办法由省财政厅、审计厅负责解释。

第四十四条 在本办法印发前立项、尚在实施期内的科研项目，可按本办法执行。社会科学类科研项目按照《广东省财政厅关于省级财政社会科学研究项目资金的管理办法》(粤财规〔2018〕1号)执行。

第四十五条 本办法自2019年7月5日起实施，有效期3年。《广东省财政厅关于印发〈关于省级财政科研项目资金拨付管理的暂行规定〉的通知》(粤财教〔2017〕503号)同时废止。

附件：省级财政科研项目资金管理执行流程图

附件

一、项目资金开支范围

```
              省级财政科研项目资金
              ┌───────────┴───────────┐
  直接费用（支出标准由项目        间接费用（按不超过直接费用扣除
   承担单位研究制订）              设备费后的一定比例确定）
                      ┌────────────────┼────────────────┐
```

科技研究类项目（500万元及以下的部分为不超过20%；500万元至1 000万元的部分为不超过15%；1 000万元以上的部分为不超过13%）

智力密集型项目（500万元以下的部分为不超过30%；500万元至1 000万元的部分为不超过25%；1 000万元以上的部分为不超过20%）

纯理论基础研究项目（可进一步根据实际情况适当调整间接经费比例）

二、项目预算编制环节

项目负责人编制项目收入支出预算（直接费用中除设备费外，其他费用可只提供基本测算说明，无需提供明细）

↓

项目承担单位组织项目预算审核

↓

省项目主管部门组织评审，确定项目资助额度

三、项目资金拨付环节

项目承担单位提起资金支付申请
（非预算单位由项目主管部门申请转拨）

↓

省财政部门审核拨付

项目承担单位为省级预算单位的，直接拨付至基本户下设的子账户，专账管理

项目承担单位为企业等非预算单位的，拨付至项目主管部门后，由项目主管部门代拨至非预算单位银行账户

项目承担单位为港澳特区高校和科研机构的，拨付至项目主管部门后，由项目主管部门按要求拨付至港澳特区高校和科研机构

四、预算调整环节

项目负责人根据科研活动实际需要提出预算调整意见

项目承担单位根据本单位制定的管理办法审批

预算调整由项目承担单位直接审批（其中间接费用不得调增）

涉及合作单位之间发生预算调剂，或因合作单位增加（减少）发生预算调剂的应重新签订合作协议，并报项目主管部门备案

五、项目终止或撤销处理环节

对因故需终止实施的项目，由项目负责人提出处理意见并报项目承担单位

项目承担单位审核后及时向项目主管部门报批

项目主管部门审核后明确处理意见，向财政部门申请收回或调整项目资金

财政部门根据项目主管部门意见，收回或调整项目财政资金

六、监督管理环节

项目主管部门制定年度监督检查计划

项目主管部门会同其他部门在相对集中时间开展联合检查和抽查

对不按规定编制项目资金预算、使用资金、开展会计核算、报送年度收支报告、编报项目决算的，按照《中华人民共和国预算法》《会计法》《财政违法行为处罚处分条例》等法律法规处理

对严重违背科研诚信要求的科研人员、项目负责人及违反职业规范、职业道德的第三方中介机构采取联合惩戒措施，记入诚信档案，并纳入科研活动黑名单

对截留、挪用、侵占、虚报冒领项目资金的直接负责主管人员和其他直接责任人员，移送有关主管机关、单位处理；涉嫌犯罪的，依法移送司法机关处理

审计部门在审计工作计划中安排与省级财政科研项目资金使用效益相关的审计工作任务

审计部门依法对有关部门、项目承担单位的财政收支、财务收支行为进行审计、对社会审计机构出具的科研项目结题财务审计报告和其他相关审计报告进行核查

违反国家规定的财政收支、财务收支行为的部门和项目承担单位，审计机关依照法律、行政法规的规定出具处理、处罚的决定

违反法律、法规或者职业准则等情况的社会审计机构，移送有关主管机关依法追究责任

七、绩效评价环节

项目承担单位建立项目资金的绩效管理制度

项目主管部门委托项目管理专业机构或具有资质的第三方中介机构，严格依据任务书在项目实施期末进行一次性综合绩效评价

项目主管部门将绩效评价结果作为项目调整、后续支持的重要依据，以及对相关研发、管理人员和项目承担单位、项目管理专业机构业绩考核的参考依据

《广东省综合评标评审专家和评标评审专家库管理办法》

广东省人民政府办公厅关于印发广东省综合评标

评审专家和评标评审专家库管理办法的通知

粤府办〔2020〕1号

各地级以上市人民政府，省政府各部门、各直属机构：

《广东省综合评标评审专家和评标评审专家库管理办法》已经省人民政府同意，现印发给你们，请认真贯彻执行。实施中遇到的问题，请径向省发展改革委反映。

广东省人民政府办公厅

2020 年 1 月 22 日

广东省综合评标评审专家和评标评审

专家库管理办法

第一章 总则

第一条 为充分发挥评标评审专家作用，规范评标评审行为，提高评标评审工作质量，根据《中华人民共和国招标投标法》《中华人民共和国招标投标法实施条例》《广东省实施〈中华人民共和国招标投标法〉办法》等法律法规，制定本办法。

第二条 本办法所称评标评审专家，是指按照国家和省规定的资格条件、分类标准等有关要求，纳入广东省综合评标评审专家库实行集中统一管理，为全省招标投标活动提供评标评审服务的专业人员。

本办法所称广东省综合评标评审专家库（以下简称省专家库），是指全省统一的跨部门跨地区的综合性评标评审专家库。

第三条　本办法适用于省专家库的组建、使用、管理，以及评标评审专家的入库、抽取、考核等活动。

第四条　省专家库的组建和管理遵循统一建设、分工负责、资源共享的原则。

第五条　本省纳入公共资源交易目录管理的项目，以及全部或者部分使用国有资金、国家融资、国际组织或者外国政府资金的项目，采用招标投标方式交易的，其评标委员会的专家成员应当从省专家库中抽取。

前款规定外其他项目的交易，或者非采用招标投标方式的交易，也可以向省专家库申请使用评标评审专家。

国家有关部门直接管理的项目，其评标专家的选择按照国家有关规定执行。

第二章　组织管理

第六条　省发展改革部门牵头组建省专家库，负责制定和组织实施专家库和专家管理制度和规则，对省专家库设立、运行情况进行监督管理。

第七条　各级工业和信息化、财政、自然资源、生态环境、住房城乡建设、交通运输、水利、商务、铁路等部门（以下统称"有关行政监督部门"）按照招标投标活动行政监督职责分工，负责评标评审专家入库审核，对招标投标过程中评标评审专家有关行为实施监督并作出处理，协助开展评标评审专家考核和培训工作。

第八条　省专家库的日常维护可委托省公共资源交易中心等有关单位承担。受委托单位负责省专家库日常管理工作，具体负责评标评审专家的材料接收、资格初审、入库前培训、继续教育、考核评价组织、信用信息管理、系统运行维护等基础性工作。

第九条　各公共资源交易平台运行服务机构负责对本场所内评标的评标评审专家不良行为和违法行为予以收集和记录，及时移送有关行政监督部门予以认定、处理，并配合有关行政监督部门对评标评审专家违规行为进行调查。

第十条　省专家库信息严格保密，非因工作需要，任何单位和个人不得查询、修改、导出信息数据。省专家库日常维护机构要定期委托具有相应资质的单位，对省专家库系统进行测评。

第三章 专家入库管理

第十一条 省专家库面向全省常态化征集综合评标评审专家。

对稀缺领域专家，省专家库在广东省招标投标监管网、广东省综合评标评审专家库网站等多种渠道公开发布征集通知，专项征集。

第十二条 入选省专家库的评标评审专家，应具备如下基本条件：

（1）从事相关专业领域工作满 8 年并具有高级专业技术职称或者同等专业水平；

（2）熟悉有关招标投标法律法规；

（3）能够认真、公正、诚实、廉洁地履行职责；

（4）具有完全民事行为能力，年龄一般不超过 65 周岁，身体健康状况能够承担评标工作；

（5）未受过刑事处罚，未曾被开除公职或者未被取消评标评审专家资格；

（6）国家规定的其他条件。

前款第（1）项所称的"同等专业水平"，是指满足下列条件之一的专业人员：1. 取得国家相关不分级别或一级注册执业资格；2. 取得国家相关二级注册执业资格且取得时间不少于 6 年；3. 取得中级专业技术职称且取得时间不少于 6 年。

各行业、专业的特殊资格条件，由省有关行政监督部门制定。特殊专业或有突出贡献的专家可适当放宽入选条件。

第十三条 申请人申请入选省专家库，通过"广东省综合评标评审专家库专家桌面系统"在线提交申请并上传相关材料。机关、事业单位工作人员申请入选省专家库的，还需提交所在单位同意的证明材料。省专家库日常维护机构组织对申请人填报的信息进行初审，对符合入库条件的申请人，通知其提交书面材料。

申请人提交书面材料，可以采取现场或邮寄方式向省专家库日常维护机构提交。

申请人对网上填报的信息、书面提交的材料真实性负责。

第十四条 申请人通过初审后，由省行政监督部门按照专家专业分类标准，对本部门归口专业的专家组织审核或评审。对不能归口相关行政监督部门的专业分类，由省专家库日常维护机构组织审核或评审。

申请人通过审核后，需参加省专家库日常维护机构组织的入库培训，通过考试后成为正式评标评审专家。

第十五条 省专家库日常维护机构加强对入库专家的继续教育，定期采取网络培训或者集中轮训的方式不断提高入库专家的评标评审能力。

第十六条 原已经省级以上行政监督部门批准进入部门专家库的专家，可直接登记为省专家库专家。

第十七条 省专家库对所有入库专家建立档案、颁发证书，实行全省统一编号制度。

入库专家档案，需记录其个人基本资料、入库申请、资格审核、培训考核、参与评标评审工作情况、考核评价情况等相关信息，实行标准化、规范化管理。

入库专家联系方式、工作单位、回避单位等基本信息发生变化的，本人应当及时在省专家库系统中予以变更完善。

省专家库评标评审专家每届任期三年。聘期内考核评价合格的，予以续聘。

第四章 专家权利和义务

第十八条 评标评审专家享有下列权利：

（1）接受聘请，为本办法第五条规定交易项目提供评标评审服务；

（2）按照规定的标准和方法进行独立评标评审并提出意见，不受任何单位和个人的非法干预；

（3）按国家和省有关规定获取评标评审报酬；

（4）向有关行政监督部门举报评标活动中存在的违法、违规或不公正行为；

（5）法律、法规、规章规定的其他权利。

第十九条 评标评审专家负有下列义务：

（1）认真执行招标投标及公共资源交易相关法律法规和政策规定，客观公正地按照招标文件明确的评标标准和方法进行评标评审；

（2）遇有法定回避情形，主动回避；

（3）按时参加评标评审活动，遵守工作纪律，不私下接触投标人，不得收受利害关系人的财物或其他好处，对所提出的评标评审意见承担责任；

（4）自觉接受有关部门监督管理，协助配合有关投诉处理；

（5）自觉接受有关部门组织的知识培训与继续教育；

（6）法律、法规、规章规定的其他义务。

第二十条 有下列情形之一的，不得担任招标项目的评标评审专家：

（1）招标项目的主管部门（包括上级管理部门）或者对该项目有监督职责的行政监督部门的工作人员；

（2）招标项目的招标人、投标人的工作人员、退休或离职未满 3 年的人员；

（3）招标项目的招标人、投标人主要负责人的近亲属；

（4）与招标项目的投标人有直接利害关系，可能影响投标公正评审的；

（5）法律法规规定的其他情形。

评标评审专家有前款规定情形之一的，应当主动提出回避；未提出回避的，招标人或行政监督部门发现后，应立即终止其评标活动；已完成评审的，该专家作出的评审结论无效。

第二十一条　评标评审专家应当遵守下列评标工作纪律：

（1）按时参加评标，不迟到、不早退，不无故缺席；

（2）评标时应携带有效身份证明，接受核验和监督；

（3）不委托他人代替评标；

（4）遵守评标评审现场的相关规定。

第二十二条　统一省专家库评标评审专家酬劳标准，具体标准由省发展改革委商有关单位另行制定。全省范围内从省专家库中抽取评标评审专家的，应按规定标准给付专家酬劳。

第五章　专家抽取

第二十三条　通过省专家库抽取评标评审专家，均采取随机抽取的方式确定。省专家库抽取的专家不能满足评标评审需要人数时，在调整专家专业和地域分布后仍不满足的，缺额专家应从其他依法设立的评标评审专家库中随机补充确定。

使用国际组织或者外国政府贷款（援助）资金的项目，贷款（资金提供）方对确定评标评审专家有不同规定的，可以适用其规定。

国家对于评标评审专家确定方式另有规定的，从其规定。

第二十四条　抽取评标评审专家，一般应当在开标或评审开始之日前 2 个工作日内进行。

专家抽取申请人按照省专家库规定的程序和要求办理评标评审专家抽取事宜。评标评审专家确定后，省专家库以语音、信息等方式自动告知评标评审专家参加评标评审工作的时间、地点、评标酬劳标准和相关要求，其他有关交易项目的信息，一律保密。

评标评审专家抽取服务一律免费，抽取结果应在开标或评审开始前30分钟之内打印。

第二十五条 评标评审专家名单确定后，出现以下情形的，专家抽取申请人应当填报原因后重新抽取或补充抽取：

（1）按照相关规定，评标评审专家需要回避；

（2）已抽取的评标评审专家未能参加评标评审活动或未能按时完成评标评审任务；

（3）评标评审活动依法需重新组织。

无法及时补足评标评审专家的，招标人或者招标代理机构应当立即停止评标评审工作，妥善保存招标文件，依法重新组建评标委员会进行评标评审。

重新抽取或补充抽取的程序参照首次抽取，采取随机方式，任何单位和个人不得以明示、暗示等任何方式指定或者变相指定专家。

第二十六条 省专家库管理部门、日常维护机构，不得以任何条件限制任何单位和个人抽取专家，不得设置或变相设置审查、审批程序。

依法抽取确认的评标评审专家，除出现需要回避的情形外，招标人或者招标代理机构等单位和个人不得拒绝。

第六章 评标管理

第二十七条 评标评审专家在接到评标评审通知后，不得询问评标评审项目的相关情况，并按通知的时间、地点准时报到。

第二十八条 评标评审专家须亲自参加评标评审活动，不得委托他人代替。因故不能参加的，应当在接到评标评审通知后及时办理请假手续。

评标评审专家迟到30分钟以上的，取消其进入本次评标委员会资格。

第二十九条 评标评审专家应当遵守评标评审现场管理规定。在评标过程中做好以下工作：

（1）熟悉招标文件和投标文件，理解招标项目需求，并按照法律法规和招标文件规定的评标程序、标准和方法，客观、公正、审慎、负责任地对投标文件进行独立评审，提出评审意见；

（2）评标过程中，自主完成编制评标表格、计算汇总评分、撰写评标报告和处理投标人澄清、说明或者补正等直接影响评标结果的工作。

评标评审专家可以根据工作实际，推举专业水平高、评标经验丰富的专家为评标委员会负责人，负责主持评标工作。

第三十条 评标评审专家对同一事项有不同意见的，按照下列程序处理：

（1）分别陈述意见；

（2）集体讨论、协商；

（3）进行表决；

（4）按照简单多数原则确定结果。

评标评审专家对不同意见的处理情况，应当记入评标报告。

第三十一条 省发展改革部门会同有关部门推广使用招标投标电子系统，逐步实现远程网上评标。参加远程网上评标的专家，其权利和义务与现场评标的专家相同。

第七章 违规处理

第三十二条 省专家库评标评审专家有下列情形之一的，责令改正：

（1）不按时参加评标评审或在评标评审过程中私自离岗，影响评标委员会工作整体进展；

（2）无正当理由不参加评标评审活动，且未按要求办理请假手续；

（3）个人信息变更后未及时告知省专家库日常维护单位，影响评标工作；

（4）违反评标评审现场管理规定。

对符合前款规定的省专家库评标评审专家责令改正，由公共资源交易平台运行服务机构负责记录违规情形，报项目所在地有关行政监督部门作出处理，并将处理结果抄送省公共资源交易中心。

第三十三条 省专家库评标评审专家有下列情形之一的，视为《评标专家和评标专家库管理暂行办法》（国家发展计划委员会令第 29 号，2003 年通过，2013 年修改；下同）第十五条规定的"情节严重"，禁止其 6 个月至 1 年内参加依法必须进行招标的项目的评标：

（1）连续两年因本办法第三十二条第一款第（1）、（2）项规定情形被责令改正两次以上；

（2）故意隐瞒个人情况，违反回避要求，导致评标无效；

（3）不按照招标文件明确的评标标准和方法评标；

（4）私下接触投标人；

（5）向招标人征询确定中标人的意向或者接受任何单位或者个人明示或者暗示提出的倾向或者排斥特定投标人的要求；

（6）对依法应当否决的投标不提出否决意见；

（7）暗示或者诱导投标人作出澄清、说明或者接受投标人主动提出的澄清、说明；

（8）其他不客观、不公正履行职务的行为，导致评标评审结果不合理。

对符合前款（1）项规定情形的专家禁止参加依法必须进行招标的项目的评标，由省发展改革部门负责；对具有前款（2）至（8）项规定情形的专家禁止参加依法必须进行招标的项目的评标，由省有关行政监督部门负责。处理结果均抄送省公共资源交易中心。

第三十四条　省专家库评标评审专家有下列情形之一的，视为《评标专家和评标专家库管理暂行办法》第十五条规定的"情节特别严重"，依法给予行政处罚，构成犯罪的，依法追究刑事责任；并取消其评标评审专家资格：

（1）严重违反职业操守，徇私舞弊、弄虚作假以谋取私利；

（2）收受投标人的财物或者其他好处；

（3）向他人透露与评标评审有关的实质性消息；

（4）在招标、评标以及其他与招标投标有关活动中从事违法行为应予行政处罚。

对符合前款规定情形的专家依法给予行政处罚，由有关行政监督部门负责，结果抄送省发展改革部门；需要追究刑事责任的，由有关行政监督部门移送司法机关，并告知省发展改革部门；取消评标评审专家资格由省发展改革部门负责，结果抄送省公共资源交易中心。

第三十五条　省专家库评标评审专家有下列情形之一的，视为《评标专家和评标专家库管理暂行办法》第十二条规定的"因身体健康、业务能力及信誉等原因不能胜任评标工作"，停止担任评标评审专家，移出省专家库：

（1）使用不实信息和虚假材料骗取评标评审专家资格；

（2）连续2年考核评价、继续教育不合格；

（3）恶意索取不合理评标评审酬劳，或以其他不正当方式谋取额外酬劳；

（4）因身体健康等个人原因不适宜担任评标评审专家。

对符合前款规定的省专家库评标评审专家移出省专家库，由省发展改革部门会同省有关行政监督部门负责，处理结果抄送省公共资源交易中心。移出省专家库的评标评审专家，两年内不得申请入库。

第三十六条 省专家库工作人员在运行管理维护、抽取评标评审专家工作中，弄虚作假、违反操作要求予以指定或进行暗箱操作的，或故意对外泄露被抽取评标评审专家有关姓名、单位、联系方式等内容的，由有关部门依法给予相应行政处分、行政处罚；构成犯罪的，移送司法机关依法追究刑事责任。

第三十七条 项目违反规定确定或更换评标评审专家的，违规确定或更换的评标评审专家作出的评标评审结论无效，相关行政监督部门应当依照有关法律法规进行处理。

第三十八条 交易平台运营单位等公共资源交易平台运行服务机构，应如实记录专家履职负面行为信息，并在评标评审结束后15日内报送省专家库日常维护机构。省专家库日常维护机构应当及时将专家履职负面行为记录报有关行政监督部门。

第三十九条 对省专家库日常维护机构、公共资源交易平台运行服务机构、招标人、采购人以及行政监督部门存在的违规行为，评标评审专家可在评标评审结束后10日内，向有关行政监督部门书面反映。

第八章 附则

第四十条 各地、各部门、各公共资源交易平台运行服务机构现存的依法设立的专家库，应当与省专家库互联互通并接受统一管理。无法实现互联互通的，一律予以撤销，并将有关专家归入省专家库进行管理，由省专家库直接提供有关服务。

第四十一条 财政部门对政府采购评审专家库及评审专家管理有特殊规定的，从其规定。

第四十二条 本办法自2020年2月6日起施行，有效期5年。

参 考 文 献

[1] 周思君.我国政府信息资源公共获取存在的问题及路径创新 [J].科技资讯，2018，16（14）:243-244.

[2] 吴吟寅.我国中小企业获取政府资源能力研究 [D].合肥：安徽大学，2016.

[3] 陈楚红.重磅! 广东出台"中小企业 26 条"，减税降费超 1400 亿元 [EB/OL].（2020-03-27）[2021-08-31]. https://baijiahao.baidu.com/s?id=1662287962866670535&wfr=spider&for=pc.

[4] 关喜如意，卞德龙.粤 400 项措施支撑疫情科技攻关 [EB/OL].（2020-05-20）[2021-08-31]. https://baijiahao.baidu.com/s?id=1667167017871060188&wfr=spider&for=pc.

[5] 刘燕.论政府补助与政府资本性投入的异同及相关准则的完善 [J].中国总会计师，2016（11）:144-145.

[6] 刘成民.政府补助与政府资本性投入比较：兼谈完善政府补助准则的相关建议 [J].财会研究，2011（07）:17-19.

[7] 胡德状.政府为什么要补贴企业 [EB/OL].（2017-03-15）[2021-08-31].http://www.iqds.whu.edu.cn/info/1575/23755.htm.

[8] ARROW K J. The economic implications of learning by doing[J]. The Review of Economic Studies, 1962, 29(3):155-173.

[9] 白书雅.地方保护、上市公司竞争战略选择与补贴依赖 [D].郑州：河南财经政法大学，2019.

[10] 刘传宇，李婉丽.研发补助对企业外部融资的影响研究 [J].科技进步与对策，2013（13）:92-95.

[11] 包兴安.财政激励企业加大研发投入 提高科技创新绩效 [N].证券日报，2020-05-22.

[12] 黄青云.从财政专项资金的性质及功能角度看当前财政专项资金管理使用中存在的问题及建议 [J].经济与社会发展研究，2015（3）:108.

[13] 网络大电影头条.亿万政府补贴，哪些影视企业获得 [EB/OL].（2020-01-06）[2021-08-31].https://www.sohu.com/a/365112790_693625.

[14] 百度百科.政策文件 [EB/OL].（2016-11-28）[2021-08-31].https://baike.baidu.com/it

em/%E6%94%BF%E7%AD%96%E6%96%87%E4%BB%B6/3017292.

[15] 青山常在 . 扶持政策的四个层面 [EB/OL].（2017-11-22）[2021-08-31]. https://zhuanlan.
zhihu.com/p/31287380.

[16] 张东东 . 企业创新政策体系与使用指南 [M]. 北京：知识产权出版社，2017.

[17] 三防小浪 . 零基础学政府项目申报 [EB/OL].（2020-06-03）[2021-08-31]. https://
zhuanlan.zhihu.com/p/103132187.

[18] 徐加慧 . 关于中小企业提高申报政府项目成功率的探讨 [J]. 中国新技术新产品，
2013，000（014）：157-158.

[19] 牛小政 . 如何提高政府资金项目申报成功率 [EB/OL].（2019-03-04）[2021-08-31].
https://zhuanlan.zhihu.com/p/58225511.

[20] 龙成武 . 大揭秘：企业如何获得政府财税支持 [M]. 北京：人民日报出版社，2015.

[21] 国家税务总局 ."大众创业 万众创新"税收优惠政策指引 [EB/OL].（2019-06-19）
[2021-08-31].http://www.gov.cn/xinwen/2019-06/19/content_5401642.htm.

[22] 邱世池 . 我国政府补助动机的研究 [D]. 成都：西南财经大学，2014.

[23] 宏创为资助政策指引 . 全方位对企业资金扶持 带你读懂政府资金资助 [EB/OL].
（2019-02-27）[2021-08-31].https://www.sohu.com/a/297957619_120035319.

[24] 广东科技发布 . 手把手教你"下单"创新券 [EB/OL].（2017-07-29）[2021-08-31].
https://baijiahao.baidu.com/s?id=1640358553109700943&wfr=spider&for=pc.

[25] 徐长庆 . 国家自然科学基金申请指导与技巧 [M]. 北京：清华大学出版社，2018.

[26] 光飞信息科技 . 科技计划重大项目可行性分析报告撰写要点 [EB/OL].（2020-06-26）
[2021-08-31].https://baijiahao.baidu.com/s?id=1670509209701093893&wfr=spider&fo
r=pc.

[27] 广东省科学技术厅 . 技术就绪度评价标准及细则 [EB/OL].（2018-10-16）[2021-08-
31].http://gdstc.gd.gov.cn/attachment/0/396/396455/3032298.pdf.

[28] 广东省科学技术厅 . 科研项目申报书各个部分写作方法 [EB/OL].（2018-10-16）
[2021-08-31]. https://wenku.baidu.com/view/e620c88da0116c175f0e48ff.html.

[29] 李月娥 . 生命周期视角下政府补助对企业研发投入的影响研究 [D]. 沈阳：辽宁大学，
2017.

[30] HAIRE M. Biological models and empirical histories in the growth of organizations [M].
New York: John Wiley, 1959: 1-5.

[31] GREINER L. Evolution and revolution as organizations grow [J]. Harvard Business
Review, 1972,（50）: 37-46.

[32] 陆雄文 . 管理学大辞典 [M]. 上海：上海辞书出版社，2013.